독자의 **1초**를 아껴주는 정성!

—

세상이 아무리 바쁘게 돌아가더라도

책까지 아무렇게나 빨리 만들 수는 없습니다.

인스턴트 식품 같은 책보다는

오래 익힌 술이나 장맛이 밴 책을 만들고 싶습니다.

길벗이지톡은 독자여러분이 우리를 믿는다고 할 때 가장 행복합니다.

나를 아껴주는 어학도서, 길벗이지톡의 책을 만나보십시오.

독자의 1초를 아껴주는 정성을 만나보십시오.

미리 책을 읽고 따라해본 2만 베타테스터 여러분과 무따기 체험단, 길벗스쿨 엄마 2% 기획단,

시나공 평가단, 토익 배틀, 대학생 기자단까지!

믿을 수 있는 책을 함께 만들어주신 독자 여러분께 감사드립니다.

(주)도서출판 길벗 www.gilbut.co.kr

길벗 이지톡 www.gilbut.co.kr

길벗 스쿨 www.gilbutschool.co.kr

mp3 파일 다운로드 무작정 따라하기

길벗 홈페이지(www.gilbut.co.kr)로 오시면 mp3 파일 및 관련 자료를 다양하게 이용할 수 있습니다.

1단계 도서명 ▼ [　　　　　　　　　　] 검색 에 찾고자 하는 책이름을 입력하세요.

2단계 검색한 도서로 이동하여 〈자료실〉에서 mp3 파일을 다운로드 받으세요.

★

네이티브는
쉬운 영어로
말한다

**경제뉴스
헤드라인**
편

네이티브는 쉬운 영어로 말한다
- 경제뉴스 헤드라인 편

The Native Speaks Easily - Economic News Headlines

초판 발행 · 2021년 12월 30일
초판 2쇄 발행 · 2024년 2월 16일

해설 · 정세미
발행인 · 이종원
발행처 · 길벗이지톡
출판사 등록일 · 1990년 12월 24일
주소 · 서울시 마포구 월드컵로 10길 56(서교동)
대표 전화 · 02)332-0931 | **팩스** · 02)323-0586
홈페이지 · www.gilbut.co.kr | **이메일** · eztok@gilbut.co.kr

기획 및 책임 편집 · 김지영(jiy7409@gilbut.co.kr) | **표지 디자인** · 황애라 | **본문 디자인** · 도설아
제작 · 이준호, 손일순, 이진혁 | **마케팅** · 이수미, 장봉석, 최소영
영업관리 · 심선숙 | **독자지원** · 윤정아

교정교열 · 김현정 | **전산편집** · 도설아 | **오디오 녹음 및 편집** · 와이알미디어
인쇄 · 예림인쇄 | **제본** · 예림바인딩

ISBN 979-11-6521-799-0 03740 (길벗 도서번호 301113)

ⓒ 정세미, 2021

정가 17,000원

독자의 1초까지 아껴주는 길벗출판사
(주)도서출판 길벗 | IT교육서, IT단행본, 경제경영서, 어학&실용서, 인문교양서, 자녀교육서 www.gilbut.co.kr
길벗스쿨 | 국어학습, 수학학습, 어린이교양, 주니어 어학학습, 학습단행본 www.gilbutschool.co.kr

네이티브는 쉬운 영어로 말한다

경제뉴스 헤드라인 편

정세미 지음

길벗
이지:톡

영어 경제 뉴스 파악하기, 어렵지 않아요!

영어 경제 뉴스, 헤드라인만 읽어도 충분합니다.

해외 주식 투자가 일상화된 요즘, 투자 관련 정보들을 외신 뉴스와 금융·경제 웹사이트를 통해 직접 얻고자 하는 분들이 많습니다. 투자를 위해 필요한 자료를 찾고 이해하기 위한 첫걸음은 경제의 큰 그림과 흐름을 파악하는 것입니다.

경제 흐름을 파악한다는 것은 무슨 의미일까요? 우선 과거의 행적을 파악하고, 현재의 움직임을 실시간 뉴스에서 짚어낸 후 미래를 예측하는 것인데요. 이 모든 정보를 얻고 분석하기 위해서는 상당한 양의 자료를 살펴봐야 합니다. 그런데 시간이 부족한 대부분의 투자자들에게 방대한 양의 자료를 보는 것도 버겁지만 더 큰 문제는 영어 해석까지 해야 한다는 것입니다. 이럴 때 해결책이 있습니다. 바로 뉴스 헤드라인만 읽는 것입니다. 뉴스의 본문까지 꼼꼼히 읽어 내려가는 것보다 여러 뉴스 헤드라인을 빠르게 쭉 읽어나가는 것이 경제의 큰 그림을 파악하는 데에는 훨씬 효율적입니다. 헤드라인을 훑어보다가 정말 관심 있는 기사만 본문을 꼼꼼히 분석해봐도 좋습니다.

헤드라인 해석, 경제 전문 용어를 알면 쉽습니다.

헤드라인은 핵심 내용을 한 문장으로 짧고 굵게 나타내기 때문에 평상시 말할 때 쓰는 동사, 전치사 등이 빠지거나 목적어가 앞으로 오는 경우가 많습니다. 그래서 문법적으로 따져가며 해석하는 것보다 문장 속 표현을 정확히 아는 것이 더 중요합니다. 특히 경제 전문 어휘를 알면 어렵지 않게 이해할 수 있지만, 어휘의 명확한 의미를 모르면 해석이 산으로 갈 수 있습니다. 어휘를 많이 안다고 방심하지 마세요. 알던 어휘도 경제 용어로는 다르게 해석될 수 있으니까요. 예를 들어 compound는 평소에 '복합체, 혼합물'이라는 명사나 '합성의'라는 형용사로 알고 있을 겁니다. 하지만 경제 용어로 compound는 '복리' 또는 '복리로 증가하다'라는 의미이고, compound interest는 '복리 이자'라는 의미로 자주 나옵니다. 평소대로 '복합 이자'라고 해석하면 의미가 이상하게 전달되죠. 또 다른 예로 commodity는 '상품'이라는 뜻이지만 경제 용어로는 '(농산물, 휘발유 등 인간의 노력이 들어간) 원자재'로 이해하면 기사가 한층 더 깊이 와닿습니다.

더불어 Fed(연방준비제도), Quantitative Easing(양적 완화), Tapering(자산매입 축소), Bull market(상승장) 등과 같이 생소한 경제 용어도 있을 텐데요. 이는 일차원적인 해석과 더불어 용어의 정의를 명확히 알고 넘어가는 것이 중요한데, 이 책에서 그런 표현들을 익힐 수 있습니다.

약 1,000개의 뉴스 헤드라인을 카드 형식으로 학습합니다.

이 책은 뉴스 홈페이지와 유사하게 큼직한 글씨로 한 면에 5개의 헤드라인을 보여줍니다. 영문 헤드라인을 읽고 스스로 해석해본 후 우측의 모범 해석과 비교하며 학습하세요. 해석 밑에는 어려운 어휘를 정리해 놓았고 유의어, 반대어, 예문까지 제공하여 어휘력을 향상시킬 수 있게 했습니다. 이 책의 헤드라인을 꼼꼼히 학습하면 외신 경제 뉴스를 읽어나갈 때 모르는 어휘가 확연히 줄 뿐만 아니라 처음 보는 어휘도 앞뒤 문맥을 살펴보면서 뜻을 추론할 수 있는 실력이 생깁니다.

이 책에서 다룬 약 1,000개의 헤드라인은 경제, 금융 뉴스를 다루는 국제 미디어인 CNN, CNBC, Bloomberg, Marketwatch, Yahoo Finance, The Guardian, BBC 등에서 발췌하여 패러프레이징을 한 것입니다. 따라서 이 책의 헤드라인을 꼼꼼히 학습하면 영어로 된 경제 뉴스를 편하게 읽고 정보를 분석하는 힘을 갖게 될 것입니다.

MP3를 반복 청취하면 영어 뉴스 청취도 능숙해집니다.

출퇴근 시간에 CNN을 포함한 영어 뉴스를 들으며 청취 실력도 키우고 경제 동향도 파악하는 분들이 있을 겁니다. 청취할 때도 마찬가지로 어렵고 생소한 표현이 언제나 걸림돌입니다. 그런 분들을 위해 이 책의 모든 헤드라인은 MP3로 제공됩니다. 표현을 눈으로 익힌 후 꼭 MP3를 청취하며 복습해보세요. 그러면 리딩 실력과 더불어 청취 실력까지 키울 수 있습니다.

정세미

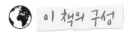

이 책의 구성

MP3
MP3만 들어도 충분히 학습이 가능하도록 영문부터 우리말 해석까지 모두 읽어줍니다. 네이티브 남녀가 각 한 번씩 총 두 번 읽어줍니다.

영어 문장
한 페이지에 5개의 헤드라인을 넣었습니다. 모든 헤드라인은 실제 외신 뉴스 기사문에서 발췌하여 패러프레이징한 생생한 문장입니다.

핵심 해설
헤드라인에서 꼭 알아야 하는 핵심 표현에 대한 해설을 담았습니다.

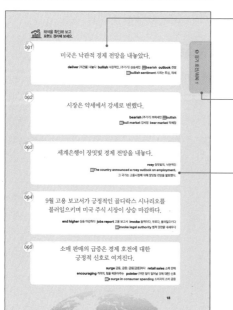

우리말 해석
영문 헤드라인 오른쪽 페이지에 해석을 실었습니다. 영어를 제대로 해석했는지 바로바로 확인해보세요.

소주제
소주제로 분류하여 연관된 주제별로 헤드라인을 모아서 학습할 수 있습니다. 소주제는 Chapter 1이 20개, Chapter 2가 19개로 총 39개입니다.

주요 어휘, 유의어, 반의어, 예문
헤드라인 속 어려운 어휘를 익힐 수 있습니다. 더불어 중요 어휘의 유의어, 반의어, 예문까지 제시해 어휘력을 향상시킬 수 있도록 했습니다.

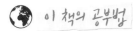
이 책의 공부법

이 책은 총 39개의 소주제로 구성되어 있습니다. 하루에 소주제 한 개씩 학습하면 39일에 걸쳐 학습을 마칠 수 있습니다. 하나의 소주제에는 20~30개의 문장이 담겨 있는데, 하루에 공부하기에 부담스럽지 않은 양이므로 매일매일 39일간 꾸준히 학습하면 영어 경제 뉴스 헤드라인을 대부분 이해할 수 있는 실력이 됩니다.

1단계 　영어 뉴스 헤드라인을 보고 어떤 의미인지 해석해보세요.

한 페이지에 5문장의 영어 헤드라인이 배치되어 있습니다. 문장을 보고 어떤 의미인지 해석해본 후 오른쪽 페이지의 모범 해석을 확인합니다.

2단계 　어휘 뜻 정리와 함께 유의어, 반의어, 예문까지 학습하세요.

해석 밑에는 어려운 어휘의 뜻을 보여주고 유의어, 반의어, 예문까지 제공하고 있습니다. 어휘를 학습할 때 가장 좋은 방법은 어휘의 뜻을 찾아본 후 예문 속에서 쓰임을 살펴보고 유의어, 반의어까지 한 번에 학습하는 것입니다. 이렇게 어휘를 연관 지어 학습하다 보면 기사를 읽어나갈 때 모르는 어휘가 눈에 띄게 줄게 되고, 있더라도 앞뒤 문맥을 통해 뜻을 추론할 수 있는 실력이 생깁니다.

3단계 　MP3 파일을 들으며 따라해보세요.

책을 학습한 후에는 MP3 파일을 들으며 청취 훈련을 하는 시간도 가져보세요. 원어민이 녹음한 음성을 들으면서 큰 소리로 따라하면 청취 실력과 더불어 회화 실력까지 향상됩니다. MP3는 길벗 홈페이지(gilbut.co.kr)에서 책 제목을 검색하여 무료로 다운로드 받을 수 있습니다. 각 헤드라인을 남녀 성우가 번갈아 가며 2회 읽어준 후 우리말 해석을 마지막에 읽어줍니다.

4단계 　'망각 방지 퀴즈'로 표현을 복습해보세요.

하나의 PART가 끝난 후, 배웠던 표현을 확인해볼 수 있는 '망각 방지 퀴즈'가 제공됩니다. 퀴즈를 부담없이 풀어보고, 모르거나 틀린 표현이 있으면 문장 번호를 확인하여 한 번 더 복습해보세요.

목차

Chapter 2 섹터별 뉴스 헤드라인

영어 경제 뉴스 읽기 길라잡이

1. 뉴스 헤드라인의 특징과 빨리 해석하는 법

뉴스 헤드라인은 핵심 정보를 짧고 강하게 전하는 데 초점이 맞춰져 있기 때문에 TOEFL이나 TOEIC 시험에 나올 법한 완벽한 문장이 아닌 경우가 많습니다. 예시로 a나 the와 같은 관사 생략, 3인칭 단수에 붙는 s 생략, 주어와 목적어의 위치 전환 등이 있습니다. 처음에 이런 문장을 보면 문법적으로 문제가 있어 보일 수 있지만 이는 임팩트 있게 정보를 전달하기 위한 것입니다. 따라서 문법적으로 따져가며 해석하기보다는 핵심 표현과 말하고자 하는 방향성을 명확히 이해하는 것이 더 중요합니다. 그런 점에서 경제·금융 관련 뉴스의 헤드라인을 읽을 때는 주어, 방향, 그리고 표현의 강도를 중점적으로 파악해보세요.

문법 오류 속에서 주어&동사 찾기

헤드라인은 핵심 내용을 한 문장으로 짧고 굵게 나타내기 때문에 평상시 말할 때 필수적으로 쓰는 동사, 전치사 등이 빠지거나 목적어가 앞으로 오는 경우가 많습니다. 이럴 때는 주어가 무엇인지 헷갈릴 수 있는데 방향을 쥐고 있는 핵심 동사를 먼저 찾아낸 다음 주어를 확인하는 것이 첫 번째 Key입니다.

> **ex** · **U.S. in the grip of industrial stagnation.**
> 미국은 제조업 침체에 빠져있다.
>
> → U.S. 뒤에 be동사 is가 생략된 경우입니다. 원문은 U.S. <u>is</u> in the grip of industrial stagnation.입니다. 헤드라인에서 be동사는 통상 생략되곤 합니다.

> · **Top 5 stocks Wall Street thinks will soar 30% in the next quarter.**
> 월가는 상위 5개 종목들이 다음 분기에 30% 상승할 것으로 예상한다.
>
> → 목적절의 주어인 top 5 stocks를 문장 맨 앞에 배치해 강조한 경우입니다. 도치 전 원문은 Wall Street thinks <u>the top 5 stocks</u> will soar 30% in the next quarter.입니다.

또 다른 예로 전치사나 관사 등이 생략된 헤드라인도 흔히 볼 수 있습니다.

> **ex** · **Tech stocks surge nearly 30% the first quarter.**
> 기술주들은 1분기에 30% 가까이 상승하다.
>
> → 전치사 in이 생략된 경우입니다. 원문은 Tech stocks surge nearly 30% <u>in</u> the first quarter.입니다.

> · **Shares extend losses in wake of global tumult over supply crisis.**
> 공급 위기로 인한 전 세계 혼란에 뒤이어 주가는 하락세를 이어가다.
>
> → 관사 the가 생략된 경우입니다. 원문은 Shares extend losses in <u>the</u> wake of global tumult over supply crisis.입니다.

방향 & 강도 잡아내기

헤드라인을 읽을 때는 방향과 강도를 빠르게 잡아내야 합니다. 주식 시장과 관련된 뉴스에서 가장 중요한 방향은 크게 세 가지로 상승, 보합(횡보), 하락이 있습니다. 주가가 상승하다 반전하여 저점을 찍고 다시 반등하는 건지, 하락하다 횡보하며 좀처럼 갈피를 잡지 못하는 건지 등 해당 기업의 주가나 미래 전망이 어떤 방향으로 흘러가는지 짚어내세요.

> **ex** · **상승**: South Korean e-commerce giant **soars** in market debut.
> 한국의 이커머스 대표주자는 상장 첫날 **급등하다**.
>
> · **횡보**: U.S. futures **flatline** as a big 'Quadruple Witching' deadline looms.
> 미국의 선물지수는 '네 마녀의 날'을 앞두고 **횡보 장세를 보이다**.
>
> · **하락**: Global share prices **slide** as China slowdown concerns grow.
> 글로벌 주가는 중국의 경제 둔화에 대한 우려가 커지면서 **하락하다**.

2. 금융 시장 종류

- **Equity market**: 주식 시장(경제 뉴스에서는 같은 뜻으로 Wall Street 또는 Capital market 이라고도 표현합니다.)
- **Commodities market**: 상품 시장(원유, 천연가스 · 금 · 구리 등 광업 생산물, 천연고무 · 원목 등 임업 자원, 인간의 노력이 들어가는 각종 농산물, 가축 · 휘발유 · 등유 · LPF · 플라스틱 재료 등 가공품까지 광범위한 상품을 포함합니다.)
- **Currency exchange market**: 환율 시장
- **Bond market**: 채권 시장
- **Derivative market**: 파생상품 시장

3. 최빈도 용어

- **Stocks, Shares, Securities**: 주식, 증권
- **Bonds**: 채권
- **Fed**: 미국 연방준비제도(The Federal Reserve System, 줄여서 The Federal Reserve 또는 Federal의 첫 3개 알파벳을 따서 Fed라고 합니다. 국가의 통화금융정책을 수행하는 미국의 중앙은행제도입니다.)

- **FRB**: 연방준비제도이사회(Federal Reserve Board of Governors 또는 Board of Governors of the Federal Reserve System의 약자로 Fed의 핵심적인 기관입니다.)
- **FOMC**: 미국 연방공개시장위원회(Federal Open Market Committee의 약자로 FRB 산하에 있는 공개시장조작 정책의 수립과 집행을 담당하는 기구입니다. 한국의 금융통화위원회와 유사한 조직입니다.)
- **Quantitative easing**: 양적완화(중앙은행이 다양한 자산을 사들여 시중에 통화 공급을 늘리는 정책입니다.)
- **Tapering**: 테이퍼링(연방준비제도 Fed가 양적완화 정책의 규모를 점진적으로 축소해 나가는 것입니다.)
- **Taper tantrum**: 긴축 발작(선진국의 양적완화 축소 정책이 신흥국의 통화 가치와 증시 급락을 불러오는 현상입니다.)
- **SEC**: 미국 증권거래위원회(Securities and Exchange Commission의 약자로 미국 증권업무를 감독하는 최고 기구입니다.)
- **High-risk assets**: 고위험자산(주식과 상품 등)
- **Safe-haven assets**: 안전자산(엔화, 미 달러, 금 등)
- **IPO**: 신규 기업 상장(Initial Public Offering의 약자로 기업의 주식과 경영내역을 시장에 공개하여 외부 투자자가 주식을 사고 팔 수 있게 합니다.)
- **Consensus**: 컨센서스(애널리스트들이 추정한 실적 전망의 평균치를 말합니다.)

4. 긍정 & 부정의 표현들

- **bull market vs. bear market**: 강세장 vs. 약세장
- **bullish vs. bearish**: 낙관적인, 주가 상승세의 vs. 비관적인, 주가 하락세의
- **dovish vs. hawkish**: 비둘기파적(온건파적) vs. 매파적(강경파적)
- **inflation vs. deflation**: 인플레이션 vs. 디플레이션

5. 경제 · 금융 관련 참고 사이트

외신 경제 · 금융 뉴스

- **CNN Markets**
- **TheStreet**
- **MarketWatch**
- **ForbesMoney**
- **Yahoo Finance**
- **Kiplinger**
- **This Is Money**

외신 경제 · 금융 뉴스 앱

- **CNBC Breaking Business News App**
- **Bloomberg: Business News App**
- **Fox Business App**
- **Barron's App**
- **MarketWatch App**
- **The Wall Street Journal App**

업종(Sector) 분류

http://www.sectorspdr.com/sectorspdr/

비즈니스 맵

https://www.finviz.com/map.ashx

투자 의견

https://www.tipranks.com

Chapter 1

주제별 뉴스 헤드라인

경기, 주가 변화

001

U.S. delivered a *bullish* outlook for its economy.

bullish는 '낙관적인'이라는 뜻으로 주식 시장의 '상승세'를 의미합니다. bullish는 뿔이 우뚝 솟은 bull(황소)에서 유래된 표현입니다.

002

The market's gone from *bearish* to bullish.

bearish는 bear(곰)에서 파생된 표현으로 '(주가가) 하락세인, 약세인'이라는 뜻입니다. bullish의 반대어로 경제 전망이 비관적일 때 사용됩니다. 주식의 강세장과 약세장을 소와 곰의 싸움으로 자주 비유하곤 합니다.

003

The World Bank has a *rosy* outlook on the economy.

rosy는 rose의 형용사로 '장밋빛의, 긍정적인'이라는 뜻입니다. 따라서 rosy outlook은 '장밋빛 전망'이라는 뜻이에요. '비관적인 전망'은 gloomy outlook이라고 표현합니다.

004

U.S. stocks end higher as September jobs report *invokes* bullish *Goldilocks* scenario.

invoke는 '들먹이다, 부르다, 불러일으키다'라는 뜻이고 Goldilocks는 '경제가 높은 성장을 이루고 있더라도 물가 상승이 없는 상태'를 뜻합니다. 원래는 a bullish Goldilocks scenario라고 관사를 붙여야 하지만 헤드라인에서는 이렇게 관사가 생략될 때가 종종 있습니다.

005

The *surge* in retail sales is regarded as an *encouraging pointer* to an improvement in the economy.

surge는 '(아래에서 위로) 솟구치다, 급등하다'라는 뜻의 동사인데 '급등, 급증'이라는 명사로도 쓰입니다. encouraging은 '격려의, 힘을 북돋아주는'이라는 뜻이고 pointer는 '(어떤 일이 일어날 것에 대한) 신호'라는 뜻이므로 encouraging pointer는 '긍정적인 신호'라는 의미입니다.

001

미국은 낙관적 경제 전망을 내놓았다.

deliver (의견을) 내놓다 **bullish** 낙관적인, (주가가) 상승세인 ↔ **bearish** **outlook** 전망
ex **bullish sentiment** 사려는 투심, 매세

002

시장은 약세에서 강세로 변했다.

bearish (주가가) 하락세인 ↔ **bullish**
ex **bull market** 강세장 **bear market** 약세장

003

세계은행이 장밋빛 경제 전망을 내놓다.

rosy 장밋빛의, 낙관적인
ex **The country announced a rosy outlook on employment.**
그 국가는 고용시장에 대해 장밋빛 전망을 발표했다.

004

9월 고용 보고서가 긍정적인 골디락스 시나리오를 불러일으키며 미국 주식 시장이 상승 마감하다.

end higher 상승 마감하다 **jobs report** 고용 보고서 **invoke** 들먹이다, 부르다, 불러일으키다
ex **invoke legal authority** 법적 권한을 내세우다

005

소매 판매의 급증은 경제 호전에 대한 긍정적 신호로 여겨진다.

surge 급등, 급증; 급등[급증]하다 **retail sales** 소매 판매
encouraging 격려의, 힘을 북돋아주는 **pointer** (어떤 일이 일어날 것에 대한) 신호
ex **a surge in consumer spending** 소비자의 소비 급증

006

Economic *recovery* from COVID-19 *depends on* the green economy.

recover(회복되다)의 명사형인 recovery는 '(경제·건강 등의) 회복, 호전'이라는 뜻이에요. depend on은 '~에 달려있다'라는 뜻으로 경제 상황이 무엇에 달려 있는지 설명할 때 자주 사용됩니다.

007

Korea's economic recovery *gains momentum*.

gain은 '얻다'라는 뜻이고, momentum은 '(일의 진행에 있어서의) 힘, 탄력, 가속도'라는 뜻입니다. 따라서 gain momentum은 '속도가 붙다, 탄력을 받다'라고 해석할 수 있습니다.

008

Stocks *bounce* back ahead of *FOMC* meeting.

bounce는 '(공 등이) 튀어 오르다'라는 뜻으로 이 문장에서는 주가가 하락세에서 저점을 찍고 큰 반동으로 뛰어오르는 모습을 가리킵니다. FOMC는 Federal Open Market Committee(미국 연방공개시장위원회)의 줄임말로 FOMC 회의록을 살펴보는 것은 경제 동향을 파악하는 데 중요합니다.

009

Economic growth *accelerates* to 20% *y/y* in Jan-March.

accelerate는 '속도를 높이다, 빨라지다'라는 뜻이에요. y/y는 year-over-year(YOY)의 줄임말로, 올해의 실적이 지난해에 비해 얼마나 다른지 알아보기 위한 지표입니다. 따라서 y/y in Jan-March는 '지난해 1~3월 대비'라는 뜻입니다.

010

New economic plan *further boosts* regional economic integration.

boost는 '북돋우다, 신장시키다'라는 뜻이고 further는 '더 멀리, 더욱; 추가의'라는 뜻이므로 further boost는 '더욱 신장시키다, 더욱 촉진시키다'라는 의미입니다.

① 경기 호전/회복 2

006

코로나 19로부터의 경제 회복은
녹색 경제에 달려있다.

recovery (경제 · 건강 등의) 회복, 호전 ▣ improvement, revival **green economy** 녹색 경제
depend on ~에 달려있다 ▣ rely on, be dependent (up)on, be based on

007

한국의 경제 회복은 탄력을 받고 있다.

gain 얻다 **momentum** (일의 진행에 있어서의) 힘, 탄력, 가속도 ▣ impetus, energy, power, drive, force
ex **pick up momentum** 탄력을 얻다, 가속도가 붙다 **lose momentum** 탄력이 떨어지다

008

FOMC 회의를 앞두고 주가가 반등하다.

bounce (공 등이) 튀어 오르다
FOMC(Federal Open Market Committee의 약자) 미국 연방공개시장위원회

009

경제 성장 속도가 지난해 1~3월 대비 20%까지 빨라지다.

growth 성장 **accelerate** 속도를 높이다, 빨라지다 ▣ escalate, speed up
y/y(year-over-year의 약자) 지난해 대비 올해
ex **Inflation continues to accelerate.** 인플레이션이 계속 가속화되다.

010

새로운 경제 계획이 지역의 경제 통합을
더욱 촉진시키다.

further 더 멀리, 더욱; 추가의 **boost** 북돋우다, 신장시키다 **regional** 지방의, 지역의 **integration** 통합
ex **take a step further** 한 단계 더 나아가다 **at no further fee** 추가 요금 없이

011

Asian economic *confidence bolstered* by consumers.

confidence는 '자신감'이라는 뜻이고 bolster는 '북돋우다, 개선하다'라는 뜻입니다. 한편 경제 뉴스에서 confidence index라는 용어를 자주 보게 되는데 이는 '신뢰도지수'를 의미합니다.

012

Mood in construction improved, *while* service index fell.

경제 뉴스에서 mood는 주로 '분위기'라는 뜻으로 쓰입니다. 업계의 분위기나 상황을 설명할 때 mood in construction(건설업계의 분위기)과 같이 쓸 수 있어요. 문장 중간에 while(~하는 반면)이 쓰이면 앞뒤의 내용이 대조를 이루는 경우가 많습니다.

013

Service businesses in Europe saw *pickup* in late July.

service businesses는 '서비스업계'를 뜻합니다. pickup은 '개선, 호전, 회복'이라는 뜻이므로 see pickup은 '개선세를 보이다'라는 의미가 됩니다.

014

Sharp pick-up in U.S. construction amid rapid economic recovery.

sharp은 '(칼날 따위가) 날카로운'이라는 뜻 외에 '(변화가) 급격한'이라는 뜻도 갖고 있어요. 여기서처럼 sharp pick-up이라고 하면 '가파른 회복[개선세]'라고 해석할 수 있습니다.

015

U.S. economy *set to pick up* speed after delta variant cases decline.

뉴스에서 자주 볼 수 있는 set to는 '(어떤 방향으로 나아갈 준비가 되어 일을) 시작하다, 착수하다'라는 뜻입니다. 여기서 pick up은 '회복되다, 개선되다'라는 동사로 쓰였으므로 set to pick up speed는 '속도가 나기 시작하다'라는 의미입니다.

011

아시아의 경제적 자신감이
소비자들로 인해 개선되고 있다.

confidence 자신감 **bolster** 북돋우다, 개선하다 **consumer** 소비자
ex confidence index 신뢰도지수

012

서비스지수는 떨어진 반면,
건설업계의 분위기는 회복세를 보였다.

mood 분위기 **= sentiment construction** 건설, 건설업계
while ~하는 반면 **service index** 서비스지수

013

7월 말 유럽의 서비스업계는 개선세를 보였다.

service businesses 서비스업계
pickup 개선, 호전, 회복 **late July** 7월 말

014

빠른 경제 회복 속에 미국의 건설업계는
가파른 개선세를 보이다.

sharp (칼날 따위가) 날카로운; (변화가) 급격한
amid (특히 흥분·공포심이 느껴지는) 가운데 **rapid** 빠른

015

델타 변이 사례 감소세 이후 미국 경제는
회복에 속도가 붙기 시작하다.

set to ~하기 시작하다, 착수하다 **= be ready to pick up** 회복되다, 개선되다
delta variant case 델타 변이 사례 **decline** 감소하다

016

U.S. economy's strong start *signals* a *stellar* year.

signal은 '신호를 보내다, (어떤 일을) 시사하다, 암시하다'라는 뜻이에요. stellar는 별(star)을 뜻하는 라틴어 stella에서 온 말로 '별의'라는 뜻과 함께 '(별처럼) 화려한, 눈부신, 뛰어난'이라는 뜻을 갖고 있습니다.

017

The economy is *booming* but *far from* normal.

boom은 '호황'이라는 명사와 '호황을 맞다, 번창하다'라는 동사로 모두 쓰입니다. far from은 '전혀 ~이 아닌, 오히려 그 반대인'이라는 뜻으로 far from normal은 '정상에서 멀리 떨어진, 전혀 정상이 아닌'이라는 의미가 됩니다.

018

The World Bank presented *favorable* economic *prospects*.

favorable은 '호의적인, 유리한, 순조로운'이라는 뜻이고 prospects는 '전망'이라는 뜻이므로 favorable economic prospects는 '긍정적인 경제 전망'이라는 의미입니다.

019

Record profits in the *retail market* indicate a boom in the economy.

record는 주로 '기록' 또는 '기록하다'라는 뜻이지만 record profits(기록적인 매출)처럼 명사 앞에 쓰이면 '기록적인, 역대 최고의'라는 뜻의 형용사가 됩니다. retail market은 '소매 시장'이고, '도매 시장'은 wholesale market이라고 합니다.

020

Market *regains* ground after huge sell-off.

regain은 gain 앞에 '다시'라는 뜻의 re-가 붙은 것으로 '되찾다, 회복하다'라는 뜻입니다. 따라서 Market regains ground는 '주식 시장이 땅을 되찾다', 즉 '주식 시장이 본래 흐름으로 돌아오다'라는 의미입니다.

016

미국 경제의 탄탄한 시작은 화려한 한 해를 예고하다.

signal 신호를 보내다, (어떤 일을) 시사하다, 암시하다 ➡ indicate, imply
stellar 별의; (별처럼) 화려한, 눈부신, 뛰어난
ex **She had a stellar career.** 그녀는 눈부신 커리어를 가졌었다.

017

경제가 호황을 누리고 있지만 전혀 정상이 아니다.

boom 호황을 맞다, 번창하다; 호황 **far from** 전혀 ~이 아닌, 오히려 그 반대인
ex **the cycle of boom and bust** 호황과 불황의 순환
a boom year for exports 수출 경기가 호황을 보인 한 해

018

세계은행은 긍정적인 경제 전망을 내놓았다.

present 제시하다, 제출하다 **favorable** 호의적인, 유리한, 순조로운
prospects (성공할) 전망

019

소매 시장의 역대 최고 매출은 경제 호황을 시사한다.

record 기록; 기록하다; 기록적인, 역대 최고의 **retail market** 소매 시장 ➡ wholesale market 도매 시장
indicate (조짐 · 가능성을) 나타내다, 시사하다
ex **record highs** 역대 최고 **record lows** 역대 최저

020

시장은 대량 매각 이후 본래 흐름을 되찾다.

regain 되찾다, 회복하다 **sell-off** (값이 떨어진 주식의) 대량 매각
ex **That was the biggest one-day selloff.** 그것은 일일 매도 중 가장 큰 대량 매도였다.

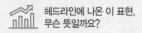

021

The economy is *predicted* to improve *within* the next several months.

predict는 '예측[예견]하다'라는 뜻으로 수동태인 is predicted(예상되다)는 예상되는 현상을 말할 때 자주 사용됩니다. within은 '~ 안에서'뿐만 아니라 '(특정 시기나 거리) 이내에'라는 뜻도 있습니다.

022

With the economy *thriving,* offline businesses have been very active.

thrive는 '잘 자라다, 번창하다'라는 뜻으로 경제가 번창한다고 할 때 자주 사용됩니다. 유의어에는 flourish, prosper가 있습니다.

023

Overall, market is *taking a turn* for the better.

overall은 '전반적으로, 대체로; 종합적인'이라는 뜻으로 이 문장에서는 부사로 쓰였습니다. take a turn은 '방향을 틀다'라는 뜻이므로 take a turn for the better는 '차차 나아지다, 점점 호조를 보이다'라는 의미입니다.

024

Market is *on the cycle of* recovery.

cycle(순환, 사이클)은 경제 뉴스에 자주 등장하는 단어입니다. on the cycle of는 '~ 사이클에 들어온', '~이 되어 가고 있는'이라는 뜻으로, on the cycle of recovery는 '회복 사이클에 들어온, 회복되어 가는'이라는 의미가 됩니다.

025

Brent at 4-year highs: IMF *long-term* outlook on crude rosy.

long-term은 '장기적인'이라는 뜻으로 long-term outlook은 '장기적인 전망'이라는 뜻입니다. 반대로 '단기적인'은 short-term을 씁니다. 콜론(:)은 앞절에 나온 내용을 수식 및 설명하거나 다른 말로 바꾸어 표현할 때 사용합니다.

021

경제는 몇 달 안에 회복될 것으로 예측된다.

predict 예측하다, 예견하다 **within** ~ 안에서; (특정 시기나 거리) 이내에
ex **within my ability** 내 능력 안에서 **within a year** 1년 안에

022

경제가 번창한 가운데 오프라인 비즈니스들이
매우 활기를 띤다.

thrive 잘 자라다, 번창하다 **s** flourish, prosper
ex **Tech businesses are thriving this year.** 올해 테크 기업들이 번창하고 있다.

023

전반적으로 시장은 차차 호조를 보이고 있다.

overall 전반적으로, 대체로; 종합적인 **take a turn** 방향을 틀다
ex **take a turn for the worse** 차차 악화되다

024

시장은 경제 회복 사이클에 들어와 있다.

cycle 순환, 사이클 **on the cycle of** ~ 사이클에 들어온, ~이 되어 가고 있는
ex **gold market cycle** (금 매수 시기를 판단할 수 있는) 금 시장 사이클
supercycle (상품과 서비스 수요 급증으로 나타나는) 강한 경제 활동 사이클

025

4년래 최고치를 기록한 브렌트유:
IMF는 장기적인 유가 전망을 장밋빛으로 본다.

Brent oil 브렌트유(油) **long-term** 장기적인 **↔** short-term **crude** 원유
ex **long-term relationships** 장기적인 관계 **short-term plans** 단기적인 계획

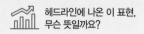

026

A *downturn* in the global industrial economy is already *underway*.

downturn은 '(매출 등의) 감소, (경기) 하강, 침체' 등의 뜻으로 반대어는 upturn(상승)입니다. 경제 뉴스 헤드라인에서는 흐름의 방향이 위쪽인지 아래쪽인지가 중요한데, 이는 대부분 명사와 동사의 뜻에 달려있습니다. underway는 '진행 중인, 움직이고 있는'이라는 뜻입니다.

027

September is starting to *stink* for the stock market.

stink는 원래 '악취가 나다, (고약한) 냄새가 나다'라는 뜻으로 이 문장에서는 주식 시장의 '분위기가 좋지 않다'는 의미로 쓰였습니다.

028

One day after a worldwide *sell-off* in stock markets, growing fears of a global *recession* continue.

sell-off는 값이 하락한 주식을 '대량 매각'하는 것을 뜻하며, recession은 '경기 후퇴[침체], 불경기, 불황'이라는 뜻입니다. 동사 continue를 통해 이런 부정적인 시류가 한동안 지속될 것임을 알 수 있습니다.

029

It's not a *crisis*, it's a *collapse*: life in a total economic *meltdown*.

이 문장에서 핵심 단어는 crisis, collapse, meltdown입니다. crisis는 '위기, 고비, 대란'이라는 뜻으로 부정적인 경제 뉴스에서 자주 볼 수 있는 단어입니다. collapse는 '붕괴되다, 무너지다'라는 동사와 '붕괴, 몰락'이라는 명사로 모두 쓰입니다. meltdown은 '통제력을 잃고 분열되는 상태'를 일컫습니다.

030

America *is headed for* a market *crash*.

be headed for는 '~로 향하다'라는 의미입니다. crash는 '충돌[추락] 사고, 떨어지거나 부서질 때 나는 요란한 소리'를 뜻이므로 market crash는 '시장 붕괴'라는 뜻입니다.

026

글로벌 제조업의 경기 침체는 이미 시작되었다.

downturn (매출 등의) 감소, (경기) 하강, 침체 ↔ upturn
industrial economy 제조업 경기 underway 진행 중인, 움직이고 있는
ex economic downturn 경기 침체 economic upturn 경기 상승

027

9월 주식 시장, 다소 좋지 않은 분위기로 시작하다.

stink 악취가 나다, (고약한) 냄새가 나다

028

전 세계 주식 시장의 대량 매도 하루 만에
글로벌 경기 침체에 대한 우려가 지속적으로 커지다.

worldwide 전 세계적인 sell-off (값이 하락한 주식의) 대량 매각
fear 공포, 두려움 recession 경기 후퇴[침체], 불경기, 불황

029

이것은 위기가 아닌 붕괴다: 전면적인 경제 몰락이다.

crisis 위기, 고비, 대란 collapse 붕괴, 몰락; 붕괴되다, 무너지다
total 완전한, 전면적인 meltdown 통제력을 잃고 분열되는 상태, 붕괴, 대폭락
ex meltdown on the New York Stock Exchange 뉴욕 증권거래소의 붕괴

030

미국은 시장 붕괴로 향하고 있다.

be headed for ~로 향하다 crash 충돌[추락] 사고, 떨어지거나 부서질 때 나는 요란한 소리
market crash 시장 붕괴

031

Asia's economies *face slowing* growth and rising inequality.

face는 '얼굴'이라는 뜻 외에 '(누군가를 또는 어떤 상황을) 직면하다, 맞닥뜨리다'라는 동사의 뜻도 있습니다. 이 문장에서 slow growth가 아닌 slowing growth라고 쓴 이유는 특정 시점의 상태를 뜻하는 것이 아니라 느리게 진행되고 있는 움직임을 강조하기 위한 것입니다.

032

U.S. consumers are *gloomy* about their finances, and that signals a *potential* recession.

Gloomy Sunday(우울한 일요일)라는 노래에서처럼 gloomy는 '우울한, 비관적인'이라는 뜻의 형용사입니다. potential은 '가능성이 있는, 잠재적인'이라는 뜻으로 potential recession은 '잠재적인 경기 침체'를 가리키고 있습니다.

033

Economic *freefall* continues.

freefall은 '자유 낙하, 급락'이라는 뜻으로 가치나 위신, 명성 따위가 아래가 보이지 않을 정도로 갑작스럽게 감소하거나 하락하는 것을 뜻합니다.

034

Stagflation fears *stalk* the markets.

stagflation(스태그플레이션)은 stagnation과 inflation의 합성어로 '경기 불황 중에도 물가가 계속 오르는 현상'을 뜻하는 경제 용어입니다. stalk은 '(병·재해 등이) 만연하다, 퍼지다'라는 뜻을 갖고 있는데, 여기서는 스태그플레이션 우려가 시장에 '만연하다'는 뜻으로 쓰였습니다.

035

Asia-Pacific countries face 'lost *decade*' *due to* economic cost of global pandemic.

decade는 '10년'이라는 뜻으로 lost decade는 '잃어버린 10년'이라는 의미입니다. due to는 '~때문에, ~로 인해'라는 뜻으로 because of와 같은 의미입니다.

② 경기 악화/침체 2

031

아시아 경제는 더딘 성장과 심화되는 불평등에 직면하다.

face 직면하다, 맞닥뜨리다 **slowing** 느리게 진행되는, 더딘; 침체 **inequality** 불평등
㏍ **the slowing of the economy** 경기 침체

032

미국 소비자들은 자신들의 재정에 대해
비관적인데, 이것은 잠재적 경기 침체의 신호다.

gloomy 우울한, 비관적인 **finance** 재정, 재무 **signal** 시사하다, 암시하다
potential 가능성이 있는, 잠재적인

033

경기 급락이 지속되다.

free fall 자유 낙하, 급락
㏍ **Stock prices went into free fall.** 주가가 급락세에 접어들었다.

034

스태그플레이션 우려가 시장에 만연하다.

stagflation 스태그플레이션(경기 불황 중에도 물가가 계속 오르는 현상)
stalk (병·재해 등이) 만연하다, 퍼지다

035

글로벌 팬데믹의 경제적 손실로 인해
아시아 태평양 국가들은 '잃어버린 10년'을 맞다.

Asia-Pacific countries 아시아 태평양 국가들 **decade** 10년
due to ~때문에, ~로 인해 ㊀ **because of** **pandemic** 전국[전 세계]적인 유행병

036

Volatility *rocks* equity markets, *triggering* trading *halt*.

여기서 rock은 '흔들다, 뒤흔들다'라는 뜻의 동사로 사용되었습니다. trigger는 '방아쇠를 당기다, 촉발시키다'라는 뜻이고 halt는 '멈춤, 중단'이라는 뜻이므로 trigger trading halt는 '거래를 멈추게 촉발시키다'라는 의미입니다.

037

Chinese economy is *under pressure*.

pressure는 '압박'을 뜻하며 under pressure라고 하면 '압박에 눌려 있는, 짓눌려 있는'이라는 뜻이 됩니다.

038

Negative sentiment *weigh on* U.S. market.

동사 weigh는 '무게를 이다, 무게를 달다, 저울질하다'라는 뜻이에요. 뒤에 on을 붙여 weigh on이라고 하면 '~을 짓누르다, 압박하다, 괴롭히다'라는 뜻으로 뉴스 기사에서 자주 볼 수 있는 표현입니다.

039

Fall in construction activity *holds back* economic growth.

hold back은 '~을 저지하다, 억제하다, 방해하다'라는 뜻입니다. hold back은 또한 '(감정을) 누르다, 참다'라는 뜻으로도 쓰입니다.

040

Global markets fall amid *pessimism* over soaring Covid-19 cases, *panic selling* continues.

pessimism은 '비관주의'라는 뜻으로 반대어는 optimism(낙관주의)입니다. panic selling은 '공황 매도'라는 뜻으로 공포와 불안한 마음에 급히 매도하는 것을 뜻하는 경제 용어입니다.

036

변동성이 거래 중지를 촉발하며
주식 시장을 뒤흔들어놓다.

volatility 변덕스러움, 변동성 **rock** 흔들다, 뒤흔들다 **equity market** 주식 시장
trigger 방아쇠를 당기다, 촉발시키다 **halt** 멈춤, 중단

037

중국 경제는 압박을 받고 있다.

pressure 압박 **under pressure** 압박에 눌려 있는, 짓눌려 있는

038

부정적인 심리가 미국 시장을 짓누르다.

negative 부정적인 **sentiment** 감정, 정서
weigh on ~을 짓누르다, 압박하다, 괴롭히다 ⑤ cause to worry, trouble someone

039

건설업의 활기 감소가 경제 성장의 발목을 붙잡다.

fall 떨어짐, 하락 **activity** 활기, 활황 **hold back** 저지하다, 방해하다; (감정을) 누르다
⑤ I couldn't hold my anger back. 나는 화나는 것을 억제할 수 없었다.
She could no longer hold back her tears. 그녀는 더 이상 눈물을 참을 수 없었다.

040

글로벌 시장은 급증하는 코로나 19 사례에 대한
비관주의 속에 하락하면서 공포 매도세가 지속되다.

pessimism 비관주의 ↔ optimism **soar** 급증하다, 치솟다
panic selling 공황 매도(공포와 불안한 마음에 급히 매도하는 것)

041

'Baby *shortage*' could create economic *stagnation* for Europe.

shortage는 short의 명사형으로 '부족'을 뜻합니다. stagnation은 '침체, 정체, 불경기'라는 뜻으로 economic stagnation은 '경기 침체'를 의미합니다. 헤드라인에 따옴표를 쓰는 것은 강조를 하기 위한 것입니다.

042

Korea is *in the grip of* an industrial stagnation.

grip은 '(손아귀로) 꽉 잡다, 움켜쥐다'라는 동사로도 쓰이고 '꽉 붙잡음, 움켜쥠'이라는 명사로도 쓰입니다. 여기서는 명사로 쓰여서 in the grip of를 '~에 시달리는, 휘말린'이라고 해석하면 됩니다.

043

Tighter restrictions *exacerbate* Europe's Covid-hit tourism.

tight는 '(고정된 상태 등이) 단단한, 꽉 조여 있는'이라는 뜻이므로 비교급인 tighter는 '더 단단한, 더 꽉 조인'이라는 뜻입니다. exacerbate는 '악화시키다'라는 뜻으로 유의어인 aggravate, worsen과 함께 경제 뉴스 헤드라인에 자주 등장합니다.

044

'Dark *doldrums*' *highlight* supply challenges for Asia.

doldrums는 '침울, 우울; 침체, 부진'을 뜻하는 명사로 항상 복수형으로 쓰인다는 점을 주의해야 합니다. highlight는 사람들이 더 많은 관심을 기울이도록 '강조하다'라는 뜻입니다.

045

GDP data *indicate* Eurozone in *double-dip* doldrums.

indicate는 '나타내다, 보여주다, 가리키다'라는 뜻으로 signal, demonstrate, illustrate 등의 유의어가 있습니다. double-dip은 '경기 하락 후 일시적인 회복기를 거쳐서 더욱 심각한 경기 하락이 일어나는 침체의 시기'를 뜻하는 경제 용어입니다.

041

'저출산'이 유럽에 경기 침체를 불러일으킬 수 있다.

shortage 부족 **stagnation** 침체, 정체, 불경기 🔁 recession, downturn, doldrums
🔳 **a shortage of funds** 기금 부족 **a supply shortage** 공급 부족

042

한국은 제조업 불경기에 시달리다.

grip 꽉 잡다, 움켜쥐다; 꽉 붙잡음, 움켜쥠 **in the grip of** ~에 시달리는, 휘말린
industrial 산업의, 공업의
🔳 **in the grip of a general strike** 총파업에 휘말려

043

더 엄격해진 규제가 코로나로 타격받은
유럽의 관광산업을 악화시키다.

tighter (고정된 상태 등이) 더 단단한, 더 꽉 조여 있는 **restriction** 규제
exacerbate 악화시키다 🔁 aggravate, worsen **covid-hit** 코로나로 타격받은 **tourism** 관광업
🔳 **tighter security** 더 엄격한 보안

044

'암울한 경제 부진'은 아시아의 공급 문제를 조명한다.

doldrums 침울, 우울; 침체, 부진 **highlight** 강조하다 **supply** 공급 **challenge** 도전, 난제
🔳 **The economy remains in the doldrums.** 경제는 여전히 부진하다.

045

GDP 데이터는 유로존의 더블딥(이중 침체)을 나타낸다.

GDP(gross domestic product의 약자) 국내 총생산
indicate 나타내다, 보여주다, 가리키다 🔁 signal, demonstrate, illustrate
Eurozone 유로존 **double-dip** 더블딥, 이중 침체 🔳 **double-dip recession** 이중 경기 침체

35

046

Summer *slowdown* in the market: doldrums or shift?

slowdown은 '(속도나 활동 따위의) 둔화, 늦춰짐'을 뜻하는데 summer slowdown은 통상 '여름에 자주 나타나는 경기 둔화'를 의미합니다.

047

The economy is *precariously* close to a *slump*.

precarious는 '불안정한, 위태로운'이라는 뜻의 형용사이고 -ly가 붙은 precariously는 '불안정하게, 위태 롭게'라는 뜻의 부사입니다. slump는 '슬럼프; 폭락, 불황'이라는 뜻으로 여기서 close to slump는 '불황에 가까운'으로 해석할 수 있습니다.

048

No sign of a *let-up* in the recession.

let up은 '(강도가) 누그러지다, 약해지다, 느슨해지다'라는 뜻이고, '-'를 붙인 명사형 let-up은 '(강도 · 어려움 따위의) 약화, 완화'라는 뜻입니다.

049

Korean economy struggling to *recover* from *pandemic*.

recover는 '회복되다, 되찾다, 만회하다'라는 뜻으로 경제 뉴스에 자주 등장하는 단어입니다. pandemic은 '세계적으로 전염병이 대유행하는 상태'를 말합니다. 세계보건기구(WHO)는 전염병의 위험도에 따라 경보 단 계를 1단계에서 6단계까지 나누는데 최고 등급인 6단계를 pandemic이라고 합니다.

050

Americans *turn* more *downbeat* about finances as inflation rises.

〈turn+형용사〉는 '(~한 상태로) 되다, 변하다'라는 뜻입니다. downbeat은 '침울한, 비관적인'이라는 뜻이므 로 turn downbeat은 '비관적으로 변하다'라는 의미입니다.

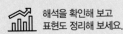

여름 시장의 둔화: 침체일까? 아니면 변곡점일까?

slowdown (속도나 활동 따위의) 둔화, 늦춰짐 **shift** (위치·입장·방향의) 변화

경제는 위태롭게 불황에 근접하고 있다.

precariously 불안정하게, 위태롭게 **close to** ~에 가까운 **slump** 슬럼프; 폭락, 불황
a precarious life 내일을 모르는 위태로운 운명 **a precarious job** 불안정한 직업

경기 침체가 완화될 조짐은 보이지 않는다.

sign 징후, 조짐, 기색 **let-up** (강도·어려움 따위의) 약화, 완화
The pain finally let up. 마침내 통증이 좀 가라앉았다.
The rain gradually let up. 비가 서서히 그쳤다.

한국 경제는 팬데믹에서 벗어나 회복하기 위해 분투하고 있다.

struggle 투쟁하다, 분투하다 **recover** 회복되다, 되찾다, 만회하다 **restore, regain**
pandemic 전 세계적인 유행병

인플레이션이 오르자 미국인들은 재정 문제에 대해 더 부정적으로 변하다.

turn+형용사 (~한 상태로) 되다, 변하다 **downbeat** 침울한, 비관적인 **finance** 재정, 재무 **inflation** 인플레이션
turn sad 슬퍼지다 **turn mad** 갑자기 화를 내다

051

Stocks *rise* in the first few *trading hours*.

rise는 '오르다, 올라가다'라는 뜻으로 주가 상승을 나타낼 때 가장 일반적으로 쓰이는 단어입니다. trading hours는 '주식 장이 열려서 운영되고 있는 시간'을 뜻하므로 first few trading hours는 '장 시작 후 처음 몇 시간'을 뜻합니다.

052

South Korean *e-commerce giant soars* in market debut.

e-commerce giant를 직역하면 '이커머스 거인', 즉 '이커머스 거대 기업'이라는 뜻이고, 이를 의역하여 '이커머스업계 대표주자'라고 해석할 수 있습니다. soar는 '급증하다, 솟구치다'라는 뜻이에요.

053

E-commerce stocks *surged* nearly 30% the first quarter.

surge는 '치밀어 오르다'라는 뜻으로 주식 뉴스에서는 '급등하다'라는 뜻입니다. 원래 in the first quarter가 맞지만 여기서는 in이 생략됐습니다. 상승을 뜻하는 동사의 강도는 다음과 같습니다. rise(상승하다) = jump(뛰다) = gain(얻다, 상승하다) 〈 surge(급등하다) 〈 soar(치솟듯 급등하다) 〈 skyrocket(크게 급등하다)

054

3 Top Robinhood Stocks Wall Street thinks will soar 25% or more.

위 문장은 원래 Wall Street thinks 3 Top Robinhood Stocks will soar 25% or more.입니다. 뉴스 헤드라인에서는 이처럼 강조하고자 하는 부분을 문장 맨 앞에 배치하기도 합니다.

055

Stocks *climb* after jobs report.

'오르다, 올라가다'라는 뜻인 climb도 주가 상승을 나타내는 대표적인 동사 중 하나입니다. 주가가 오를 때 rise, climb, gain, rally, jump가 모두 유사한 의미로 사용됩니다.

해석을 확인해 보고
표현도 정리해 보세요.

051

주가는 장 시작 후 처음 몇 시간 동안 상승하다.

rise 오르다, 올라가다 **trading hours** 주식 장이 열려서 운영되는 시간

052

한국의 이커머스 대표주자, 상장 첫날 급등하다.

e-commerce giant 이커머스업계 거대 기업[대표주자] **soar** 급증하다, 솟구치다
debut 데뷔, 첫 출연

053

이커머스 종목들은 1분기에 거의 30%나 급등했다.

surge 급증하다, 급등하다 ▣ soar, skyrocket
nearly 거의 **quarter** 분기

054

월가는 탑 로빈후드 주식 3가지가 25% 이상
상승할 것이라고 예상하다.

055

고용 보고서 발표 후 주가가 상승하다.

climb 오르다, 올라가다 ▣ rise, gain, rally, jump **jobs report** 고용 보고서

39

056

U.S. stock *futures gain* on strong jobs data.

futures는 주식에서 '선물'을 뜻합니다. gain은 명사로는 '이득, 이점'이라는 뜻이고, 동사로는 '얻다, 증가하다'라는 뜻으로 주가의 상승을 나타낼 때 자주 사용됩니다.

057

Nasdaq *posts* new record high as 'worrisome' jobs report boosts *relief* prospects.

post에는 '(주가나 재정 관련 정보를) 발표하다' 외에 '(점수 등을) 기록하다'라는 뜻이 있습니다. relief는 '안도, 안심'이라는 뜻도 있지만, 통상 경제 뉴스에서는 '(부채·세금 따위의) 탕감, 삭감, 구제' 등을 뜻합니다.

058

S&P 500 *scores* best daily gain in 2 weeks despite '*stomach-churning* days' for stock market.

score는 '점수를 올리다, 기록하다'라는 뜻으로 score best daily gain은 '일일 최고 상승폭을 기록하다'라는 의미입니다. churn은 '마구 휘젓다, (속이) 뒤틀리게 하다'라는 뜻이므로 stomach-churning은 '걱정 등으로 속이 타는'이라고 해석할 수 있습니다.

059

European markets *rallied* 4%.

rally는 명사로는 '집회, 대회'라는 뜻이고, 동사로는 '(지지를 위해) 결집하다, 단결하다'라는 뜻입니다. 하지만 경제 뉴스에서 rally는 보통 '(주가 등이) 상승 랠리를 펼치다'라는 뜻으로 사용됩니다.

060

These *high-flying stocks* continue to rise on Wednesday.

high-flying은 말 그대로 '하늘 높이 나는'이라는 뜻으로 '크게 성공한, 상승세를 보이고 있는'이라고 해석할 수 있습니다.

해석을 확인해 보고
표현도 정리해 보세요.

③ 주가 상승 2

056

미국 선물 시장이 탄탄한 고용지표에 힘입어 상승하다.

futures 선물 **gain** 얻다, 증가하다; 이득, 이점 **jobs data** 고용지표

057

'우려스러운' 고용 보고서가 구제 가능성을 증대시키며 나스닥은 신고가를 기록하다.

post (주가·재정 관련 정보를) 발표하다, (점수 등을) 기록하다 **new record high** 신고가 **worrisome** 걱정스러운
relief 안도, 안심; (부채·세금 따위의) 탕감, 삭감, 구제 **prospect** (어떤 일이 있을) 가망, 가능성

058

주식 시장의 '속 타는 흐름'에도 불구하고 S&P500지수는 2주 만에 일일 최대 상승폭을 기록하다.

score 점수를 올리다, 기록하다 **score best daily gain** 일일 최고 상승폭을 기록하다
churn 마구 휘젓다, (속이) 뒤틀리게 하다 **stomach-churning** (걱정 등으로) 속이 타는

059

유럽 시장은 4% 상승 랠리를 펼쳤다.

rally (주가 등이) 상승 랠리를 펼치다, 상승 곡선을 그리다

060

상승세의 이 주식들은 수요일에도 상승을 이어가다.

high-flying 하늘 높이 나는; 크게 성공한, 상승세를 보이고 있는
🔲 **a high-flying career woman** 크게 성공한 커리어 우먼

41

061

The sudden *rise* in stock prices *confounded* analysts.

rise는 '오르다, 상승하다'라는 동사뿐만 아니라 '증가, 상승'이라는 명사로도 사용되므로 rise in stock prices 는 '주가의 상승'이라는 의미입니다. confound는 '어리둥절하게 하다, 당혹하게 만들다'라는 뜻입니다.

062

Analysts *expect* to see an *increase* in the value of stocks.

expect는 '(~할 것으로) 예상하다, 기대하다'라는 뜻의 동사입니다. increase는 '증가하다'라는 뜻도 있지만, 여기서는 '증가'라는 뜻의 명사로 쓰였습니다. rise처럼 명사로 쓰일 때는 주로 전치사 in과 함께 쓰입니다.

063

Market *comeback* rally continues with S&P up *slightly*.

comeback은 '(유명인의) 복귀, 컴백, 재기'라는 뜻이지만, 여기서는 '(약세장에서의) 증시 반등'이라는 의미 입니다. 따라서 market comeback rally는 '시장 반등 랠리' 정도로 해석할 수 있습니다. slightly는 '약간, 조금'이라는 뜻의 부사로 up slightly는 '조금 상승한 것'을 나타냅니다.

064

Beware sudden, unexpected jumps or drops in stock prices this week.

beware는 '조심하다, 주의하다'라는 뜻인데 명령문 형태로 자주 사용됩니다. 비슷한 뜻인 sudden(갑작스러 운)과 unexpected(기대하지 못한, 예상 밖의)를 나란히 배치함으로써 의미를 강조하고 있습니다.

065

Shares *rebound* following Monday's *bruising* sell-off.

rebound는 공이 땅을 치고 '다시 튀어 오르다'라는 뜻으로 여기서는 주가가 어느 지점을 찍고 반등하는 모습 을 표현합니다. bruise는 '멍이 들다; 멍'이라는 뜻이므로 bruising은 '멍이 들 만큼 아픈, (마음이) 힘든'이라 는 뜻이에요. 따라서 bruising sell-off는 '극심한 대량 매도세' 정도로 해석할 수 있습니다.

해석을 확인해 보고
표현도 정리해 보세요.

061

갑작스러운 주가의 상승은 애널리스트들을 당황시켰다.

rise 증가, 상승 **confound** 어리둥절하게 하다, 당혹하게 만들다 ◙ **confuse, baffle, perplex**
◙ **The inflation figure confounded economic experts.**
인플레이션 수치는 경제 전문가들을 어리둥절하게 만들었다.

062

애널리스트들은 주식 가치가 오를 것으로 기대한다.

expect (~할 것으로) 예상하다, 기대하다 **increase** 증가하다; 증가 ◙ **decrease**
◙ **increase in numbers** 수의 증가 **increase in volume** 양의 증가

063

S&P지수가 약간 상승하며 시장 반등 랠리가 계속되다.

comeback (유명인의) 복귀, 컴백, 재기; (약세장에서의) 증시 반등
slightly 약간, 조금

064

이번 주 예상치 못한 갑작스러운 주가의
널뛰기를 유의하라.

beware 조심하다, 주의하다 **sudden** 갑작스러운 **unexpected** 기대하지 못한, 예상 밖의
◙ **Beware of the dog** 개조심

065

월요일의 극심한 대량 매도 이후 주가가 반등하다.

shares 주식 **rebound** (공이) 다시 튀어 오르다; (주가가) 반등하다
bruising 멍이 들 만큼 아픈, (마음이) 힘든 **bruising sell-off** 극심한 대량 매도세

❸ 주가 상승 3

066

The main *gainers* in the market today were from a *mix of areas.*

gainer는 gain에서 나온 말로 '이득자, 승리자'를 뜻하는데 여기서는 '상승한 종목'을 의미합니다. area는 '지역, 분야'를 뜻하므로 a mix of areas는 '다양한 분야[방면]'이라고 해석할 수 있습니다.

067

Here's why *maritime* stocks *popped* today.

maritime은 '바다의, 해양의'라는 뜻으로 maritime stocks는 '해상주'를 가리킵니다. pop은 '톡 튀어나오다, 펑 하고 터지다'라는 뜻으로 여기에서는 주가가 갑작스럽게 상승한 것을 나타냅니다.

068

Education and paper shares *fly high.*

fly high는 말 그대로 '고공행진을 하다'라는 뜻으로 주가를 나타낼 때는 '(아주 좋은 흐름으로) 상승하다'라는 의미입니다.

069

Crocs (CROX) shares soar to record high; is this an *indication* of *further* gains?

indication은 '(사실ㆍ조짐을) 가리키다, 나타내다'라는 동사 indicate의 명사형입니다. further는 '더 멀리, 더 나아가'라는 부사 외에 '추가적인'이라는 형용사로도 쓰입니다. indication of further gains는 '추가 상승 조짐[신호]'라는 의미입니다. 세미콜론(;)은 콜론과 같은 역할을 하는데, 뒤에 절 형태가 올 때 사용합니다.

070

U.S. stocks rise, *brushing off* market *jitters.*

brush off는 '(먼지 등을) 털어내다'라는 뜻이고, jitter는 '안절부절못하다, 덜덜 떨다'라는 뜻으로 신경과민으로 덜덜 움직이는 모습을 나타냅니다. 여기서는 명사로 쓰여 market jitters는 '시장의 초조[우려]' 정도로 해석할 수 있습니다.

③ 주가 상승 4

066

오늘 큰 상승폭을 기록한 종목은 다양한 업종에서 나왔다.

gainer 이득자, 승리자; 상승한 종목 ↔ **loser**　**area** 지역, 분야　**a mix of areas** 다양한 분야[방면]
the biggest gainers 가장 큰 폭으로 상승한 주식들　**the biggest losers** 가장 큰 폭으로 하락한 주식들

067

오늘 해상주가 튀어 오른 이유

maritime 바다의, 해양의　**maritime stocks** 해상주　**pop** 톡 튀어나오다, 펑 하고 터지다
The balloon went pop. 풍선이 펑 하고 터졌다.

068

교육주와 제지주가 고공행진을 하다.

shares 주식　**fly high** 고공행진을 하다; (아주 좋은 흐름으로) 상승하다

069

크록스 주가가 최고치까지 치솟다; 이것은 추가 상승에 대한 신호일까?

indication 암시, 조짐, 징후　**further** 추가적인; 더 멀리, 더 나아가
go further 더 나아가다, 더 멀리 가다

070

미국 주식 시장이 시장의 초조함을 털어내며 상승하다.

brush off (먼지 등을) 털어내다　**jitter** 안절부절못하다; 신경과민, 초조
market jitters 시장의 초조[우려]

Boom time for stock markets while bonds left in the *doldrums*.

boom time은 '경기가 좋은 때', 즉 '호황기'를 일컬으며 bond는 '채권'을 뜻합니다. doldrums는 앞서 배운 것처럼 '침체, 부진'이라는 뜻으로 left in the doldrums는 '침체기에 남아있다'는 의미입니다.

Wall Street rises in *choppy* trade.

choppy는 '파도가 일렁이는' 또는 '고르지 못하고 뚝뚝 끊기는' 모습을 일컫는 형용사입니다. choppy trade는 일정한 흐름을 보이지 않고 방향을 잡지 못한 채 '불안정한 흐름을 보이는 거래'라고 해석할 수 있습니다.

U.S. stocks *snap back* to start January; S&P 500 jumps 150 points.

snap back은 '(용수철 등이) 튀어 돌아오다', '(아픈 사람이) 빨리 회복하다', '(날카롭게) 말대꾸하다'라는 뜻을 갖고 있으며, snapback이라고 붙여 쓰면 '갑작스러운 반동, 빠른 회복'이라는 명사가 됩니다.

Bear-market rally continues *amid* energy crisis.

bear-market rally는 '장기 불황의 약세장 속에서 주가가 일시적으로 반짝 상승하는 현상'을 뜻합니다. amid는 '~ 가운데, ~으로 에워싸인'이라는 전치사로 경제 뉴스 헤드라인에서는 앞뒤 구절의 관계를 파악할 수 있는 key 역할을 합니다.

These stocks helped keep the market *afloat* during a *volatile* second quarter.

afloat는 '(물에) 뜬, 물 위나 공중에 떠 있는'이라는 형용사로 keep the market afloat는 '시장이 가라앉지 않게 떠받쳐주다'라고 해석할 수 있습니다. volatile은 '변덕스러운, 불안한, 변동하는'이라는 뜻으로 경제 뉴스에서 굉장히 자주 볼 수 있는 단어입니다.

❸ 주가 상승 5

071

채권 시장은 침체기에 남아있는 반면
주식 시장은 호황기를 맞이하다.

boom time 호황기 **bond** 채권 **doldrums** 침체, 부진
ex **stuck in the doldrums** 우울에 빠진, 침체기에 놓인

072

월가는 불안정한 거래 속에서 상승하다.

choppy 파도가 일렁이는; 고르지 못하고 뚝뚝 끊기는
ex **The ocean looks choppy today.** 오늘 바다에 파도가 좀 이는 듯 보인다.

073

미국 주식은 반등하며 1월을 시작하다;
S&P500지수 150포인트 상승

snap back (용수철 등이) 튀어 돌아오다, (아픈 사람이) 빨리 회복하다, (날카롭게) 말대꾸하다
ex **Don't snap back at me.** 나한테 말대꾸하지 마.

074

에너지 위기가 불거지는 가운데
베어 마켓 랠리가 계속되다.

bear-market rally 장기 불황의 약세장 속에서 주가가 일시적으로 반짝 상승하는 현상 **amid** ~ 가운데, ~으로 에워싸인
ex **amid sadness** 슬픔 가운데 **amid chaos** 혼란 속에서

075

불안정한 2분기 동안 이 주식들이
시장을 떠받쳐주었다.

afloat (물에) 뜬, 물 위나 공중에 떠 있는 **volatile** 변덕스러운, 불안한, 변동하는

076

AMC *shares fall*, but other stocks continue to rise.

share는 '주식 1주'를 뜻하며, 보통 '주식'을 말할 때는 shares라는 복수 형태로 사용됩니다. fall은 '떨어지다'라는 뜻으로 주가 하락을 나타낼 때 가장 흔하게 사용되는 단어입니다.

077

The Dow Industrials *slip* 5 points.

slip은 '미끄러지다'라는 뜻으로 주식 관련 뉴스에서는 주가가 '밀리다, 하락하다'로 해석할 수 있습니다.

078

American Airlines is one of the biggest *decliners*, sliding more than 10%.

decline은 물가나 주가 등이 '떨어지다, 하락하다'라는 뜻으로 여기서 decliner는 '하락한 종목'을 나타냅니다. 이외에 주가의 하락을 나타내는 동사에는 fall, slip, slide, retreat, drop 등이 있습니다.

079

Markets *retreat* from *record highs*.

retreat는 '후퇴하다, 철수하다'라는 뜻으로 주가에 관련해서는 '하락하다'라는 의미로 쓰입니다. retreat 대신 recede(물러나다)를 쓸 수도 있습니다. record highs는 '역대 최고기록, 기록적 최고치'라는 의미이며, '역대 최저치'는 record lows라고 하면 됩니다.

080

Commodities plunge on China's GDP data.

commodity는 '상품'이라는 뜻 외에 '원자재'라는 뜻도 있습니다. 복수형 commodities로 쓰인 이유는 원자재 섹터에 수십 개의 다양한 종류가 있기 때문입니다. plunge는 '거꾸러지다, 급락하다'라는 뜻으로 낙폭이 아주 클 때 자주 사용됩니다.

076

AMC 주가는 하락한 반면, 다른 종목들은
상승을 이어가다.

shares 주식 **fall** 떨어지다

077

다우 제조업종 주가지수가 5포인트 밀리다.

slip 미끄러지다; (주가가) 밀리다, 하락하다

078

아메리칸 항공은 하락폭이 가장 큰 종목들 중
하나로 주가가 10% 이상 떨어지고 있다.

decline (물가나 주가 등이) 떨어지다, 하락하다 **ⓢ fall, slip, slide, retreat, drop**

079

시장은 최고점에서 뒷걸음질 치다.

retreat 후퇴하다, 철수하다; 하락하다 **ⓢ recede**
record highs 역대 최고치 **⊕ record lows** 역대 최저치

080

중국의 GDP가 발표되자 원자재 가격이 급락하다.

commodity 상품, 원자재 **plunge** 거꾸러지다, 급락하다 **ⓢ plummet**

081

European stocks *drop for a fourth day* as investors monitor China data.

drop은 '떨어지다, 하락하다'라는 뜻이고, for a fourth day는 '4거래일 연속'이라는 뜻입니다.

082

Dow, S&P 500, Nasdaq *close lower* in weekly slump on '*quad witching*.'

close lower는 '하락 마감하다'라는 뜻이며, quad witching(네 마녀의 날)은 네 가지 파생상품 및 옵션 만기일이 겹치는 날을 말합니다.

083

Chewy shares *sank* in *extended trading* Tuesday after pet retailer's earnings and forecast disappoint.

sink는 '가라앉다, 침몰하다'라는 뜻으로 주가가 '하락하다'라는 뜻을 담고 있습니다. sink의 과거형은 sank입니다. extended trading은 '시간외 거래'를 말합니다.

084

Dow *tumbles* more than 500 points as September *slide* intensifies.

tumble은 '굴러 떨어지다, 폭삭 무너지다, 크게 추락하다'라는 뜻으로 주가가 크게 떨어지는 것을 나타냅니다. slide는 '미끄러지다, 하락하다'라는 뜻인데 여기서는 '떨어짐, 하락'이라는 명사로 쓰였습니다.

085

Dow *sheds* more than 500 points amid *growing* risks.

shed는 '없애다, 버리다; (싣고 가던 것을) 떨어뜨리다'라는 뜻으로 경제 뉴스에서는 '하락하다'라는 뜻으로 종종 볼 수 있습니다. growing은 '증가하는, 커지는'이라는 뜻으로 growing risks는 '커지는 위험'이라는 뜻입니다.

081

투자자들이 중국의 지표를 모니터하는 가운데
유럽 주식 시장은 4거래일째 하락하다.

drop 떨어지다, 하락하다 **for a fourth day** 4거래일 연속
moniter 모니터하다, 감시하다

082

다우, S&P500, 나스닥이 '네 마녀의 날'에
주간 하락세 속에 하락 마감하다.

close lower 하락 마감하다 **slump** 급락, 폭락; 불황 **quad witching** 네 마녀의 날
ex **a slump in profits** 수익 급감 **an economic slump of the 1920s** 1920년대의 경제 불황

083

반려동물 소매업체 츄이는 실적과 전망이 실망스럽게
나오자 화요일 시간외 거래에서 주가가 하락했다.

sink 가라앉다, 침몰하다; 하락하다 = **tank, tumble, fall, plunge**
extended trading 시간외 거래 **retailer** 소매업(자) **earnings** 사업 소득, 실적 **forecast** 예측, 예상

084

9월 하락세가 심화되며 다우지수는
500포인트 넘게 하락하다.

tumble 굴러 떨어지다, 폭삭 무너지다, 크게 추락하다 **slide** 미끄러지다, 하락하다; 떨어짐, 하락
intensify (정도·강도가) 격렬해지다, 심해지다 ex **tumble to historic lows** 역사적 저점으로 하락하다

085

다우지수는 리스크가 고조되는 가운데
500포인트 넘게 하락하다.

shed 없애다, 버리다; (싣고 가던 것을) 떨어뜨리다 **growing risks** 커지는 위험
ex **shed jobs** 일자리를 없애다, 해고하다 **the growing popularity** 점점 커지는 인기

European markets *sink* 2% *on* Evergrande fears.

sink는 '가라앉다, 빠지다; 하락하다'라는 뜻인데 무엇 때문에 하락하는지 나타낼 때는 on을 붙여 sink on의 형태로 자주 쓰입니다. Evergrande(헝다 그룹)는 중국의 부동산업체로 2021년 9월 파산 위기에 놓이며 국제 금융 시장에 큰 이슈가 되었습니다.

Market *sell-off* worsens with Dow dropping 650 points and S&P 500 losing 2%.

sell-off는 미국에서는 '(값이 떨어진 주식의) 대량 매각'을 뜻하고, 영국에서는 '(정부에 의한 산업 또는 서비스의) 매각'을 뜻합니다. sell something off와 같이 동사로 쓰일 경우에는 '팔아 치우다'라는 뜻이 됩니다.

U.S. stocks *mark worst fall* in 2 weeks on U.S. job *jitters*.

mark는 '표시하다'이고 worst fall은 '최악의 하락'이므로 mark worst fall은 '가장 큰 하락폭을 기록하다'라는 의미입니다. jitter는 '초조, 공포감'이라는 뜻이므로 job jitters는 '고용지표에 대한 공포감', '불안한 고용지표'라고 해석할 수 있습니다.

Stocks *fade* after price reports.

fade는 '사라지다, (사라져서) 점차 희미해지다'라는 뜻으로 이 문장에서는 '후퇴하다, 하락하다'라고 해석할 수 있습니다.

Stocks *off sharply* as Microsoft, other tech leaders *deteriorate*.

off는 동사로 '떠나다, 떨어지다, 벗어나다'라는 뜻이며 sharply(급격히)와 함께 쓰이면 '(주가가) 가파르게 하락하다'라는 의미가 됩니다. deteriorate는 '악화되다'라는 뜻입니다.

4 주가 하락 3

086

유럽 시장은 에버그란데(헝다 그룹) 우려로 2% 하락하다.

sink 가라앉다, 빠지다; 하락하다 **=** **tank, tumble, fall, plunge**
sink on ~ 때문에 하락하다

087

시장의 대량 매도세가 악화되며 다우지수는
650포인트 하락하고 S&P500지수는 2% 떨어지고 있다.

sell-off (값이 떨어진 주식의) 대량 매각 **worsen** 악화되다, 악화시키다

088

미국의 불안한 고용지표에 미국 주식 시장은
2주 만에 가장 큰 하락폭을 기록하다.

mark worst fall 가장 큰 하락폭을 기록하다 **jitter** 초조, 공포감
job jitters 고용지표에 대한 공포감, 불안한 고용지표

089

물가지표가 나온 이후 주가가 하락하다.

fade 사라지다, (사라져서) 점차 희미해지다 **price reports** 물가지표

090

마이크로소프트와 테크 주도주들이 떨어지면서
주식 시장이 가파르게 하락하다.

off sharply 가파르게 하락하다 **tech** 기술의, 하이테크의 **leader** 지도자; 주도주 **deteriorate** 악화되다

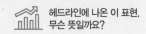
 091

Dow slides 800 points as market *rout* deepens, *on track* for worst day since October 2020.

rout는 '완패, 궤멸'이라는 뜻으로 market rout deepens는 '시장의 완패가 깊어지다', 즉 '시장의 하방 압력이 커지다'라고 해석할 수 있습니다. on track은 '제대로 궤도에 오른'이라는 뜻입니다.

 092

All 30 Dow stocks fall as Evergrande default fears *spark* sell-off.

spark는 '발화하다, 촉발시키다, 유발하다'라는 뜻으로 spark sell-off는 '대량 매도를 유발하다'라는 의미입니다.

 093

U.S. stocks drop with *concerns over* energy prices.

concern은 '(특히 많은 사람들이 공유하는) 우려, 걱정'이라는 뜻입니다. concerns over는 '~에 대한 우려'라고 해석하면 됩니다.

 094

Japan's Nikkei *plummets* more than 5%.

plummet는 '곤두박질치다, 급락하다'라는 뜻으로 plunge와 뜻이 유사합니다. 하락을 나타내는 동사 중에서 plummet와 plunge는 낙폭이 아주 클 때 사용됩니다.

 095

Here's why biotech stocks just *took a nosedive*.

nosedive의 의미는 코를 박고 떨어지는 다이빙 모습을 떠올리면 쉽게 알 수 있습니다. 다이빙하는 것처럼 '급락하다' 또는 '급락, 폭락'을 의미합니다. 따라서 take a nosedive는 '급락하다'라는 뜻입니다.

091

시장의 하방 압력이 커지며 다우지수가 800포인트 밀리고, 2020년 10월 이후 최악의 날로 들어서다.

rout 완패, 궤멸 **deepen** 깊어지다, 악화되다 **on track** 제대로 궤도에 오른
ex **election rout** 선거 완패 **I am on track for success.** 나는 성공을 향한 궤도에 서 있다.

092

헝다의 채무 불이행 우려가 대량 매도세를 촉발하며 다우의 30개 종목이 모두 하락하다.

default 디폴트(채무 불이행) **spark** 발화하다, 촉발시키다, 유발하다

093

미국 주식은 에너지 가격에 대한 우려로 하락하다.

concern (특히 많은 사람들이 공유하는) 우려, 걱정
ex **Businesses express concern over inflation hike.**
기업들은 인플레이션 상승에 대한 우려를 표하다.

094

일본의 니케이지수는 5% 넘게 급락하다.

plummet 곤두박질치다, 급락하다 ≡ **plunge**
ex **Apple stock plummeted 2% after the privacy news.**
애플 주식은 사생활 침해 뉴스가 나온 이후 2% 하락했다.

095

바이오테크 주식들이 급락한 이유

biotech 바이오테크, 생물공학 **take a nosedive** 급락하다
ex **Oil prices took a nosedive.** 유가가 급락했다.

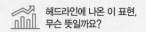

096

Tech stocks *sap* rally as hopes for U.S. legal *reforms* come to a *screeching* halt.

sap은 '약화시키다, 차츰 무너뜨리다'라는 뜻이고, reform은 '개혁, 개선, 개정'이라는 뜻을 갖습니다. screeching은 '끼익[꽥] 하는 소리를 내다'라는 뜻의 동사 screech의 형용사격으로 come to a screeching halt는 '끼익 소리를 내며 멈춤에 이르다', 즉 '갑작스럽게 멈추다'라고 해석할 수 있습니다.

097

These following stocks may be *approaching* '*peak growth.*'

approach는 '다가가다, 접근하다'라는 뜻이고 peak growth는 '최대 성장 포인트, 성장의 정점'이라는 뜻이 므로 approach peak growth는 '성장의 정점에 이르다'라는 의미입니다.

098

Here are the *worst-performing* U.S. stocks as the Evergrande crisis *rattles* investors.

worst-performing은 '실적이 가장 저조한'이라는 뜻입니다. rattle은 '덜컹거리다, 덜거덕거리다'라는 뜻 외 에 '당황하게[겁먹게] 하다'라는 뜻도 있습니다.

099

Dow *skids* 900 points as *implosion* of China's Evergrande rattles U.S. stock investors.

skid는 '미끄러지다'라는 뜻으로 '하락하다'로 해석할 수 있습니다. explode는 '폭파하여 바깥으로 붕괴하다' 라는 뜻인 반면 implode는 '자체적으로 파열하다, 폭파하여 안쪽으로 붕괴하다'라는 뜻입니다. implode의 명사형인 implosion은 '(급격한) 내부 붕괴'라는 뜻입니다.

100

Asian shares *extend losses* in wake of global *tumult* over China.

extend '더 길게 연장하다, 확대하다'라는 뜻이고 loss는 '손실, 감소, 하락'을 뜻하므로 extend losses는 '하락세를 이어가다'라고 해석할 수 있습니다. tumult는 '소동, 소란, 혼란스러움'이라는 명사로서 tumult over China는 '중국을 둘러싼 혼란'이라는 의미입니다.

096

(IT 기업들에 대한) 미국의 법률 개정 기대가 갑작스럽게
중단되면서 기술주들의 랠리가 약화되다.

sap 약화시키다, 차츰 무너뜨리다 **reform** 개혁, 개선, 개정
screeching 끼익 소리를 내는 **come to a screeching halt** 갑작스럽게 멈추다

097

다음 주식들은 '성장의 정점'에 이르고 있는지도 모른다.

approach 다가가다, 접근하다 **peak growth** 최대 성장 포인트, 성장의 정점
That was the peak in supply growth. 그것이 공급 성장의 피크였다.

098

헝다 위기가 투자자들을 뒤흔들며
가장 저조한 흐름을 보이는 미국 주식들

worst-performing 실적이 가장 저조한 **rattle** 덜컹거리다; 당황하게[겁먹게] 하다

099

중국의 헝다 사태의 내부 붕괴가 미국 주식 투자가들을
혼란스럽게 하며 다우지수는 900포인트나 밀리다.

skid 미끄러지다, 하락하다 **implosion** (급격한) 내부 붕괴

100

중국을 둘러싼 글로벌 대혼란으로 인해
아시아 주식 시장은 하락세를 이어가다.

extend losses 하락세를 이어가다 **in (the) wake of** ~에 뒤이어, ~의 결과로서
tumult 소동, 소란, 혼란스러움 **political tumult** 정치적 혼란

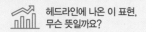

The main *losers dragged* the stock market *down* today.

loser는 '패자'라는 뜻으로 주식 시장에서는 '손해를 본 사람[종목]'을 뜻합니다. drag는 '끌다, 끌어 움직이다'라는 뜻이므로 drag down은 '아래로 끌어내리다', 즉 '하락하다'라는 뜻이 됩니다.

Global share prices slide as China *slowdown concerns* grow.

slow down은 '(속도·진행을) 늦추다'라는 동사인데, slowdown이라고 한 단어로 쓰면 명사가 되어 '(속도·진행의) 둔화, 기력이 쇠해짐'을 뜻합니다. concern은 '걱정시키다, 우려시키다'라는 동사 외에 이 문장에서처럼 '우려, 걱정'이라는 명사로도 쓰입니다.

Nasdaq stocks continue to *struggle*, but Dow adds 100 points today.

struggle은 '투쟁하다, 힘겹게 나아가다, 분투하다'라는 뜻으로 이 문장에서는 나스닥 주식들이 계속해서 좋은 주가 흐름을 보이지 못하고 힘겹게 씨름하고 있는 모습을 표현하고 있습니다.

Why investors should *buy the dip* in tech stocks over the next 2 months.

dip은 '(액체에) 살짝 담그다'라는 뜻과 더불어 '(아래로) 떨어지다, 내려가다', 명사로는 '하락, 감소'라는 뜻도 있습니다. 따라서 buy the dip은 '하락한 것을 사다', 즉 '떨어진 주식을 사서 물타기하다'라는 의미입니다.

European markets *advance, brushing off* Wall Street losses.

advance는 '전진하다, 발전하다'라는 뜻으로 주식 시장에서는 '상승하다'라고 해석할 수 있습니다. brush off는 '(솔 등으로) 털어내다'라는 뜻으로 brush off Wall Street losses는 '월가의 하락을 털어내다'라는 의미입니다.

101

오늘 가장 큰 하락폭을 기록한 종목들이
주식 시장을 끌어내렸다.

loser 패자; 손해를 본 사람[종목] **drag** 끌다, 끌어 움직이다 **drag down** 아래로 끌어내리다
I'm sorry that I dragged you all this way. 내가 너를 여기까지 끌고 와서 미안해.

102

중국의 경제 둔화 우려가 커지면서
글로벌 주가가 하락하다.

slowdown (속도·진행의) 둔화, 기력이 쇠해짐 **concern** 우려, 걱정; 걱정시키다, 우려시키다
They are concerned about their job prospects. 그들은 자신들의 일자리 전망에 대해 걱정한다.

103

나스닥 주식들은 계속해서 힘든 흐름을 보이지만,
다우지수는 오늘 100포인트 상승하다.

struggle 투쟁하다, 힘겹게 나아가다, 분투하다 **add** 더하다, 추가하다

104

투자자들이 앞으로 2달 동안
기술주 저가 매수를 해야 하는 이유

dip (액체에) 살짝 담그다; (아래로) 떨어지다; 하락, 감소 **buy the dip** 하락한 매물을 사다, (주식을) 물타기하다
market dip 시장 침체

105

유럽 시장은 월가의 하락을 털어내고 상승하다.

advance 전진하다, 발전하다 **brush off** (솔 등으로) 털어내다
brush off dust 먼지를 솔로 털다

Mideast stocks *extend gains*.

extend는 '연장하다, 더 길게 만들다'라는 뜻으로 주식 시장에서는 현재의 상황이 '연장되다, 이어지다'라는 의미로 자주 사용됩니다. extend gains는 '상승장을 이어가다'라는 뜻이고 extend fall은 '하락장을 이어가다'라는 뜻입니다.

Analysts predict U.S. inflation rate will *taper off* to 2% in 2023.

미 연준과 관련된 뉴스에서 '테이퍼링(Tapering)'이라는 말을 자주 듣게 됩니다. tapering은 '(단계적·점진적) 양적 긴축, 자산매입 축소'를 의미합니다. 동사형 taper off는 '(수·양·정도 등이) 점점 줄어들다'라는 뜻입니다.

Stocks *end off lows*.

end off는 '장을 마치다'라는 뜻으로 볼 수 있고, lows는 '상황의 저점'을 뜻합니다. 따라서 end off lows는 '하락하며 장을 마치다'라고 해석할 수 있습니다.

Stocks *inch lower* Friday.

inch는 '인치(1인치=2.54cm)'라는 명사인데 이 문장에서는 '조금씩 움직이다'라는 동사로 쓰였습니다. 따라서 inch lower는 '더 낮게 조금 움직이다', 즉 '살짝 하락하다'라는 의미입니다.

European stocks *edge back* from record highs.

edge는 명사로는 '모서리'라는 뜻이지만 inch처럼 '조금씩[살살] 움직이다'라는 동사로도 사용됩니다. edge와 함께 '뒤로'라는 뜻의 back이 쓰이면 '아주 살짝 후퇴하다'라는 의미가 됩니다.

106

중동 주식 시장은 상승장을 이어가다.

Mideast 중동 **extend gains** 상승장을 이어가다
ⓔⓧ **extend a winning streak** 연승 행진을 이어가다
China stocks extend fall on Thursday. 중국 주식들은 목요일에 하락세를 이어가다.

107

애널리스트들은 미국 인플레이션 속도가 2023년에 2%로 줄어들 것으로 예상한다.

analyst 분석가 **predict** 예상하다 **rate** 속도, 비율 **taper off** (수·양·정도 등이) 점점 줄어들다
ⓔⓧ **Humanitarian aid tapers off.** 인도주의적 원조가 점점 줄어든다.

108

주가는 하락하며 장을 마치다.

end off lows 하락하며 장을 마치다

109

주가가 금요일에는 살짝 하락하다.

inch 인치; 조금씩 움직이다 **inch lower** 살짝 하락하다
ⓔⓧ **Stocks inch up after 4-day fall.** 주가는 4거래일 연속 하락 후 조금 상승하다.

110

유럽 증시는 최고점에서 살짝 밀리다.

edge 모서리; 조금씩[살살] 움직이다 **edge back** 아주 살짝 후퇴하다

111

Nasdaq *ekes out* gain, but S&P 500, Dow end lower.

eke out은 '보충하다, 메우다; (생계를) 겨우 이어가다'라는 뜻으로 eke out gain은 '간신히[겨우] 상승하다'
라는 의미입니다.

112

Stocks fall, *swelling* September's losses.

swell은 '붓다, 부풀다, 부어오르다'라는 뜻으로 이 문장에서는 9월의 하락폭을 '더욱 키우다'로 해석할 수 있
습니다.

113

Seoul stocks finish *sharply* higher today; telecom stocks inch lower.

sharply는 '아주 가파르게, 급격히'라는 뜻으로 finish sharply higher는 '가파르게 상승하며 마감하다'라는 뜻
입니다.

114

U.S. futures *flatline* as a big '*Quadruple Witching*' deadline *looms*.

flatline은 '평평한 상태를 유지하다, 횡보하다'라는 뜻이고, loom은 '(흐릿하게) 나타나다' 또는 '(어떤 일이
곧) 닥칠 것으로 보이다'라는 뜻입니다. Quadruple witching day(네 마녀의 날)는 주가지수 선물 및 옵션,
개별 주가 선물 및 옵션 등 4가지가 동시에 만기가 되는 날로 보통 큰 변동장세가 발생합니다.

115

Market rally *weakens* with Dow up slightly, Nasdaq *trailing*.

weaken은 '약하게 하다, 약해지다'라는 뜻으로 strengthen의 반대어입니다. trail은 '길, 흔적, 자취' 등을
뜻하고, 동사로는 '느릿느릿 걷다, 질질 끌려가듯 걷다'라는 뜻을 갖고 있습니다. 따라서 Nasdaq trailing은
'나스닥지수가 앞에 나온 다우지수의 흐름을 느릿느릿 따라간다'는 표현입니다.

해석을 확인해 보고
표현도 정리해 보세요.

⑥ 주가의 변화 2

111

나스닥지수는 겨우 상승을 기록했지만, S&P500과 다우지수는 하락 마감하다.

eke out 보충하다, 메우다; (생계를) 겨우 이어가다 **eke out gain** 간신히[겨우] 상승하다
ex **eke out a living** 빠듯하게 살아가다

112

주가는 9월의 낙폭을 더 키우며 하락하다.

swell 붓다, 부풀다, 부어오르다 ⊜ expand, increase, enlarge, bulge

113

한국 주식 시장은 오늘 가파르게 상승하며 마감하다; 통신주들은 살짝 하락하다.

sharply 아주 가파르게, 급격히 **inch lower** 조금 하락하다

114

미국 선물지수는 '네 마녀의 날'을 앞두고 횡보 장세를 보이다.

flatline 평평한 상태를 유지하다, 횡보하다 **loom** (흐릿하게) 나타나다, (어떤 일이 곧) 닥칠 것으로 보이다
ex **A trouble is looming.** 곧 문제가 발생할 것 같다.

115

시장의 랠리가 약화되며 다우지수는 약간 상승에 그치고 나스닥도 지지부진한 흐름을 보이다.

weaken 약하게 하다, 약해지다 ⊜ strengthen **trail** 길, 흔적, 자취; 느릿느릿 걷다, 질질 끌려가듯 걷다

63

116

Why is Virgin Galactic stock *going wild* right now?

go wild는 '미쳐 날뛰다, 격렬해지다'라는 뜻으로 주가와 관련해서 사용하면 '(주가 움직임에) 아주 변동이 많다'는 의미를 나타냅니다.

117

U.S. stocks finish *mixed* with Nasdaq closing down.

mixed는 '뒤섞인, 혼합된, 섞여 있는'이라는 뜻의 형용사로 경제 뉴스에서는 주로 '혼조세'를 가리킬 때 쓰입니다. '혼조세' 뒤에 나스닥이 하락했다고 나오는 것으로 봐서, 나스닥만 하락했고 다른 지수들은 상승했을 거라고 짐작할 수 있습니다.

118

Asian stock markets show *sharp rebound* as Delta variant *hits recovery*.

rebound는 '(공 등이) 다시 튀어 오르다'라는 동사로도 쓰이고 '다시 튀어 오름'이라는 명사로도 쓰입니다. 따라서 sharp rebound는 '가파른 반등'이라는 뜻입니다. hit recovery는 '회복을 보이다'이므로 Delta variant hits recovery는 '델타 변이 확진자수가 감소하다'라고 해석할 수 있습니다.

119

Dow holds *steady* amid *bond yield* surge.

steady는 '꾸준한, 안정된, 변동이 없는'이라는 뜻으로 여기서는 '움직임이 거의 없는' 다우지수의 상태를 표현하고 있습니다. bond yield는 '채권 수익률'을 말합니다.

120

Wall Street ends *seesaw* week in a *risk-off* mood.

'시소'를 나타내는 seesaw는 '아래위로 움직임, 변동'이라는 뜻도 있습니다. Wall Street ends seesaw week는 한 주간 상승과 하락을 반복하다 마감한 것을 나타냅니다. risk-on은 '주식 같은 위험자산을 사려고 하는'이고, risk-off는 '위험자산은 피하고 달러 같은 안전자산을 사려고 하는'이라는 의미입니다.

116

버진 갤럭틱은 왜 지금 주가 변동이 심한가?

go wild 미쳐 날뛰다, 격렬해지다
ex **Nordstrom customers go wild for new Christmas stocks.**
노드스트롬 고객들은 새로운 크리스마스 관련주들에 대해 격렬하게 반응하다. (긍정적으로)

117

미국 주식 시장은 나스닥만 하락하며
혼조세로 마감하다.

mixed 뒤섞인, 혼합된, 섞여 있는
ex **U.S. stocks end mixed as investors eye FOMC meeting.**
투자자들이 FOMC 회의를 지켜보는 가운데 미국 시장은 혼조세로 마감하다.

118

델타 변이 확진자가 감소하면서 아시아 주식
시장이 강하게 반등하다.

sharp rebound 가파른 반등 **Delta variant** 델타 변이 **hit recovery** 회복을 보이다
ex **Invest in long-term recovery for hard-hit small and medium businesses.**
큰 타격을 입은 중소기업들의 회복세를 장기적 안목으로 보고 투자하라.

119

채권 수익률이 급등한 가운데 다우지수는
거의 변동이 없다.

steady 꾸준한, 안정된, 변동이 없는 ▣ **fixed, secure, continuous** **bond yield** 채권 수익률
ex **steady economic growth** 안정적인 경제 성장

120

월가는 위험자산을 회피하려는 분위기 속에서
상승과 하락을 반복하며 한 주를 마감하다.

seesaw 아래위로 움직임, 변동
risk-off 위험자산은 피하고 달러나 안전자산 쪽으로 옮겨 가는 ▣ **risk-on**

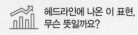

November sell-off *deepens* on concerns about inflation *driven by* oil rally.

deepen은 '깊어지다'라는 동사로 '악화되다, 심화하다'라는 의미도 됩니다. drive에는 '(어떤 방향으로) 만들다, 몰아가다'라는 뜻이 있어요. 따라서 driven by는 '~에 의해 만들어진[생긴]'이라는 의미입니다.

European stocks *wobble* after Wall Street drop *unsettles* Asia.

wobble은 '(불안정하게) 흔들리다, 뒤뚱거리며 가다'라는 뜻으로 다소 불안정한 움직임을 표현하는 의태어입니다. unsettle은 settle(안정시키다)의 반대어로 '불안하게 하다, 동요시키다'라는 뜻입니다.

$50 billion U.S. *flash crash* leaves Korean stock market *stunned*.

flash crash는 '주식 시장의 갑작스러운 폭락'이라는 뜻으로 사용되는 경제 용어입니다. stun은 '망연자실하게 만들다, 어리둥절하게 하다'라는 뜻으로 〈leave A stunned〉는 'A를 망연자실하게 만들어 놓다'라는 의미입니다.

Energy risks *plague* stocks; the S&P 500 shows symptoms of an *impending* meltdown.

'전염병'이라는 뜻의 plague는 '괴롭히다, 재앙을 입히다'라는 뜻의 동사로도 쓰입니다. impending은 '곧 닥칠, 임박한'이라는 뜻으로 imminent와 같은 의미입니다.

Dollar *creeps* higher ahead of U.S. jobs report.

creep은 '살금살금 움직이다[기어가다]'라는 뜻으로 creep higher는 '슬금슬금 상승하다'라는 의미입니다. crawl도 유사한 뜻이지만, 경제 뉴스에서는 creep이 더 자주 쓰입니다.

⑤ 주가의 변화 4

121

11월 대량 매도는 유가 반등으로 생긴
인플레이션 우려로 더욱 심화되다.

deepen 깊어지다; 악화되다, 심화하다 ▣ intensify, strengthen, reinforce **driven by** ~에 의해 만들어진[생긴]
▣ The recession may deepen further. 경기 침체는 더욱 심화될지도 모른다.

122

월가의 하락세가 아시아 시장을 동요시키자
유럽 주식 시장이 불안정한 흐름을 보이다.

wobble (불안정하게) 흔들리다, 뒤뚱거리며 가다 **unsettle** 불안하게 하다, 동요시키다 ▣ settle
▣ wobbling market 다소 불안정한 시장 unsettle the financial market 금융 시장을 동요시키다

123

500억 달러 규모의 미국 폭락장은 한국 주식 시장을
충격에 빠뜨리다.

flash crash 주식 시장의 갑작스러운 폭락 **stun** 망연자실하게 만들다, 어리둥절하게 하다
▣ He helped investors through the 2010 flash crash.
그는 2010년 폭락장이 일어나던 해에 투자자들을 도왔다.

124

에너지 위기가 주식 시장을 덮치다; S&P500지수는
시장 붕괴가 임박함을 나타내는 징후를 보이다.

plague 전염병; 괴롭히다, 재앙을 입히다 **impending** 곧 닥칠, 임박한 ▣ imminent
▣ my impending retirement 임박한 나의 은퇴

125

달러화는 미국의 고용 보고서 발표를 앞두고
슬금슬금 상승하다.

creep 살금살금 움직이다[기어가다] ▣ crawl
▣ Don't creep up on me. 나한테 슬금슬금 다가오지 마.

복습   복습

01 bullish outlook 〔001〕   16 maritime stocks 〔067〕

02 surge in retail sales 〔005〕   17 brush off market jitters 〔070〕

03 encouraging pointer 〔005〕   18 rise in choppy trade 〔072〕

04 gain momentum 〔007〕   19 close lower 〔082〕

05 accelerate to 20% 〔009〕   20 job jitters 〔088〕

06 boost regional economic integration 〔010〕   21 spark sell-off 〔092〕

22 take a nosedive 〔095〕

07 favorable economic prospects 〔018〕   23 peak growth 〔097〕

24 buy the dip 〔104〕

08 record profits 〔019〕   25 taper off to 2% 〔107〕

09 at 4-year highs 〔025〕   26 edge back from record highs 〔110〕

10 economic stagnation 〔041〕

11 tighter restrictions 〔043〕   27 eke out gain 〔111〕

12 summer slowdown 〔046〕   28 sharp rebound 〔118〕

13 sign of a let-up 〔048〕   29 flash crash 〔123〕

14 relief prospects 〔057〕   30 symptoms of an impending meltdown 〔124〕

15 shares rebound 〔065〕

정답 **01** 낙관적인 전망 **02** 소매 판매의 급증 **03** 긍정적인 신호 **04** 속도가 붙다, 탄력을 받다 **05** 20%까지 빨라지다 **06** 지역의 경제 통합을 촉진시키다 **07** 긍정적인 경제 전망 **08** 역대 최고 매출 **09** 4년래 최고치인 **10** 경기 침체 **11** 더 엄격해진 규제 **12** 여름 경기 둔화 **13** 완화될 조짐 **14** 구제 가능성 **15** 주가가 반등하다 **16** 해상주 **17** 시장의 초조함을 털어내다 **18** 불안정한 거래 속에서 상승하다 **19** 하락 마감하다 **20** 불안한 고용지표 **21** 대량 매도를 유발하다 **22** 급락하다 **23** 성장의 정점 **24** 하락한 것을 사다 **25** 2%로 줄어들다 **26** 최고점에서 살짝 밀리다 **27** 간신히[겨우] 상승하다 **28** 가파른 반등 **29** 주식 시장의 갑작스러운 폭락 **30** 시장 붕괴가 임박함을 나타내는 징후들

경제 전망, 투자 심리

126

Why stocks *could* rally after the Fed meeting.

could는 can의 과거형이지만, 어떤 일이 일어날 확률이 어느 정도 있을 때 '~할 수도 있다'라는 의미로 자주 쓰입니다. 가능성을 나타낼 때 could를 쓰면 can에 비해서 좀 더 조심스러운 어조가 됩니다.

127

Tech stocks could *triple* in five years, survey finds.

triple은 '3배가 되다, 3배로 만들다'라는 뜻으로 triple = threefold = treble이 모두 동의어입니다. 앞에 could를 붙여서 '3배가 될 수도 있다'는 가능성을 나타내고 있습니다.

128

Stock market *pullback likely* by year end, Deutsche Bank analysts say.

pull은 '끌어당기다'라는 동사인데 back과 같이 쓰이면 '후퇴하다, 취소하다'라는 뜻이 됩니다. 명사형인 pullback은 '후퇴, 하락'이라는 의미입니다. 경제 뉴스에서 자주 보이는 likely는 '~할 것으로 예상되는, ~할 것 같은'이라는 뜻입니다.

129

Top Wall Street analysts see *long-term potential* in the following *asset classes*.

potential은 '가능성이 있는, 잠재적인'이라는 형용사로도 쓰이고 '가능성, 잠재력'이라는 명사로도 쓰입니다. 여기서는 명사로 쓰여 long-term potential은 '장기적 관점에서의 가능성[잠재력]'이라는 뜻입니다. asset은 '자산'이라는 뜻으로 asset classes는 '자산 군'이라는 의미입니다.

130

The *receding prospect* of a Goldilocks economy worries investors.

recede는 '약해지다, 희미해지다'라는 뜻으로 receding은 '약해지는, 희미해지는'이라는 의미입니다. prospect는 '(어떤 일이 있을) 가망, 가능성, 전망'이라는 뜻으로 receding prospect는 '희박해지는 가능성'이라고 해석할 수 있습니다.

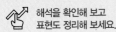
126

미 연준 회의 이후 주가가 랠리를 펼칠 수도 있는 이유

rally (주가 등이) 회복되다, 반등하다, 랠리를 펼치다   **Fed** 미국 연방준비제도

127

조사에 따르면, 기술주들은 5년 안에 주가가 3배가 될 수도 있다.

triple 3배가 되다, 3배로 만들다 🔁 **threefold, treble**   **survey** (설문) 조사
🔵 **double = twice = twofold** 2배 **quadruple = fourfold** 4배

128

도이치방크 애널리스트들에 따르면 연말쯤 주식 시장의 하락이 예상된다고 한다.

pullback 후퇴, 하락 🔁 **retreat, withdrawal likely** ~할 것으로 예상되는, ~할 것 같은
🔵 **The market is likely to recover after summer doldrums.**
여름 침체기를 지나면 시장은 다시 회복할 것으로 보인다.

129

월가의 최고 애널리스트들은 다음 자산 군에 대해 장기적 관점에서 잠재력이 있다고 본다.

potential 가능성이 있는, 잠재적인; 가능성, 잠재력 **asset** 자산
🔵 **Art investment is now acknowledged as an asset-class investment.**
미술품 투자는 현재 자산급 투자로 인정받고 있다.

130

골디락스 경제에 대한 가능성이 점점 희박해지자 투자자들은 우려하기 시작하다.

recede 약해지다, 희미해지다 **prospect** (어떤 일이 있을) 가망, 가능성, 전망
🔵 **The prospect of a rate cut is increasing.** 금리 인하의 가능성이 커지다.

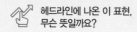

European central banks slow pandemic *stimulus*.

경제 뉴스에서 자주 보이는 stimulus는 '부양'이라는 뜻으로 economic stimulus는 '경제 부양책'을 말합니다. pandemic stimulus는 '팬데믹으로 인해 나빠진 경기 부양책'을 의미한다고 볼 수 있습니다.

U.S. *jobless claims* stay at *pandemic low*.

claim은 '주장하다, 주장'이라는 뜻 외에 '(재산 등에 대한) 권리, (보상금 등에 대한) 청구'라는 뜻도 있습니다. 따라서 jobless claims는 '실업 청구건수'를 뜻합니다. pandemic low는 '팬데믹 기간에 기록했던 저점'을 말합니다.

U.K. construction growth and car sales *hit by* *supply chain* crisis.

경제 뉴스에서 동사 hit은 보통 '타격을 주다, 가격하다'라는 뜻으로 쓰입니다. 이 헤드라인 문장에는 be동사가 생략돼 있지만 뒤에 있는 by로 인해 '타격받다'라는 수동태로 쓰인 것을 알 수 있습니다. supply chain은 '공급망'을 뜻하며, supply의 반대말은 demand(수요)입니다.

Economic growth *disappoints*.

disappoint는 '실망시키다, 실망을 안겨주다, 좌절시키다'라는 뜻으로 경제 뉴스에서 자주 볼 수 있는 표현입니다.

IMF warns of *hit* to global economy as Wall Street falls *ahead of* tech earnings results.

여기서 hit은 동사가 아니라 '타격'이라는 명사로 쓰였습니다. ahead는 '앞으로, 앞에, 미리'라는 뜻으로 ahead of는 '~에 앞선, ~을 앞두고'라고 해석할 수 있습니다.

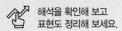
1 경제 전망/부양 2

 131

유럽 중앙은행들은 팬데믹 경제 부양을 늦추다.

slow 속도를 늦추다 **stimulus** 자극, 부양
ex **economic stimulus** 경제 부양책

 132

미국의 실업 청구건수는 팬데믹 기간 기록했던
저점에 머물러있다.

claim (재산 등에 대한) 권리; (보상금 등에 대한) 청구 **jobless claims** 실업 청구건수
ex **She has no claim on the land.** 그녀는 그 땅에 대한 권리가 없다.

133

영국의 건설업 성장과 자동차 판매가 공급망
위기로 인해 타격을 받다.

be hit by ~에 의해 타격받다 **supply** 공급하다; 공급 ↔ **demand** **supply chain** 공급망

134

경제 성장이 실망스럽다.

growth 성장 **disappoint** 실망시키다, 좌절시키다
ex **The earnings disappoint.** 실적이 실망스럽다.

 135

기술주 실적 결과 발표를 앞두고 월가가 하락하면서
IMF는 글로벌 경제에 미칠 타격에 대해 경고하다.

warn of ~에 대해 경고하다 **ahead of** ~에 앞선, ~을 앞두고 **earnings** 사업 소득, 실적

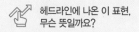
 136

With inflation set to rise alongside the cost of shopping and transport, the *economic fallout* will squeeze people's budgets.

fallout은 '좋지 못한 결과'라는 뜻으로 economic fallout은 '경제적 퇴보[침체]'로 해석할 수 있습니다.

 137

Tech's *turbulence* could be a buying opportunity, traders say.

turbulence는 '난기류, 난류'라는 뜻으로 비행기 안내방송에서 종종 듣게 되는 단어입니다. 그런 맥락에서 '격동, 격변'이라는 의미도 있는데, 이 문장에서는 주식의 '심한 변동성'을 나타내는 단어로 쓰였습니다.

 138

JP Morgan *cautions* a U.S. default would be "potentially *catastrophic*."

caution은 '경고하다, 주의를 주다'라는 뜻의 동사로도 쓰이고 '신중, 조심'이라는 뜻의 명사로도 쓰입니다. catastrophic은 '대변동의, 큰 재앙의'라는 뜻으로 potentially catastrophic은 '잠재적으로 대참사인'이라는 의미입니다.

 139

US investment banks choose Asia stocks that *offer 'calm in a sea of volatility.'*

volatility는 volatile의 명사형으로 '변동성'을 뜻하고, offer는 '제안하다, 권하다, 내놓다, 제공하다'라는 뜻입니다. 따라서 위 문장 뒷부분은 '변동성의 바다 가운데에서도(in a sea of volatility) 차분한(calm) 주식은 아시아 주식이다'라는 의미입니다.

 140

10 members *split* on *rate hike* but see higher rates next year.

rate hike는 '금리 인상'이라는 뜻이고 split는 '갈라지다, 분열되다, 의견이 갈리다'라는 뜻이므로 split on rate hike는 '금리 인상에 대한 의견이 갈리다'라고 해석할 수 있습니다.

해석을 확인해 보고
표현도 정리해 보세요.

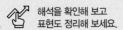

136

쇼핑 및 수송 비용과 함께 인플레이션이 상승하면서
경제 침체는 사람들의 주머니를 조여올 것이다.

alongside ~과 함께[동시에] **economic fallout** 경제적 퇴보[침체] **squeeze** 쥐어 짜다 **budget** 예산, 비용
🔍 **beyond budget** 예산 초과인 **shoestring budget** 아주 적은 예산

137

트레이더들에 따르면 기술주의 변동성은
매수 기회일 수도 있다.

turbulence 난기류, 난류; 격동, 격변 **trader** 상인, 거래자; (증권) 트레이더, 투자자
🔍 **They experienced severe turbulence during their flight from London to Seoul.**
그들은 런던에서 서울로 가는 비행 중에 심한 난기류를 겪었다.

138

JP Morgan은 미국의 디폴트가 '잠재적으로
대참사'가 될 거라고 경고한다.

caution 경고하다, 주의를 주다 🔄 **warn** **default** 채무 불이행 **catastrophic** 대변동의, 큰 재앙의
🔍 **catastrophic effects and losses** 파국을 초래한 영향과 손실

139

미국 투자 은행들은 '변동성이 짙은 시장 속에서
안정적인 흐름'을 보이는 아시아 주식들을 선택하다.

offer 제안하다, 권하다, 내놓다, 제공하다 **calm** 평온, 침착함 **volatility** 변동성

140

10명의 위원들은 금리 인상에 대해 의견이
엇갈리지만 내년에는 금리가 오를 것으로 본다.

split 갈라지다, 분열되다, 의견이 갈리다 **rate hike** 금리 인상
🔍 **All 10 members of the FOMC committee voted unanimously for the rate hike.**
10명의 FOMC 위원들은 금리 인상에 만장일치로 투표했다.

141

Economic outlook of *emerging markets* points out risks of *uneven* economic recovery in an unequal world.

emerge는 '(수면 위로) 올라오다, (숨어 있던 곳에서) 모습을 드러내다'라는 뜻입니다. 따라서 emerging은 '최근에 생겨난'이라는 뜻으로 emerging market은 '신흥시장'을 의미합니다. even(평평한, 고른)의 반대말인 uneven은 '평평하지 않은, 고르지 못한'이라는 뜻으로 경제 회복이 고르지 않음을 표현하고 있습니다.

142

How Delta variant *cooled* U.S. economic outlook.

cool은 '시원한, 서늘한, 멋진'이라는 형용사의 뜻도 있지만 '서늘하게 하다, 식히다'라는 동사의 뜻도 있습니다.

143

World Bank *cuts* Asian growth outlook.

cut은 '자르다, 베다'라는 뜻으로 경제 뉴스에서는 주로 하향 전망을 내비칠 때 사용됩니다. cut growth outlook은 '성장 전망을 자르다', 즉 '하향 전망을 내놓다'라는 의미입니다.

144

IMF *trims* 2022 GDP growth forecast amid energy crisis.

trim은 '다듬다, 손질하다, 잘라내다'라는 뜻으로 cut과 의미가 비슷하긴 하지만 그보다는 강도가 약합니다. IMF trims forecast는 'IMF는 전망을 하향 조정하다'로 해석할 수 있습니다.

145

Exacerbating economic reality *debunks* government's rosy picture.

exacerbate는 '악화시키다'라는 뜻으로 동의어에는 aggravate가 있습니다. debunk는 '(어떤 생각이나 믿음 등이) 틀렸음을 밝혀내다[드러내다]'라는 뜻의 동사입니다.

141

신흥시장의 경제 전망은 불평등한 세상에서
균등하지 않은 경제 회복의 위험을 지적한다.

emerging 최근에 생겨난 **emerging market** 신흥시장 **uneven** 평평하지 않은, 고르지 못한 **㈜** even
㉮ an emerging industry 신흥 산업 **emerging virus** 바이러스의 출현

142

델타 변이 바이러스는 미국의 경제 전망을
차갑게 얼려놨다.

Delta variant 델타 변이 **cool** 시원한, 서늘한; 서늘하게 하다, 식히다 **㈜** chill, wane

143

세계은행은 아시아의 성장 전망을 하향 조정하다.

cut growth outlook 하향 전망을 내놓다
㉮ The company also cut its outlook for the year 2023.
그 회사 역시 2023년도 전망을 하향 조정했다.

144

에너지 위기가 대두되는 가운데 IMF는 2022년
국내 총생산 성장 전망을 하향 조정하다.

trim 다듬다, 손질하다, 잘라내다 **growth forecast** 성장 전망
GDP(gross domestic product의 약자) 국내 총생산

145

악화되고 있는 경제 현실은 정부의 장밋빛 그림이
틀렸음을 보여준다.

exacerbate 악화시키다 **㈜** aggravate **debunk** (생각·믿음 등이) 틀렸음을 밝혀내다[드러내다]
㉮ debunk a widely held belief 널리 퍼져 있는 생각을 뒤집다

① 경제 전망/부양 4

146

Here comes the Goldilocks Economy, JP Morgan says.

Here comes~는 '여기 ~가 오다'라는 뜻입니다. Here comes the Goldilocks Economy는 '골디락스 경제가 다가오고 있다'는 표현입니다.

147

Get ready for end-of-year stock market dip.

get ready for는 '~을 준비하다'라는 뜻인데 문장 맨 앞에 명령형으로 쓰였으므로 '~을 준비하라'라고 해석 하면 됩니다. end-of-year는 '그 해의 마지막의, 연말의'라는 뜻인데 문법적으로는 the를 넣어 end-of-the-year라고 써야 맞습니다.

148

US market's hot summer became a *swoon*. What next?

swoon은 '정신을 잃다, 기절하다'라는 동사이기도 하고 '기절, 졸도'라는 명사이기도 합니다. 이 문장에서는 '(정신을 잃어 힘이 빠진) 약세'를 뜻합니다.

149

IMF cuts global economic forecast as pandemic '*hobbles*' growth.

hobble은 '(다리를) 절뚝거리게 하다; (말 등의) 두 다리를 묶다; 방해하다'라는 뜻을 갖고 있습니다. 따라서 hobble growth는 '성장을 방해하다[가로막다]'라고 해석할 수 있습니다.

150

7 financial stocks *poised* to lead in next market *uptrend*.

poised는 '(금방이라도 ~할 것 같은) 태세를 갖추고 있는, ~할 준비가 다 된'이라는 뜻으로 ready, set과 같은 뜻입니다. uptrend는 '상승 장세, 상승세'라는 뜻으로 market uptrend는 '시장 상승세'를 뜻합니다.

해석을 확인해 보고
표현도 정리해 보세요.

경제 전망/부양 5

146

JP 모건은 골디락스 경제가 오고 있다고 한다.

Here comes~ 여기 ~가 오다
ex **Here comes the bus.** 여기 버스가 온다.

147

연말에 있을 주식 시장 침체를 준비하라.

get ready for ~을 준비하다 **end-of-the-year** 그 해의 마지막의, 연말의 **market dip** 시장 침체
ex **end-of-the-year party** 연말파티 **end-of-the-year merger** 연말 합병

148

미국 여름 주식 시장은 약세였다. 다음은 뭘까?

swoon 정신을 잃다, 기절하다; 기절, 졸도
ex **be in a swoon = fall into a swoon** 기절하다, 실신 상태에 있다
revive from a swoon 의식을 되찾다

149

팬데믹이 성장을 '가로막자'
IMF는 글로벌 경제 전망을 하향 조정하다.

hobble (다리를) 절뚝거리게 하다; (말 등의) 두 다리를 묶다; 방해하다 **limp, walk with difficulty**
ex **policies that hobble industry** 산업을 방해하는 정책들

150

시장의 다음 상승세를 이끌 준비가 된 7개의 금융주들

poised (금방이라도 ~할 것 같은) 태세를 갖추고 있는, ~할 준비가 다 된 **uptrend** 상승 장세, 상승세
ex **uptrend outlook** 상승 전망

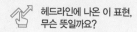

Market patterns *suggest* Nasdaq will have a good week.

suggest는 '제안하다, 추천하다, 시사하다'라는 뜻으로 경제 뉴스에서 자주 볼 수 있는 표현이에요. 유의어에는 indicate, point out, demonstrate 등이 있습니다.

China *manufacturing* activity is *hurt* by supply chain shortages.

manufacture는 '제조하다, 생산하다'라는 뜻으로 manufacturing activity는 '제조업 활동'을 뜻합니다. hurt는 '아프게 하다, 다치게 하다'라는 동사인데 is hurt라는 수동태로 쓰였으므로 '다치다, 타격받다'로 해석하면 됩니다.

German economy *heading for* sharp slowdown.

head for는 '~으로 향하다'라는 뜻으로 head for sharp slowdown은 '가파른 둔화로 향하다'라는 의미입니다.

Forex analysis and forecast: *equities* and *commodities*.

forex는 '외환'이라는 뜻으로 foreign currency와 같은 의미입니다. equities는 '주식', commodities는 '상품, 원자재, 물자' 등을 뜻합니다.

Global economic recovery loses some *steam*, investors say.

steam은 '김, 증기'뿐만 아니라 '힘, 박차'라는 의미도 있습니다. 여기서 lose some steam은 '힘을 잃다'라는 의미입니다.

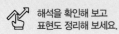

151

시장 패턴을 봤을 때 나스닥은 한 주 동안
좋은 흐름을 보일 것이다.

suggest 제안하다, 추천하다, 시사하다 🔁 indicate, point out, demonstrate

152

중국의 제조 활동이 공급망 부족으로 타격을 받다.

manufacturing activity 제조업 활동 🔁 producing, making, production
supply chain 공급망 **shortage** 부족
🔢 **manufacturing processes** 제조 공정 **manufacturing job** 생산직

153

독일 경제는 가파른 둔화세로 접어들고 있다.

head for ~으로 향하다 🔁 head towards **sharp slowdown** 가파른 둔화
🔢 **We are heading for Scotland.** 우리는 스코틀랜드로 가고 있다.

154

환율 분석과 전망: 주식과 상품

forex 외환
🔢 **forex reserves** 외환 보유액 **forex market** 외환 시장
🔢 **Forex trading hours across the globe** 전 세계 외환 거래 시간

155

투자자들은 글로벌 경제 회복이 힘을 잃어간다고 말한다.

steam 김, 증기; 힘, 박차 **lose some steam** 힘을 잃다
🔢 **The election campaign started to build up steam.**
선거운동은 박차를 가하기 시작했다.

156

Inflation challenges stock-market *underpinnings* as traders *await* Fed update.

underpinning은 '받침대, 토대'라는 뜻으로 이 문장에서는 주식 시장을 받쳐주는 '뼈대, 기반' 정도로 해석할 수 있습니다. await는 경제 뉴스에서 자주 보이는 단어인데 '(어떤 일을) 기다리다'라는 뜻입니다.

157

Higher prices *loom* as deflation slows and supply costs start to rise.

loom은 '어렴풋이 보이다' 또는 '곧 닥칠 것으로 보이다'라는 뜻입니다. 여기서는 물가 상승의 '조짐이 나타나다'라는 의미로 쓰였습니다.

158

BOE turns *hawkish*, Japan deflation, U.S. Delta slowdown.

hawkish는 '매파적인, 강경파의'라는 뜻으로 turn hawkish는 '매파적으로 변하다'라는 의미입니다.

159

Inflation pressure now '*brutal*' due to the supply shortage.

brutal은 '잔인한'이라는 뜻으로 여기서는 인플레이션 압박이 '극심한, 심각한'으로 해석할 수 있습니다.

160

Wall Street, FTSE100, and European market fall *amid* inflation worries.

amid는 '~ 가운데, ~ 중에, ~으로 에워싸인'이라는 뜻을 갖습니다. amid inflation worries는 '인플레이션 우려가 있는 가운데'라는 의미입니다.

156

투자자들이 Fed에서 나올 결과를 기다리는 가운데
인플레이션이 주식 시장의 기반을 흔들다.

challenge 도전하다, 싸움을 걸다 **underpinning** 받침대, 토대; 기초, 기반 **await** 기다리다

157

디플레이션이 둔화되고 공급 비용이 상승하기
시작한 가운데 물가 상승 조짐이 보인다.

loom 어렴풋이 보이다; 곧 닥칠 것으로 보이다
supply cost 공급 비용[가격] ⬌ **demand cost** 수요 비용[가격]

158

영국 중앙은행은 매파적으로 변하고, 일본은
디플레이션을 겪고, 미국의 델타 변이는 주춤하다.

BOE(Bank of England의 약자) 영국 중앙은행 **hawkish** 매파적인 ⬌ **dovish**
ᴇx **The Fed's decision was hawkish.** 미 연방준비제도의 결정은 매파적이었다.

159

공급 부족으로 인해 현재 인플레이션 압박이
'극심한' 수준이다.

brutal 잔인한, 극심한 **supply shortage** 공급 부족
ᴇx **Fears grow as supply chain shortages rise.** 공급망 부족 현상이 증가하자 우려가 커지다.

160

월가(미국 증시)와 FTSE100(영국 증시),
유럽 증시가 인플레이션 우려 속에 하락하다.

amid ~ 가운데, ~ 중에, ~으로 에워싸인
ᴇx **amid cheers** 갈채 속에 **amid the global pandemic** 글로벌 팬데믹 중에

161

Dollar finds *footing* as traders await inflation data.

footing은 '발을 딛고 선 자리, 발판, 토대'라는 뜻이므로, 이 헤드라인에서 dollar finds footing은 '달러화 가 자리를 잡아가다[안정세를 찾다]' 정도로 해석할 수 있습니다.

162

Market is *unprepared* for inflation *fallout*, JP Morgan warns.

unprepared는 prepared(준비된) 앞에 un-이 붙어서 '준비되지 않은'이라는 반대어가 된 것입니다. fallout 은 '좋지 못한 결과'라는 뜻으로 inflation fallout은 '인플레이션으로 인한 경기 침체'를 뜻합니다.

163

UK inflation will *abate* as supply *meets* demand, says the *PM*.

abate는 '(강도가) 약해지다, 약화시키다, 줄이다'라는 뜻이고, 여기서 meet는 '충족시키다'라는 의미입니다. PM은 Prime Minister(영국 총리)를 뜻합니다.

164

Deflation, inequality, and hackers *encompass* top economic concerns of world's *prominent* economists.

encompass는 '포함하다, 에워싸다, 아우르다'라는 뜻을 갖습니다. prominent는 '유명한, 저명한'이라는 뜻으로 world's prominent economists는 '세계적으로 저명한 경제학자들'을 말합니다.

165

After 30 years, Japan is still in *deflationary* mindset, says Kuroda.

deflationary는 deflation의 형용사형으로 '통화 수축의, 디플레이션의'라는 뜻입니다. deflationary mindset은 '디플레이션의 사고방식'이라고 해석할 수 있습니다.

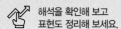

161

투자자들이 인플레이션 지표를 기다리는
가운데 달러는 안정세를 찾아가다.

footing 발을 딛고 선 자리, 발판, 토대
🔲 **find safe footing** 안전하게 발을 디딜 곳을 발견하다

162

시장은 인플레이션으로 인한 경기 침체에
준비되지 않았다고 JP모건은 경고한다.

unprepared 준비되지 않은 ☷ **prepared**
fallout 좋지 못한 결과 **inflation fallout** 인플레이션으로 인한 경기 침체

163

영국 총리는 공급이 수요를 충족시키면서 영국의
인플레이션이 약해질 것이라고 말한다.

abate (강도가) 약해지다, 약화시키다, 줄이다 ☰ **diminish, decrease**
PM(Prime Minister의 약자) 수상, 국무총리

164

디플레이션, 불평등, 해커 문제는 세계적으로
저명한 경제학자들이 보는 가장 큰 경제 이슈들이다.

inequality 불평등 **encompass** 포함하다, 에워싸다, 아우르다 **prominent** 유명한, 저명한
🔲 **new regulations that encompass better technology safeguards** 더 나은 기술 보호를 아우르는 새 규정들

165

구로다 총재는 30년이 지난 지금, 일본은
여전히 디플레이션 사고방식을 갖고 있다고 말한다.

deflationary 통화 수축의, 디플레이션의 **mindset** (흔히 바꾸기 힘든) 사고방식[태도]
🔲 **We are under strong deflationary pressure.** 우리는 강한 디플레이션 압력을 받고 있다.

166

This is not 1973; economist *rules out* stagflation.

rule out은 '제외시키다, 배제하다'라는 뜻으로 exclude, eliminate와 동의어입니다.

167

The global supply chain crisis could start a severe *dose* of stagflation.

dose는 '(약의) 투여량, 복용량'이라는 뜻과 함께 '(어느 정도의) 양'이라는 뜻을 갖고 있습니다. severe는 '극심한, 심각한, 혹독한'이라는 뜻으로 severe dose of stagflation은 '심각한 스태그플레이션'이라고 해석할 수 있습니다.

168

A new worry is *bubbling up* in financial markets.

bubble up은 '콸콸 솟다, 끓어오르다, 거품이 일다'라는 뜻입니다. 경제 뉴스에서 비슷한 뜻으로 쓰이는 단어로는 emerge, arise, rise 등이 있습니다.

169

ECB *leaves* rates at record lows in 2% inflation *push*.

leave는 '떠나다' 외에 '(어떤 상태·장소 등에 계속) 놔두다'라는 뜻이 있습니다. leave rates at record lows는 '금리를 역대 최저치에 두다'라고 해석할 수 있습니다. 여기서 push는 '압박'이라는 의미입니다.

170

No *alternative* to rising inflation; there may be *tough times on route*.

alternative는 '대체 가능한 것, 대안, 차선'이라는 뜻입니다. tough times는 '힘든 시기'를 말하고 en(on) route는 '도중에'라는 뜻입니다.

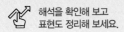
166

지금은 1973년이 아니다; 경제학자는 스태그플레이션을 배제한다.

rule out 제외시키다, 배제하다 ▣ **exclude, eliminate**
▣ Management could not rule out the possibility of a strike. 경영진은 파업 가능성을 배제할 수 없었다.

167

글로벌 공급망 위기는 심각한 스태그플레이션을 야기할 수도 있다.

dose (약의) 투여량, 복용량; (어느 정도의) 양 **severe** 극심한, 심각한, 혹독한
▣ a daily dose of happiness 하루에 꼭 필요한 행복 a lethal dose of poison 치사량의 독극물

168

금융 시장에서 새로운 걱정거리가 끓어오르고 있다.

bubble up 콸콸 솟다, 끓어오르다, 거품이 일다 ▣ **emerge, arise, rise**
▣ We saw this issue bubble up in the news.
뉴스에서 이 이슈가 팔팔 끓어오르는 것을 봤다.

169

유럽 중앙은행은 인플레이션 2%의 압박이 있는 가운데 금리를 역대 최저치에 두다.

ECB(European Central Bank의 약자) 유럽 중앙은행 **leave** 떠나다; (어떤 상태·장소 등에 계속) 놔두다
rate 금리 **record lows** 최저 기록 **push** 밀기, 누르기; 압박

170

상승하는 인플레이션을 대체할 다른 방법이 없다; 힘든 시기가 도래할 수 있다.

alternative 대체 가능한 것, 대안, 차선 **tough times** 힘든 시기 **en[on] route** 도중에
▣ alternative fuel 대체 연료 alternative solution 차선책

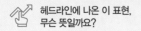

171

Inflation could be the biggest comeback *since* Abba in the 70s.

위 문장은 70년대에 인기 있었던 가수 아바만큼이나 앞으로 다가오는 인플레이션의 영향이 크다는 것을 비유적으로 표현한 것입니다. since는 '~ 이후부터, 이후로'라는 뜻입니다.

172

Despite inflation pressures and staff shortages, *retails expand* quickly.

retail은 '소매업'을 뜻하고 '도매업'은 wholesale이라고 합니다. expand는 '확장되다, 확대되다'라는 뜻으로 명사형은 expansion입니다.

173

Oil rally *fuels* inflation fears.

fuel은 '연료'라는 명사 외에 '연료를 공급하다, 자극하다'라는 동사로도 쓰입니다. 여기서는 동사로 쓰였으므로 fuel inflation fears를 '인플레이션 공포를 자극하다'라고 해석할 수 있습니다.

174

Inflation and slow growth *fog* global economy.

fog는 명사로는 '안개; 혼란'이라는 뜻이고, 동사로는 '안개로 덮다; 헷갈리게[혼란스럽게] 하다'라는 뜻이 있습니다.

175

Deep dive: German workers strike for higher pay as inflation surges.

deep dive는 '철저한 분석, 심층 조사' 등을 뜻합니다.

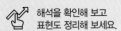

해석을 확인해 보고
표현도 정리해 보세요.

171

인플레이션은 70년대 아바 이후 가장 큰
컴백이 될 수도 있다.

comeback 컴백, 복귀 **since** ~ 이후부터, 이후로
Since I met him, my life has changed drastically. 그를 만난 이후부터 내 삶은 완전히 달라졌다.

172

인플레이션 압박과 직원 부족에도 불구하고
소매업이 빠르게 확장하다.

retail 소매업 **wholesale** **expand** 확장되다, 확대되다
The two countries fight to expand their territories. 두 국가는 영토를 확장하기 위해 싸우다.

173

유가 랠리가 인플레이션 공포를 자극하다.

fuel 연료; 연료를 공급하다, 자극하다
What fuels the economy is a good policy. 경제를 살아나게 하는 것은 좋은 정책이다.

174

인플레이션과 성장 둔화가 글로벌 경제를
혼란스럽게 하다.

fog 안개; 혼란; 안개로 덮다; 헷갈리게[혼란스럽게] 하다
Pandemic data cast fog over economic outlook. 팬데믹 데이터들은 경제 전망을 헷갈리게 한다.

175

심층 분석: 독일 노동자들은 물가 상승률이
치솟으면서 임금 인상을 위해 파업하다.

deep dive 철저한 분석, 심층 조사
I love reading the deep dives in the magazine. 나는 그 잡지의 심층 분석을 읽는 것을 좋아한다.

176

Higher inflation likely to *boost appeal* of alternative assets.

boost는 동사로는 '신장시키다, 북돋우다'라는 뜻이고, 명사로는 '격려, 부양책, 증가'라는 뜻입니다. appeal
은 '관심을 끌다, 매력적이다'라는 동사 뜻도 있지만, 여기서는 '매력'이라는 명사로 쓰였습니다. 따라서 boost
appeal of는 '~의 매력을 키우다'라는 의미입니다.

177

End of *furlough*, inflation, energy crisis: *'hard yards' ahead* for the UK economy.

고용 관련 뉴스 기사에서 자주 볼 수 있는 furlough는 보통 '(자금 부족으로 인한 노동자의) 일시 해고, 임시
휴직'을 뜻합니다. hard yards는 '(좋은 결과를 얻기 위한) 고된 과정, 힘든 일'이라는 의미입니다.

178

Inflation pressures *intensify* as cost of energy soars.

intensify는 '심해지다, 격렬해지다, 심화시키다'라는 뜻으로 increase, broaden, aggravate와 같은 유의
어들이 있습니다.

179

Markets *gripped* by stagflation concerns.

grip은 '꽉 붙잡다, 움켜쥐다, (마음·시선·흥미 등을) 사로잡다'라는 뜻입니다. 이 문장에서는 gripped 뒤에
by가 오므로 '~에 사로잡히다'라는 수동의 의미인 것을 알 수 있습니다.

180

Cost-push and *demand-pull inflation*: Which one are we dealing with?

cost-push inflation은 '비용 상승 인플레이션, 원가 압박 인플레이션'을 뜻하고 demand-pull inflation은
'수요 견인 인플레이션, 수요 초과 인플레이션'을 뜻합니다. 후자는 수요가 공급을 초과하기 때문에 일어나는
물가 상승을 일컫는 경제 용어입니다.

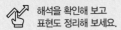
 176

물가 상승률이 올라가면서 대체 자산의 매력이
커질 전망이다.

boost 신장시키다, 북돋우다 **appeal** 매력 **boost appeal of** ~의 매력을 키우다
🔳 He needed to broaden his appeal to voters. 그는 유권자들에 대한 호소의 폭을 넓혀야 했다.

 177

일시 해고 종료, 인플레이션, 에너지 위기:
영국 경제는 '힘든 상황'을 앞두고 있다.

furlough (자금 부족으로 인한 노동자의) 일시 해고, 임시 휴직 **hard yards** (좋은 결과를 위한) 고된 과정, 힘든 일
🔳 They have a lot of hard yards to do. 그들은 해야 할 어려운 일들이 많다.

178

에너지 가격이 급등하면서 물가 상승 압박이 높아지다.

intensify 심해지다, 격렬해지다, 심화시키다 🔳 increase, broaden, aggravate
🔳 The economic recession will intensify. 경기 침체는 더 심화될 것이다.

 179

시장은 스태그플레이션 우려에 사로잡혀 있다.

grip 꽉 붙잡다, 움켜쥐다, (마음 · 시선 · 흥미 등을) 사로잡다
🔳 getting a grip on the global economy 글로벌 경제에 대해서 알아가기

 180

원가 압박 인플레이션과 수요 초과 인플레이션:
현재 우리가 맞닥뜨린 것은 어느 것일까?

cost-push inflation 비용 상승 인플레이션, 원가 압박 인플레이션
demand-pull inflation 수요 견인 인플레이션, 수요 초과 인플레이션

181

Savvy stock traders use these 2 *insider* tips to know when to buy and sell.

savvy는 '지식[요령] 있는'이라는 뜻으로 savvy stock trader는 '요령 있는 주식 투자자'라는 뜻입니다.
insider는 원래 '(조직·단체의) 내부자'라는 뜻인데 '내막을 잘 아는 사람, 소식통'이라는 뜻으로도 쓰입니다.

182

Investors who want *income* need to understand this *overlooked* stock-market strategy.

income은 '소득, 수입', 즉 '나에게 들어오는 돈'을 뜻합니다. overlook은 '못 보고 넘어가다, 간과하다'라는
뜻으로 overlooked strategy는 '간과된 전략'이라는 뜻이 됩니다.

183

Traders *point to* suspicious bets made before Goldman's *acquisition* of GreenSky.

point to는 '가리키다' 외에 '들먹이다'라는 뜻이 있습니다. acquisition은 '습득, 구입[취득]한 것'이라는 뜻
인데, 여기서는 '기업 인수'를 의미합니다.

184

If the 2014 Fed *taper* is any guide, it's time for investors to get *defensive*.

taper는 동사로 '(폭이) 점점 가늘어지다; 점점 가늘어짐'이라는 뜻으로 여기서는 미 연준이 양적완화 정책의
규모를 점진적으로 축소해 나가는 '테이퍼링'을 뜻합니다. defensive는 '방어적인, 수비의 태도를 보이는'이
라는 뜻으로 aggressive의 반대어입니다.

185

Hong Kong stocks are '*undervalued*' but the outlook is still *rocky*, says RBC.

undervalued는 '저평가된, 시세보다 싸게 평가되는'이라는 뜻으로 반대어는 overvalued입니다. rocky는
rock의 형용사로 '바위가 많은, 험난한'이라는 뜻입니다.

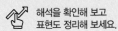

해석을 확인해 보고
표현도 정리해 보세요.

181

요령 있는 주식 투자자들은 언제 사고 팔아야 하는지
알기 위해 다음 2가지 인사이더 팁을 사용한다.

savvy 지식[요령] 있는   **insider** (조직·단체의) 내부자; 내막을 잘 아는 사람, 소식통
ex design-savvy 디자인 감각이 뛰어난 **media-savvy** 미디어를 잘 다루는

182

수익을 원하는 투자자들은 다음의 간과된
주식 시장 전략을 이해해야 한다.

income 소득, 수입 ➡ revenue, earnings, profit, gain   **overlook** 못 보고 넘어가다, 간과하다 ➡ miss
ex The police seem to have overlooked this important fact. 경찰은 이 중요한 사실을 간과했던 것 같다.

183

투자자들은 골드만삭스가 그린스카이 인수 전에 했던
수상한 거래를 들먹인다.

point to 가리키다; 들먹이다 **suspicious** 의심스러운, 수상쩍은
acquisition 습득, 구입[취득]한 것; 기업 인수

184

2014년 미 연준의 테이퍼링이 주는 교훈이 있다면,
이제 투자자들은 방어적으로 대응할 시간이다.

taper (폭이) 점점 가늘어지다; 점점 가늘어짐, 테이퍼링
defensive 방어적인, 수비의 태도를 보이는 ➡ aggressive

185

RBC는 홍콩 주식이 '저평가되어' 있지만
전망은 아직 험난하다고 말한다.

undervalued 저평가된, 시세보다 싸게 평가된 ➡ overvalued
rocky 바위가 많은, 험난한 **RBC(the Royal Bank of Canada**의 약자) 캐나다 왕립은행
ex He thinks his house is undervalued. 그는 자신의 집이 저평가되었다고 생각한다.

③ 투자 환경/심리 1

186

The recent *upgrade* by Moody's gave a boost to *equities*, but risks still remain.

upgrade는 '개선하다, 업그레이드하다'라는 동사로도 쓰이고 '업그레이드, 상승'이라는 명사로도 쓰입니다. give a boost는 '힘을 불어넣다'라는 의미이고, equities는 '주식, 보통주'를 뜻합니다.

187

Bitcoin *decouples* from stocks as bullish sentiment returns.

decouple은 '분리하다'라는 뜻으로 decouple from은 '~에서 분리하다'라는 뜻입니다. 경제 뉴스에서 자주 볼 수 있는 용어인 '비동조화 현상(국가와 국가, 또는 세계의 경기와 한 국가의 경기가 같은 흐름을 보이지 않는 현상)'을 영어로 decoupling이라고 합니다.

188

Luxury hotels hold their *appeal* for real estate investors.

appeal은 '매력'이라는 뜻으로 hold appeal은 '흥미를 돋우다'라고 해석할 수 있습니다. hold little appeal은 '별로 흥미롭지 못하다', hold no appeal for him은 '그에겐 전혀 흥미롭지 못하다'라는 의미입니다.

189

Twin shocks *roil* US asset markets: inflation and energy crisis.

twin에는 '쌍둥이'뿐만 아니라 '쌍둥이의, 쌍을 이루는'이라는 의미도 있습니다. roil은 '(액체를) 휘젓다, (마음을) 휘젓다, 혼란하게 하다' 등의 뜻을 갖습니다.

190

Bond yields *strained emerging* Asia's asset prices and currencies.

strain은 '압박을 하다, 무리를 주다'라는 뜻으로 pressure와 뜻이 비슷합니다. emerging은 '이제 새로 나타난, 최근에 생겨난'이라는 뜻으로 emerging market은 '신흥 시장'을 말합니다.

186

무디스에서 발표한 최근의 등급 상향은 주식 시장에
힘을 불어넣었지만, 여전히 리스크는 남아있다.

upgrade 업그레이드, 상승; 개선하다, 업그레이드하다 🔁 **elevate, promote**
give a boost 힘을 불어넣다 **equities** 주식, 보통주

187

비트코인은 긍정적인 심리가 회복되면서
주식 시장과는 다른 흐름을 보인다.

decouple 분리하다 **bullish** 낙관적인, (주가가) 상승세의 **sentiment** 정서, 감정

188

럭셔리 호텔들이 부동산 투자자들에게
관심 대상이 되다.

appeal 매력 **hold appeal** 흥미를 돋우다 **real estate** 부동산
🔳 **His business idea holds no appeal for them.** 그의 비즈니스 아이디어는 그들에게 전혀 흥미롭지 못하다.

189

2개의 쇼크가 미국 자산 시장을 흔들어놓다:
인플레이션과 에너지 위기

twin 쌍둥이; 쌍둥이의, 쌍을 이루는 **roil** (액체를) 휘젓다, (마음을) 휘젓다, 혼란하게 하다 **asset** 자산
🔳 **This exam will roil your dreams for the next couple of months.**
이 시험이 앞으로 몇 달간 당신의 꿈을 혼란스럽게 할 것이다.

190

채권 수익률이 신흥 아시아 시장의 자산 가격과
통화에 압박을 줬다.

bond yield 채권 수익률 **strain** 압박을 하다, 무리를 주다 **asset price** 자산 가격 **currency** 통화
🔳 **corporate bond yield rate** 회사채 금리 **10-year bond yield** 10년 만기 채권 수익률

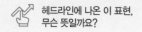

191

Is it time to *dump* tech stocks after they have risen 15% in a week?

dump은 '버리다, 폐기하다, 떠넘기다'라는 뜻으로 여기서는 주식을 더 이상 보유하지 않고 '팔다'라는 의미로 쓰였습니다.

192

How will the market *react* to the new *merger* of the chemical companies?

react는 '반응하다, 반응을 보이다'라는 뜻으로 투자자들의 투자 심리와 관련된 내용을 다룰 때 자주 볼 수 있는 표현입니다. merger는 '(사업·조직체의) 합병'을 의미합니다.

193

The *volatile* stock market could be ready for a '*melt-up*' through the end of 2022.

volatile은 '변덕스러운, 불안한, 변동성이 높은'이라는 뜻으로 주식 시장의 변동성을 설명할 때 자주 사용됩니다. melt-up은 '주가의 과열[급등]'을 말합니다.

194

Sell-off sentiment *spreads* as inflation concerns rise.

spread는 '멀리 퍼지다, 확산하다'라는 뜻으로 sell-off sentiment spreads는 '대량 매도하려는 심리가 확산되다'라고 해석할 수 있습니다.

195

Economy barometer: *Subdued* consumer sentiment hits *seven-month low*.

subdue는 '가라앉히다, 억누르다'라는 동사로 형용사형인 subdued는 '(기분이) 가라앉은, 억눌린, 우울한'이라는 뜻입니다. seven-month low는 '7개월래 최저치'라는 의미입니다.

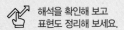

191

한 주 만에 15% 상승한 기술주들을 버릴 때가 온 건가?

dump 버리다, 폐기하다, 떠넘기다
ex **Investors see this rally as an excuse to dump stocks.**
투자자들은 지금의 랠리를 주식들을 처분할 명분으로 보다.

192

화학 기업들의 신규 합병에 대해 시장은 어떻게 반응할까?

react 반응하다, 반응을 보이다 **merger** (사업·조직체의) 합병 **chemical** 화학의
ex **The merger is by no means a completed deal yet.**
그 합병은 결코 아직 합의가 끝난 것이 아니다.

193

변동성이 심한 주식 시장은 2022년 말에
'멜트업(주식 급등)' 장세를 보일 수도 있다.

volatile 변덕스러운, 불안한, 변동성이 높은
melt-up 주가의 과열[급등] ↔ **meltdown** 주가 폭락

194

인플레이션 우려가 커지면서 대량 매도 심리가 확산되다.

sell-off 대량 매각 **spread** 멀리 퍼지다, 확산하다
ex **Gloomy sentiment in the market spreads.** 우울한 투심이 시장 전반에 퍼지다.

195

경제 바로미터: 억눌린 소비자 심리지수는
7개월래 최저치를 기록하다.

barometer (여론·동향 등의) 지표, 바로미터 **subdued** (기분이) 가라앉은, 억눌린, 우울한
consumer sentiment 소비자 심리 **seven-month low** 7개월래 최저치

③ 투자 환경/심리 3

196

Investor bullish sentiment lowest since March 2018.

investor bullish sentiment는 '투자자의 낙관적인 심리, 긍정적인 투심'으로 해석할 수 있습니다. 뉴스 헤드라인에서는 이처럼 동사가 아예 쓰이지 않을 때도 있습니다.

197

Hedge fund sentiment is *stagnant* on tech stocks.

stagnant는 '(물·공기가) 고여 있는' 것을 나타내는 형용사인데 경기가 '침체된'이라는 의미로도 사용됩니다. 뜻이 유사한 단어로 static(정지 상태의)이 있습니다.

198

Saudi-backed *takeover washes away* sentiment.

takeover는 '(기업의) 경영권 인수' 또는 '(정권 등의) 장악'을 뜻합니다. Saudi-backed takeover는 '사우디의 지지나 후원을 받는 기업 경영권 인수'라고 해석할 수 있습니다. wash away는 '유실되게 하다, 쓸어가다'라는 뜻으로 여기서는 '(심리를) 사라지게 하다'라는 의미입니다.

199

UK investment banks see third straight week of *capital flows* amid market sentiment *turnaround*.

capital flow는 '자본 흐름' 또는 '자본 회전'이라는 뜻이에요. turnaround는 '(상황의) 호전'이라는 뜻으로 여기서는 투자 심리가 호전된 것을 나타냅니다.

200

Hedge funds remain *upbeat heading into* second quarter.

upbeat는 '긍정적인, 낙관적인'이라는 뜻으로 remain upbeat는 '낙관적인 기조를 이어가다'라는 의미입니다. head into는 '~에 부딪치다' 또는 '~로 들어가다'라는 뜻으로 head into second quarter는 '2분기로 접어들다'라고 해석할 수 있습니다.

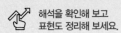
196

긍정적인 투심은 2018년 3월 이후 최저치를 기록하다.

investor bullish sentiment 투자자의 낙관적인 심리, 긍정적인 투심
lowest 최하의, 최저의

197

기술주에 대한 헤지펀드 투심이 침체되어 있다.

stagnant (물·공기가) 고여 있는; (경기가) 침체된 ⊟ static
ex **The government tries to revive a stagnant economy.**
정부는 부진한 경제를 살리기 위해 노력하다.

198

사우디가 후원한 경영권 인수는 투자 심리를
사라지게 하다.

takeover (기업의) 경영권 인수; (정권 등의) 장악 **wash away** 유실되게 하다, 쓸어가다

199

시장 투심이 호전되면서 영국의 투자 은행들은
3주 연속 자본 회전을 기록하다.

third straight week 3주 연속 **capital flow** 자본 흐름, 자본 회전 **turnaround** (상황의) 호전
ex **cross-border capital flows** 국가 간의 자본 회전

200

2분기로 접어들면서 헤지펀드는 여전히
낙관적인 기조를 이어가다.

upbeat 긍정적인, 낙관적인 **head into** ~에 부딪치다, ~로 들어가다
ex **upbeat mood** 낙관적인 분위기 **upbeat news** 즐거운 소식

201

Investors believe it's time to get very *conservative* in the market.

conservative는 '보수적인'이라는 뜻으로 공격적인 투자의 반대 성향을 뜻합니다. conservative의 반대어는 aggressive(공격적인)입니다.

202

US markets extend losses as China worries *darken* sentiment.

darken은 '어둡게 하다, 우울하게 만들다'라는 뜻으로 darken sentiment는 '심리를 어둡게[얼어붙게] 하다'로 해석할 수 있습니다.

203

3 reasons why sentiment *impacts* insurance stock prices.

여기서 impact는 '영향을 주다, 충격을 주다'라는 뜻의 동사로 쓰였는데, impact는 '영향, 충격'이라는 뜻의 명사로도 자주 쓰입니다.

204

Ford *exit* won't *hurt* investor sentiment, says analyst.

exit는 '나가다, 떠나다'라는 동사 뜻도 있지만 '나감, 떠남'이라는 명사 뜻도 갖고 있습니다. 여기서는 명사로 쓰여 '투자금 회수'를 의미입니다. hurt는 '다치게 하다'라는 뜻으로 hurt investor sentiment는 '투심을 다치게 하다', 즉 '투심을 해치다'로 해석할 수 있습니다.

205

U.S. stock market faces risk of *bumpy* winter, analysts say.

bumpy는 '평탄치 않은, 울퉁불퉁한'이라는 뜻으로 bumpy winter는 '평탄치 않은 겨울', 즉 '험난한 경제 위기가 오는 겨울'을 비유적으로 표현한 것입니다.

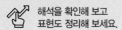

201

투자자들은 시장에 매우 보수적으로
대처해야 할 때라고 여긴다.

conservative 보수적인 ↔ **aggressive**
conservative investment 보수적인 투자

202

중국에서 발생한 우려가 투심을 얼어붙게 하면서
미 증시는 하락세를 이어가다.

extend losses 하락세를 이어가다 **darken sentiment** 심리를 어둡게[얼어붙게] 하다

203

투심이 보험주 주가에 영향을 미치는 3가지 이유

impact 영향을 주다, 충격을 주다; 영향, 충격 **insurance** 보험
the impacts of the current recession on car manufacturing
현재의 경기 침체가 자동차 제조업에 미치는 영향

204

애널리스트는 포드의 투자금 회수가 투심을
해치지는 않을 것이라고 한다.

exit 나가다, 떠나다; 나감, 떠남(투자금 회수) **hurt investor sentiment** 투심을 해치다

205

애널리스트들은 미국 주식 시장이 올겨울 험난한
경제 위기를 맞을 것이라고 말한다.

bumpy 평탄치 않은, 울퉁불퉁한 ▣ **uneven, unbalanced, rough, rocky, rugged**
bumpy road 울퉁불퉁한 도로 **bumpy path** 평탄치 않은 길

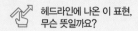

206

US *equity* investor sentiment *slides* to lowest for 5 months.

equity는 '주식'을 뜻합니다. slide는 '미끄러지다'라는 뜻으로 주식이 하락하는 것을 표현할 때 자주 사용됩니다.

207

Look at these three investment themes to *navigate* the gloomy market.

navigate는 '(길을) 찾다, 항해하다, 방향을 찾다'라는 뜻으로 navigate the gloomy market은 '암울한 시장에서 방향을 찾다', 즉 '암울한 시장을 헤쳐 나가다'라는 의미입니다.

208

Market volatility is probably *temporary* valuation, as investor sentiment *undergoes* great *reset*.

temporary는 '일시적인, 임시의'라는 뜻으로 permanent(영구적인)의 반대어입니다. undergo는 '(안 좋은 일이나 변화 등을) 겪다'라는 뜻이고, reset은 '(기기·시간 등을) 다시 맞추다' 또는 '다시 맞춤'이라는 뜻이에요. 따라서 undergo a great reset은 '큰 변화의 시간을 겪다'라고 해석할 수 있습니다.

209

Record stock rally ignores Wall Street's *phobia* about *optimism*.

phobia는 '공포증, 혐오증'이라는 뜻입니다. optimism은 '낙관주의, 낙관론'이라는 뜻으로 반대어에는 pessimism이 있습니다.

210

Not earnings, not economic data, but vaccines now *steering* investor sentiment.

steer는 '조종하다, 움직이다, 몰다'라는 뜻으로 steer investor sentiment는 '투자 심리를 움직이다'라고 해석할 수 있습니다.

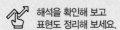

206

미국 주식 투자 심리는 5개월래 최저치로 떨어지다.

US equity 미국 주식 **slide** 미끄러지다, 하락하다
ex **Asian equities are not immune to US equity sell-off.**
아시아 주식은 미국 주식 시장의 대량 매도세에 안전하지 않다(영향을 받는다).

207

어두운 시장을 헤쳐나가기 위한 다음 3가지 투자 테마를 살펴보자.

theme 주제, 테마 **navigate** (길을) 찾다, 항해하다, 방향을 찾다 **gloomy** 어둑어둑한, 우울한
ex **navigate my path** 내 길을 찾아가다 **navigate by the stars** 별을 보며 방향을 찾다

208

투자 심리가 크게 변하고 있는 가운데 시장 변동성은 일시적인 평가일 것이다.

volatility 변동성 **temporary** 일시적인, 임시의 ↔ **permanent** 영구적인 **valuation** (가치) 평가
undergo (안 좋은 일이나 변화 등을) 겪다 **reset** (기기·시간 등을) 다시 맞추다; 다시 맞춤 ex **undergo trials** 시련을 겪다

209

기록적인 주식 시장 랠리는 낙관론에 대한 월가의 공포증을 무시하고 있다.

phobia 공포증, 혐오증 **optimism** 낙관주의, 낙관론 ↔ **pessimism**
ex **optimism over economic recovery** 시장 회복에 대한 낙관론

210

실적이나 경제지표가 아니라 이제는 백신이 투심을 움직이고 있다.

earnings 사업 소득, 실적 **steer** 조종하다, 움직이다, 몰다
ex **The captain is steering the ship.** 선장이 배를 조종하고 있다.

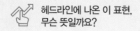

Amid *flagging consumer sentiment,* Asian stocks close lower.

flag은 '깃발; 깃발을 올리다'뿐만 아니라 '약해지다, 시들해지다'라는 뜻으로도 쓰입니다. 따라서 flagging consumer sentiment는 '약해진 소비자 심리'라고 해석할 수 있습니다.

U.S. stocks *hit fresh record* as earnings *boost* sentiment.

fresh는 '신선한, 새로운'이라는 뜻이므로 hit fresh record는 '신기록을 달성하다'라는 의미입니다. boost 는 '(무언가에) 힘을 실어주다, 북돋우다'라는 뜻으로 boost sentiment는 '심리를 받쳐주다'라고 해석할 수 있습니다.

Delta variant *spooks* investor sentiment amid heightened volatility.

spook는 명사로는 '유령, 귀신'이라는 뜻이지만 동사로는 '겁먹게 하다, 놀라게 하다'라는 뜻입니다.

Individual investor sentiment is *elevated,* Eurozone investor sentiment *reaches three-year high.*

elevate는 '높이다, (가격을) 올리다'라는 뜻의 동사이므로 수동태인 is elevated는 '높여지다, 올려지다'라는 의미입니다. reach three-year high는 '3년래 최고치를 기록하다'라는 의미입니다.

US stocks rise as earnings *lift* sentiment.

lift는 '들어 올리다'라는 뜻으로 lift sentiment는 '심리를 들어 올리다'라는 의미입니다. lift의 유의어로는 elevate가 있습니다.

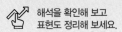

해석을 확인해 보고
표현도 정리해 보세요.

211

소비자 심리가 약해지고 있는 가운데 아시아 주식 시장은 하락 마감하다.

flag 깃발; 깃발을 올리다; 약해지다, 시들해지다
flagging consumer sentiment 약해진 소비자 심리 **close lower** 하락 마감하다

212

기업 실적들이 심리를 받쳐주면서 미국 주식 시장은 신고가를 찍다.

hit fresh record 신기록을 달성하다 **boost** 힘을 실어주다, 북돋우다 **boost sentiment** 심리를 받쳐주다

213

변동성이 고조된 가운데 델타 변이가 투심을 얼어붙게 하다.

spook 유령, 귀신; 겁먹게 하다, 놀라게 하다 **heightened** 고조된 **volatility** 변동성
ex **I didn't mean to spook you.** 너를 일부러 겁주려 한 건 아니었어.

214

개인 투자자 심리가 고조되며, 유로존 투자 심리는 3년래 최고치를 기록하다.

individual investor 개인 투자자 **elevate** 높이다, (가격을) 올리다 **three-year high** 3년래 최고치

215

기업 실적들이 투자 심리를 들어올리며 미국 주식 시장이 상승하다.

lift 들어 올리다 **elevate**
ex **A strong set of earnings from bank stocks further lifted sentiment.**
은행주들의 호실적들이 투자 심리를 더욱 들어올렸다.

105

복습

01 long-term potential 〔129〕

02 receding prospect 〔130〕

03 supply chain crisis 〔133〕

04 tech's turbulence 〔137〕

05 trim 2022 GDP growth forecast 〔144〕

06 hobble growth 〔149〕

07 next market uptrend 〔150〕

08 equities and commodities 〔154〕

09 turn hawkish 〔158〕

10 inflation fallout 〔162〕

11 supply meets demand 〔163〕

12 world's prominent economists 〔164〕

13 severe dose of stagflation 〔167〕

14 bubble up 〔168〕

15 inflation push 〔169〕

16 deep dive 〔175〕

복습

17 appeal of alternative assets 〔176〕

18 end of furlough 〔177〕

19 savvy stock trader 〔181〕

20 overlooked strategy 〔182〕

21 give a boost to equities 〔186〕

22 emerging Asia's asset prices 〔190〕

23 volatile stock market 〔193〕

24 subdued consumer sentiment 〔195〕

25 remain upbeat 〔200〕

26 get very conservative 〔201〕

27 hurt investor sentiment 〔204〕

28 slide to lowest for 5 months 〔206〕

29 undergo a great reset 〔208〕

30 flagging consumer sentiment 〔211〕

정답 01 장기적인 관점에서의 가능성 02 희박해지는 가능성 03 공급망 위기 04 기술주의 변동성 05 2022년 국내 총생산 성장 전망을 하향 조정하다 06 성장을 방해하다 07 시장의 다음 상승세 08 주식과 상품(원자재) 09 매파적으로 변하다 10 인플레이션으로 인한 경기 침체 11 공급이 수요를 충족시키다 12 세계적으로 저명한 경제학자들 13 심각한 스태그플레이션 14 끓어오르다 15 인플레이션 압박 16 철저한 분석 17 대체 자산의 매력 18 일시 해고 종료 19 요령 있는 주식 투자자 20 간과된 전략 21 주식 시장에 힘을 불어넣다 22 신흥 아시아 시장의 자산 가격 23 변동성이 심한 주식 시장 24 억눌린 소비자 심리 25 낙관적인 기조를 이어가다 26 매우 보수적인 태도가 되다 27 투심을 해치다 28 5개월래 최저치로 떨어지다 29 큰 변화의 시간을 겪다 30 약해지고 있는 소비자 심리

투자 상품

216

U.S. will reportedly impose *crypto sanctions* amid ransomware attacks.

여기서 crypto는 '암호화폐'를 뜻하는 cryptocurrency의 줄임말입니다. sanction은 '제재, 허가, 승인' 등을 뜻하며 주로 정부나 고위 단체에서 내리는 결정입니다. 따라서 impose sanctions는 '제재를 부과하다'라는 의미입니다.

217

Shiba Inu soars over 25% as Dogecoin *copycat makes* Coinbase *debut.*

copycat은 '모방하는 사람, 흉내쟁이'를 뜻하는 말입니다. make debut는 '데뷔를 하다, 첫선을 보이다'라는 뜻으로 주식이 처음 상장할 때도 이 표현을 씁니다.

218

Here's what leaders at Coinbase, FTX, BlockFi, and other crypto companies are saying about *regulation.*

Here's what~은 뉴스 헤드라인에서 어떤 얘기를 꺼내기 전에 '~은 다음과 같습니다'라는 뜻의 오프닝 라인으로 자주 사용됩니다. regulation은 '규제, 규율'이라는 뜻입니다. 가상화폐 뉴스에서는 regulation, sanctions, control, laws 등 규제와 관련된 용어을 자주 보게 됩니다.

219

Can Bitcoin *be freed of* its *energy addiction*?

be freed of는 '~에서 해방되다, 자유로워지다'라는 뜻입니다. energy addiction은 '에너지 중독'이라는 뜻인데, 비트코인을 채굴할 때 쓰는 막대한 양의 전기를 두고 한 표현입니다.

220

Ray Dalio says 'cash is trash' and *makes the case* for crypto.

make the case를 직역하면 '케이스를 만들다'라는 뜻으로 '주장하다, 입증하다'라고 의역할 수 있습니다. 즉, make the case for crypto는 '암호화폐에 대한 유효성을 주장하다'라고 해석할 수 있습니다.

216

보도에 따르면 랜섬웨어 공격이 일어난 가운데
미국은 암호화폐에 제재를 부과할 것이다.

impose (벌·세금 등을) 부과하다 **crypto**(cryptocurrency의 약자) 암호화폐 **sanction** 제재, 허가, 승인
ex **trade sanction** 무역 제재 **military sanction** 군사적 제재

217

도지코인의 모방격인 시바 이누가
코인베이스에 상장하며 25% 넘게 급등하다.

copycat 모방하는 사람, 흉내쟁이 **make debut** 데뷔를 하다, 첫선을 보이다
ex **copycat crime** 모방 범죄 **copycat arson** 모방 방화

218

코인베이스, FTX, BlockFi와 여타 암호화폐 회사의
대표들은 규제에 대해 다음과 같이 말하고 있다.

Here's what~ ~은 이렇다, ~은 다음과 같다 **regulation** 규제, 규율

219

비트코인은 에너지 중독에서 벗어날 수 있는가?

be freed of ~에서 해방되다, 자유로워지다 **energy addiction** 에너지 중독

220

레이 달리오는 '현금은 쓰레기'라고 말하며
암호화폐에 대한 유효성을 주장한다.

cash 현금 **trash** 쓰레기 **make the case** 주장하다, 입증하다
ex **How the sharing economy can make its case** 공유경제가 유용성을 입증할 수 있는 방법

221

Bitcoin falls as much as 20% as *risky* assets tumble globally, *regulatory* concerns intensify.

risky는 '위험한'이고 asset은 '자산, 재산'이라는 뜻이므로 risky assets는 '위험 자산'을 뜻합니다. regulatory는 regulation(규제)의 형용사형으로 regulatory concerns는 '규제에 대한 우려'라고 해석할 수 있습니다.

222

Evergrande default fears *slam* cryptocurrencies, too.

slam은 '쾅 닫다, 세게 밀다' 등을 뜻하는데 여기서는 '큰 악영향을 미치다'로 의역할 수 있습니다. Evergrande default는 세계에서 가장 큰 규모의 부동산 개발업체인 중국의 헝다(에버그란데) 그룹이 파산 위기에 처한 사건을 말합니다.

223

Bitcoin falls below $45,000 as global stock market *rout* infects crypto.

rout는 '완패, 궤멸'이라는 뜻으로 동사로는 '완패시키다'라는 뜻을 갖고 있습니다. 여기서는 주식 시장의 '강한 하락'이라는 의미를 담고 습니다.

224

Bitcoin prices *top* $80,000 for the first time in three weeks.

top은 '맨꼭대기, 정상'이라는 뜻이지만 동사로 쓰일 때는 '정상에 오르다' 또는 '꼭대기를 뛰어넘다'라는 뜻이 있습니다. for the first time in three weeks는 '3주 만에 처음으로'라는 말입니다.

225

What to *look out for* after the recent Bitcoin flash crash.

look out for는 '~을 찾다, 알아보다, 지키다'라는 뜻으로 What to look out for?는 '무엇을 알아야 할까?' 정도로 해석할 수 있습니다.

1 암호화폐 2

221

규제 우려가 심화되어 위험 자산들이 세계적으로
폭락하면서 비트코인이 20%나 하락하다.

risky assets 위험 자산 **tumble** 폭삭 무너지다, 크게 추락하다
regulatory 규제력을 지닌, 규제하는 **intensify** 심해지다

222

에버그란데(헝다) 디폴트 공포가 가상화폐에도
큰 악영향을 미치다.

slam 쾅 닫다, 세게 밀다 **cryptocurrency** 암호화폐
ex Tax hikes would slam economy. 세금 인상은 경제에 큰 악영향을 미칠 것이다.

223

글로벌 주식 시장 하락이 가상화폐에 영향을 미치면서
비트코인이 45,000달러 아래로 떨어지다.

rout 완패, 궤멸; 완패시키다 **infect** 영향을 미치다, 감염시키다

224

비트코인 가격은 3주 만에 처음으로
80,000달러를 넘어서다.

top 정상에 오르다, 꼭대기를 뛰어넘다; 맨꼭대기, 정상 **for the first time** 처음으로

225

최근 비트코인의 급락 이후 어떤 점들을
알아두어야 할까?

look out for ~을 찾다, 알아보다, 지키다 **flash crash** 주식 시장의 심각한 폭락
ex look out for clarity 투명성을 갖도록 하다

Bitcoin is 'becoming more *resistant* to government regulation,' says analyst.

resist는 '저항하다, 항거하다, 견디다'라는 뜻이고, 형용사형인 resistant는 '저항력 있는, 잘 견디는'이라는 뜻입니다.

BTC price *set for* 'very *significant*' surge, analysts say.

BTC는 bitcoin(비트코인)의 줄임말입니다. set for는 '~의 준비를 하다' 또는 '앞으로 ~이 일어날 것이다'라는 뜻으로 head for와 의미가 비슷합니다. significant는 '중요한, 의미가 있는, 의미심장한'이라는 뜻으로 very significant surge는 '아주 큰 상승'을 의미합니다.

All eyes *set on* Ripple lawsuit as *SEC* policy is condemned.

set on은 '~ 위에 놓다[두다]'라는 의미이므로 All eyes set on Ripple lawsuit는 '모든 시선이 리플 소송에 가 있다'라고 해석할 수 있습니다. SEC는 '미국 증권거래위원회'를 뜻하는데 암호화폐 관련 정책과 규제를 결정하기 때문에 암호화폐 관련 뉴스에 자주 등장합니다.

U.S. won't *ban* crypto like China, says SEC chair.

ban은 '금지하다, 불법화하다'라는 뜻으로 make illegal, prohibit, forbid 등의 유의어가 있습니다.

Crypto markets *take a breather* before next stage higher.

breather는 '짧은 휴식'이라는 뜻으로 pause와 의미가 같습니다. take와 함께 쓰여 take a breather라고 하면 '잠깐 휴식을 취하다, 잠깐 숨을 돌리다'라는 의미입니다.

암호화폐 3

226

애널리스트는 비트코인이 '정부 규제에 점점
더 잘 견디고 있다'고 말한다.

resistant 저항력 있는, 잘 견디는 **regulation** 규제, 규정
water-resistant jacket 방수되는 재킷 **crease-resistant material** 구김이 잘 가지 않는 재질

227

애널리스트들은 비트코인 가격이 앞으로
'아주 큰' 상승을 할 것이라고 말한다.

BTC(bitcoin의 약자) 비트코인 **set for** ~의 준비를 하다, 앞으로 ~이 일어날 것이다 **head for**
significant 중요한, 의미가 있는, 의미심장한 **significant figure** 중요한 숫자, 유효숫자

228

미국 증권거래위원회의 정책이 비판받는 가운데
세간의 이목이 리플의 소송에 가 있다.

set on ~위에 놓다[두다] **lawsuit** 소송
SEC(Securities and Exchange Commission의 약자) 미국 증권거래위원회 **condemn** 규탄하다, 비난하다

229

미국은 중국처럼 암호화폐를 금지하지는 않을
것이라고 SEC 회장이 말하다.

ban 금지하다, 불법화하다 **make illegal, prohibit, forbid**
an outright ban 전면 금지 **a ban on smoking inside restaurants** 식당 내 흡연 금지

230

다음 단계 상승을 위해 암호화폐 시장은 잠시
숨을 고르는 중이다.

breather 짧은 휴식 **pause** **take a breather** 잠깐 휴식을 취하다, 숨을 돌리다
Take a breather. You worked too hard. 잠시 숨 좀 돌려. 넌 일을 너무 많이 했어.

231

The crypto market surged: *'Large pump'* coming to Bitcoin.

pump는 말 그대로 '펌프'를 뜻하는데 동사로 쓰일 때는 '(물·공기 등을 펌프로) 퍼 올리다, 거세게 솟구치다' 의 뜻을 갖습니다. 'Large pump' coming to Bitcoin은 '비트코인에 큰 동력이 몰려오다', 즉 '비트코인에 큰 매수세가 붙고 있다'는 의미입니다.

232

Why China is *cracking down* on crypto: China's crypto companies are *scrambling*.

crack down은 '엄중 단속하다, 강력 탄압하다'라는 뜻으로 보통 전치사 on과 함께 쓰입니다. scramble은 '재빨리 움직이다, 서로 밀치다, 뒤죽박죽으로 만들다'라는 뜻으로 scrambled eggs(스크램블드 에그)를 만 들 때 이리저리 빠르게 휘젓는 모습을 떠올리면 쉽게 이해할 수 있습니다.

233

Is *institutional* crypto *adoption* in the 'early stages'?

institutional은 institution(기관, 제도, 관습)의 형용사형으로 '기관의, 제도적인'이라는 뜻입니다. adoption 은 adopt(입양하다, 채택하다)의 명사형으로 '입양, 채택'이라는 뜻을 갖고 있습니다. 따라서 institutional crypto adoption은 '가상화폐를 일반 통화적 개념의 화폐로 인정하는 제도적 채택'을 뜻합니다.

234

As crypto *booms,* central banks must 'act now.'

boom은 앞에서도 살펴봤지만 '붐, 호황, 갑작스런 인기'라는 명사로도 쓰이고 '호황을 맞다, 붐을 이루다'라 는 동사로도 쓰입니다. 여기서는 가상화폐의 붐을 설명하기 위해 사용됐습니다.

235

CEO faces *resignation* after *alleged* illegal crypto-mining operations.

resign은 '자리에서 물러나다, 사임하다'라는 뜻으로 명사형인 resignation은 '사직, 사임'을 뜻합니 다. allege는 '(증거 없이) 혐의를 주장하다, 제기하다'라는 뜻이므로 alleged illegal crypto-mining operations는 '불법으로 크립토마이닝을 했다는 혐의가 제기된 것'을 나타냅니다.

231

암호화폐 시장 급등: 비트코인에 '큰 동력'이 몰려오다.

pump 펌프; (물·공기 등을 펌프로) 퍼 올리다, 거세게 솟구치다

232

중국이 암호화폐에 대해 엄중 단속을 펼치는 이유:
중국의 암호화폐 기업들은 혼란에 빠져 움직이고 있다.

crack down 엄중 단속하다, 강력 탄압하다 **scramble** 재빨리 움직이다, 서로 밀치다
ex **Police crack down on sex extortion.** 경찰은 성착취 범죄를 엄중히 단속하다.

233

제도적 차원의 가상화폐 채택은 이제
'초기 단계'에 있는가?

institutional 기관의, 제도적인 **adoption** 입양; 채택

234

가상화폐 시장이 호황을 맞은 가운데
각국 중앙은행들은 '이제 행동을 취해야' 한다.

boom 호황을 맞다, 붐을 이루다; 붐, 호황, 갑작스런 인기
ex **Crypto boom triggered by COVID-19** 코로나로 촉발된 가상화폐 호황

235

불법 가상화폐 채굴을 했다는 혐의가 제기되면서
CEO는 자리에서 물러나다.

resignation 사직, 사임 **allege** (증거 없이) 혐의를 주장하다, 제기하다 = **claim, contend, argue**
alleged (증거 없이) 범죄가 있을 것으로 주장[추정]되는 **crypto-mining operations** 가상화폐 채굴

암호화폐 4

236

Here are the impacts of China's *sweeping* crypto ban on markets.

sweeping은 '쓸다'라는 뜻인 sweep의 형용사형으로 '전면적인, 광범위한, 포괄적인'이라는 뜻을 갖습니다. 보통 '광범위한'이라는 뜻으로 쓰일 때는 지나치게 광범위해서 못마땅하다는 의미를 담고 있습니다.

237

Confusion *reigns* after China *slams door* on crypto.

뉴스에 자주 등장하는 reign은 명사로는 '통치, 통치 기간'을 뜻하고 동사로는 '통치하다; 가득 퍼지다'라는 뜻으로, 여기서는 혼란이 가득 퍼진 상황을 나타내고 있습니다. slam the door는 '문을 쾅 하고 닫다'라는 뜻으로, 암호화폐 거래에 대해 불법화한 것을 표현한 말입니다.

238

China intensifies *hunt* for cryptocurrency miners *in hiding.*

hunt는 '사냥하다; 사냥'이라는 뜻으로 이 문장에서는 가상화폐 채굴자들을 찾기 위한 '수색'이라는 뜻으로 쓰였습니다. in hiding은 '몸을 감춘, 숨어 있는'이라는 뜻입니다.

239

Bitcoin mining producing tons of *e-waste (electronic waste)* annually.

신조어인 e-waste는 electronic waste의 줄임말로 '전자 폐기물'이라는 뜻입니다. 암호화폐 채굴로 인해 나오는 수많은 전자기기 폐기물을 뜻하는 말입니다.

240

E-waste from a single bitcoin *transaction* is the same as wasting two iPhone 12 Minis.

transaction은 '거래, 매매'라는 뜻으로 a single bitcoin transaction은 '딱 한 번의 비트코인 거래'라고 해석할 수 있습니다.

**해석을 확인해 보고
표현도 정리해 보세요.**

236

중국의 전면적인 가상화폐 금지가 시장에
미치는 영향은 다음과 같다.

sweeping 전면적인, 광범위한, 포괄적인
sweeping economic sanctions 전면적인[포괄적인] 경제 제재

237

중국이 가상화폐를 불법화한 이후
시장이 혼란에 빠지다.

reign 통치, 통치 기간; 통치하다; 가득 퍼지다
slam the door 문을 쾅 하고 닫다

238

중국은 숨어 있는 가상화폐 채굴자들에 대한
수색을 강화하다.

hunt 사냥하다; 사냥, 수색 **miner** 광부, 채굴자 **in hiding** 몸을 감춘, 숨어 있는
The bandits spent months in hiding. 산적들은 몇 달 동안 숨어 있었다.

239

비트코인 마이닝은 매년 엄청난 양의
전자 폐기물을 내놓고 있다.

e-waste(electronic waste의 약자) 전자 폐기물
an increase in the amount of dangerous electronic waste 위험한 전자 폐기물 양의 증가

240

한 번의 비트코인 거래에서 나오는 전자 폐기물은
아이폰12미니 두 개를 버리는 것과 맞먹는다.

transaction 거래, 매매
If you are happy with our quote, let's get the transaction finalized.
저희의 견적에 만족하시면 거래를 마무리 지읍시다.

Pound at *six-month low* as 'stagflation' crisis fears *take hold*.

six-month low는 '6개월 만의 최저치'라는 뜻입니다. take hold는 '장악하다, 대단히 강력해지다'라는 뜻으로 여기서는 공포가 시장을 장악한 것을 나타내고 있습니다.

Sterling sinks under $1.30 as inflation fears *grip* markets.

sterling은 형용사로는 '훌륭한'이라는 뜻이지만 명사로는 '영국 화폐제도, 파운드화'를 뜻합니다. grip은 '꽉 쥐다, 움켜 쥐다'라는 뜻으로 grip markets는 '시장을 장악하다[지배하다]'라고 해석할 수 있습니다.

Sterling under threat as stagflation fears *stalk* UK market.

stalk은 '스토킹하다' 또는 '만연하다'라는 뜻으로 fears stalk UK market은 '우려가 영국 시장을 뒤덮다[지배하다]'라는 의미입니다. 바로 위 문장에서 쓰인 fears grip markets와 같은 의미의 표현입니다.

Euro falls sharply after Yellen *renews* call for raising US *debt ceiling*.

renew는 '재개하다, 갱신하다'라는 뜻으로 resume, repeat이 유의어입니다. debt ceiling은 미국 연방정부의 '부채 한도', 즉 정부가 합법적으로 빌릴 수 있는 총액을 뜻합니다.

Dollar at 5-week lows as investors await tapering *clues*.

clue는 '(문제 해결의) 단서, 실마리, 증거, 힌트' 등의 뜻이 있습니다. tapering clues는 '테이퍼링과 관련된 단서[힌트]'라는 뜻입니다.

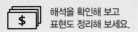
2 단원 1

241

'스태그플레이션' 위기에 대한 공포가 시장을 지배하자
파운드화는 6개월래 최저치를 기록하다.

six-month low 6개월래 최저치 take hold 장악하다, 대단히 강력해지다 ⊜ grasp, seize
⒠ You should take hold of that work. 네가 그 일을 맡아야 해.

242

인플레이션 우려가 시장을 장악하면서
파운드화는 1.30달러 아래로 떨어지다.

sterling 영국 화폐제도, 파운드화 sink 가라앉다, 침몰하다 grip 꽉 쥐다, 움켜 쥐다
⒠ The car's tires begin to sink into the mud. 자동차 바퀴가 진흙 속으로 빠지기 시작하다.

243

스태그플레이션 우려가 영국 시장을 뒤덮으면서
파운드화는 위협을 받고 있다.

under threat ~의 협박[위협]을 받는 stalk 스토킹하다; 만연하다
⒠ The actress was under threat from a stalker. 그 여배우는 스토커로부터 위협을 받고 있었다.

244

옐런(미국 재무장관)이 미국의 부채 한도
인상 요구를 재개하자 유로화가 가파르게 하락하다.

debt ceiling 부채 한도, 채무 한계 renew 재개하다, 갱신하다 ⊜ resume, repeat
⒠ I must renew my driver's license by this month. 나는 운전면허증을 이 달까지 갱신해야 해.

245

투자자들이 테이퍼링 힌트를 기다리는
가운데 달러화는 5주래 최저치를 기록하다.

clue (문제 해결의) 단서, 실마리, 증거, 힌트
⒠ not have a clue 전혀 모르다, 짐작하지 못하다, 눈치채지 못하다

119

246

Pound struggles to *regain* ground as stagflation anxiety worsens.

regain은 '다시 얻다'라는 뜻으로 regain ground는 '다시 기반을 잡다, 다시 입지를 굳히다'라고 해석할 수 있습니다.

247

South Korean won could fall to 1,200 per USD as exports *cool*.

cool은 '시원해지다, 식다'라는 뜻이지만 경제 뉴스에서는 주로 '하락하다, 감소하다'라는 뜻으로 사용됩니다.

248

Soaring bond yields *slam* tech shares.

slam은 '문을 쾅 하고 세게 닫다'라는 표현으로 이 문장에서는 '큰 타격을 주다'라고 해석할 수 있습니다.

249

The *benchmark bond yield* surged; dollar advances on inflation risks; *payrolls* data eyed.

benchmark bond yield는 '기준 채권 수익률'을 뜻합니다. payroll은 '급여 대상자 명단'이라는 뜻인데 뒤에 eyed가 붙어서 '고용지표에 시선[관심]이 집중되다'라고 해석할 수 있습니다.

250

Hedge funds bet on *flatter yield curve*.

yield curve는 '채권 수익률 곡선'으로 flatter yield curve는 '더 평탄한 수익률 곡선'을 뜻합니다. inverted yield curve는 '반전 수익률 곡선'으로 단기 채권의 수익률이 장기 채권의 수익률보다 높은 것으로 경기 침체를 나타내는 신호로 알려져 있습니다.

246

스태그플레이션 불안이 악화되자 파운드화는 다시 기반을 잡는 데 고군분투하다.

regain 다시 얻다 **regain ground** 다시 기반을 잡다, 다시 입지를 굳히다 **anxiety** 불안, 염려 **worsen** 악화되다
ex **We must regain ground on this project.** 우리는 이 프로젝트에 대한 기반을 다시 잡아야 한다.

247

수출이 감소하면서 한국의 원화는 1달러당 1,200원까지 떨어질 수 있다.

export 수출; 수출하다 **cool** 시원해지다, 식다; 하락하다, 감소하다
ex **Exports fall off sharply.** 수출이 급감하다. **export subsidy** 수출 보조금

248

급등하는 채권 수익률은 기술주에 큰 타격을 주다.

bond yields 채권 수익률 **slam** 문을 쾅 하고 세게 닫다; 큰 타격을 주다
ex **Democrats' tax hikes would slam economy and hurt the working class.**
민주당의 세금 인상은 경제에 큰 타격을 주고 근로자 계층에 악영향을 줄 것이다.

249

기준 채권 수익률 급등; 인플레이션 우려로 달러화 상승; 고용지표에 시장의 관심 집중

benchmark bond yield 기준 채권 수익률 **payroll** 급여 대상자 명단 **eye** 쳐다보다

250

헤지펀드들은 더 평탄한 수익률 곡선에 베팅하다.

hedge fund 헤지펀드 **bet on** ~에 돈을 걸다 **flat** 평평한 **yield curve** 채권 수익률 곡선
ex **The uncertainty in the market causes the yield curve flattening.**
시장의 불확실성은 수익률 곡선의 플래트닝을 일으키다.

251

Stocks fall, bond yields surge as rate hikes *loom*.

loom은 '어렴풋이 나타나다, 흐릿하게 보이다' 또는 '곧 닥칠 것으로 보이다'라는 뜻으로 경제 뉴스에서 자주 볼 수 있는 단어입니다.

252

Sterling, one of the strongest G10 currencies this year, *unmoved* by strong Q3 GDP growth.

unmoved는 moved에 un-이 붙어 반대어가 된 것으로 '움직이지 않는, 움직임이 없는'이라는 뜻입니다. one ~ year 부분은 삽입구로 sterling에 대해 설명하고 있습니다.

253

Treasury yield curve *steepens* to 3-year high as traders bet on growth rebound.

treasury는 '재무부'로서 treasury yield는 '국채 수익률'을 뜻합니다. steepen은 steep(가파른)의 동사형으로서 '더 가파르게 하다, 가팔라지다'라는 뜻입니다.

254

Dollar *closed out* its best week in three weeks.

close out은 '마감하다'라는 뜻으로 close out its best week는 '주간 흐름 중 가장 좋은 흐름으로 마감하다'라고 해석할 수 있습니다.

255

The *greenback* remains in a *narrow range* against the Japanese yen.

greenback은 '(미국 달러의) 지폐'를 뜻합니다. narrow는 '좁은'이라는 뜻으로 narrow range는 '좁은 범위[폭]'이라고 해석할 수 있습니다.

해석을 확인해 보고
표현도 정리해 보세요.

251

금리 인상이 예견되면서 주식 시장은 하락, 채권 수익률은 급등하다.

loom 어렴풋이 나타나다, 흐릿하게 보이다, 곧 닥칠 것으로 보이다
EX The rates remain the same as job fears loom. 고용 시장 우려가 예견되면서 금리는 그대로 유지되다.

252

올해 G10 국가 중 가장 강한 통화 흐름을 보인 파운드화는 3분기 강한 GDP 성장세에도 꿈쩍하지 않다.

sterling 영국 파운드화 **currency** 통화 **Q3** 3분기
EX Despite the strong data, it did little to cheer sterling investors.
강한 지표에도 불구하고 파운드화 투자자들을 움직이기에는 역부족이었다.

253

투자자들이 성장 반등에 베팅하면서 국채 수익률 곡선은 가파르게 상승하며 3년래 최고치를 기록하다.

treasury 재무부 **treasury yield** 국채 수익률 **steepen** 더 가파르게 하다, 가팔라지다
EX You have to remember bond yields move opposite their prices.
채권 수익률은 가격과 반대로 움직인다는 것을 기억해야 한다.

254

달러화는 3주 만에 가장 좋은 주간 흐름을 보이며 마감했다.

close out 마감하다 **close out its best week** 주간 흐름 중 가장 좋은 흐름으로 마감하다
EX Wall Street closed out lower as market eyed Treasury yields to gauge stocks' path.
시장이 주식 시장의 흐름을 추정하기 위해 국채 수익률에 주목하는 와중에 월가는 하락 마감했다.

255

일본 엔화에 대한 달러화의 흐름은 크지 않은 폭에서 유지되다.

greenback (미국 달러의) 지폐 **narrow range** 좁은 범위[폭] **yen** 엔(일본의 화폐 단위)
EX The Korean won continues to depreciate against the greenback.
한국 원화 가격은 달러에 대해 계속 하락하고 있다.

Chapter 3

256

Skyrocketing energy prices *buoy* oil exporting currencies.

skyrocket은 sky(하늘)와 rocket(로켓)을 붙인 단어로 '치솟다, 급등하다'라는 뜻이고 형용사형인 skyrocketing은 '치솟는, 급등하는'이라는 뜻입니다. buoy는 '부표'라는 뜻인데 동사로는 '뜨게 하다', '(가격 등을) 올려놓다'라는 의미입니다.

257

The *demise* of the dollar? Bullish on *euros*?

demise는 '죽음, 사망' 또는 '(기관ㆍ사상 등의) 종말'을 뜻합니다. euro는 유럽연합의 화폐 단위인 '유로화'입니다.

258

Pandemic impact on overseas travel *ignites* *collapse* of currency exchange provider.

ignite는 '불을 붙이다, 점화하다'라는 뜻입니다. collapse는 '붕괴되다, 무너지다'라는 동사로도 쓰이고 '붕괴, 와해'라는 명사로도 쓰입니다. 따라서 ignite collapse는 '붕괴에 불을 붙이다', '붕괴를 초래하다'라는 의미입니다.

259

Era of higher inflation causes *major* currency volatility.

major는 '중대한, 주된, 과반의' 등 여러 가지 뜻이 있습니다. major currency volatility는 '중대한 통화 변동성'으로 해석할 수 있습니다.

260

Central bank to *launch* digital currency within the next few months.

launch는 '(어떤 일을 조직적으로) 시작하다, 착수하다, 출범하다'라는 뜻의 동사이고 '개시, 출시'라는 뜻의 명사로도 쓰입니다.

256

치솟는 에너지 가격이 석유 수출 통화 가격을 올려놓다.

skyrocketing 치솟는, 급등하는 **buoy** 부표; 뜨게 하다; (가격 등을) 올려놓다 ▣ **lift, raise**

257

달러화의 종말인가? 유로화의 상승세인가?

demise 죽음, 사망; (기관·사상 등의) 종말 **euro** 유로화(유럽연합의 화폐 단위)
ex **The demise of the ice cream corporation left 500 workers on furlough.**
아이스크림 기업의 폐업은 500명의 노동자를 실직 상태에 놓이게 했다.

258

팬데믹이 해외여행에 미친 영향이 환전소의 붕괴를 초래하다.

ignite 불을 붙이다, 점화하다 **collapse** 붕괴, 와해; 붕괴되다, 무너지다
ex **The market collapse is caused by the weakness of the greenback.**
시장 붕괴는 달러화의 약세로 초래되다.

259

인플레이션 상승 시기가 중대한 통화 변동성을 야기하다.

major 중대한, 주된, 과반의 **major currency volatility** 중대한 통화 변동성
ex **major market challenge** 시장의 중대한 문제점

260

중앙은행은 앞으로 몇 달 안에 디지털 화폐를 출시하기로 하다.

launch (어떤 일을 조직적으로) 시작하다, 착수하다, 출범하다; 개시, 출시 **digital currency** 디지털 화폐
ex **A new digital platform is launched.** 새로운 디지털 플랫폼이 출범하다.

261

Netflix's 'Squid Game' puts South Korean won in second most *googled* currency category.

넷플릭스에서 전 세계 흥행몰이를 한 한국 드라마 '오징어게임'에 대한 뉴스 기사 헤드라인입니다. google 은 이름 그대로 '구글 검색 엔진'이기도 하지만, '구글에서 검색하다'라는 동사로도 쓰입니다. second most googled는 '구글에서 두 번째로 많이 검색된'이라는 뜻입니다.

262

Most Asian currencies *edge lower*.

edge는 '모서리, 가장자리'라는 명사 외에 '조금씩 움직이다, 살살 이동시키다'라는 동사로도 쓰입니다. 따라 서 edge lower는 '아래쪽으로 조금 움직이다, 약간 하락하다'라고 해석할 수 있습니다.

263

Dollar *eases* on debt ceiling *agreement*.

ease는 '편해지다, (가격이) 낮아지다'라는 뜻으로 이 문장에서는 달러가 '안정세를 찾아가다'라는 의미로 쓰 였습니다. agreement는 '동의, 합의'라는 뜻입니다.

264

Dollar *trades flat* as investors await U.S. jobs data.

trade는 '거래하다'라는 뜻으로 trade flat은 활발히 거래되는 것이 아니라 '횡보 장세[보합세]로 거래되다'라 는 뜻입니다.

265

South Korean won stays *resilient*, eyes on OPEC+.

resilient는 '회복력 있는, 탄력 있는'이라는 뜻으로 stay resilient는 '회복세를 유지하다'라는 의미입니다. resilient economy는 '회복세의 경제', resilient energy는 '굴하지 않는 에너지'라는 뜻입니다.

261

넷플릭스의 '오징어게임'이 한국의 원화를 구글에서
두 번째로 많이 검색한 통화 카테고리에 올려놓다.

google 구글 검색 엔진; 구글에서 검색하다

262

대부분의 아시아 통화가 조금씩 하락하다.

edge 모서리, 가장자리; 조금씩 움직이다, 살살 이동시키다 **edge lower** 아래쪽으로 조금 움직이다, 약간 하락하다
ⓔⓧ **Major indexes edge lower as Powell talks taper.**
파월 연준 의장이 테이퍼링에 대해 언급하자 주요 지수들이 약간 하락하다.

263

부채 한도에 대한 합의가 이뤄지면서
달러화는 안정세를 찾아가다.

ease 편해지다, (가격이) 낮아지다 ≡ **alleviate**
debt ceiling 부채 한도, 채무 한계 **agreement** 동의, 합의

264

투자자들이 미국의 고용지표를 기다리는 가운데
달러화는 횡보 장세를 보이다.

trade 거래하다 **trade flat** 횡보 장세[보합세]로 거래되다 **jobs data** 고용지표
ⓔⓧ **Metal trades flat.** 철은 보합세를 보이다.

265

한국 원화는 회복세를 유지하는 가운데
시장의 관심은 OPEC+에 가 있다.

resilient 회복력 있는, 탄력 있는 **stay resilient** 회복세를 유지하다
ⓔⓧ **The market was a lot more resilient than expected.** 시장은 예상보다 훨씬 더 회복력이 강했다.

266

Gas price *explosion jolts* UK bond market.

explosion은 '폭발'이라는 뜻으로 explode(폭발하다)의 명사형입니다. jolt는 경제 뉴스에서 자주 보이는 단어인데 '갑자기 거칠게 움직이게 하다, 충격을 주다'라는 뜻의 동사입니다. 또 '덜컥 하고 움직임'이라는 명사로도 쓰입니다.

267

Lack of *bullish momentum* in euro; market sentiment *sours*.

bullish momentum은 '낙관적인 힘[동력]'이라는 뜻입니다. sour는 '신, 시큼한'이라는 뜻의 형용사로 익숙한데 '안 좋아지다, 상하다, 나빠지다'라는 동사로도 쓰입니다.

268

Would the Fed welcome a bond market *tantrum*?

tantrum은 '(아이가 발끈해서) 화를 냄, 짜증[성질]을 부림, 울화통'이라는 뜻으로 market tantrum은 '시장 급변동', '시장 발작'이라고 해석할 수 있습니다.

269

If the bond *bull market* ends, will a *bear* follow?

채권 시장에서도 주식 시장처럼 bull market, bear market이라는 비유를 씁니다. bull market은 '상승 장세, 호황'을 나타내고, bear market은 '하락 장세, 시장의 약세'를 나타냅니다.

270

Bond market set for *fresh take* on its *burning* inflation question.

fresh take는 '신선한 해석, 새로운 관점'으로 해석할 수 있습니다. 새롭고 신선함을 강조할 때는 fresh-faced take라고 쓰기도 하며, contemporary take는 '현대적 시각[관점]'이라는 뜻입니다. burning은 '불타는'이라는 뜻 외에 '강렬한, 중대한, 초미의'라는 뜻도 있습니다.

266

유가의 급등이 영국의 채권 시장을 뒤흔든다.

explosion 폭발 **jolt** 갑자기 거칠게 움직이게 하다, 충격을 주다; 덜컥 하고 움직임 **bond market** 채권 시장
📝 **He gave me a severe jolt.** 그는 나에게 큰 충격을 줬다.

267

긍정적인 모멘텀이 부족한 유로화;
시장 심리가 악화되다.

bullish 낙관적인 **momentum** 힘, 동력 **sour** 신, 시큼한; 안 좋아지다, 상하다, 나빠지다
📝 **U.S. stocks finish lower on a sour note.** 미국 주식은 좋지 않은 분위기로 하락 마감하다.

268

미 연준은 채권 시장의 급변동을 반길까?

tantrum (아이가 발끈해서) 화를 냄, 짜증[성질]을 부림, 울화통 **market tantrum** 시장 급변동, 시장 발작
📝 **taper tantrum** 긴축 발작

269

채권 시장의 상승이 끝나면
하락세가 이어질까?

bull market 상승 장세, 호황 **bear market** 하락 장세, 시장의 약세

270

초미의 인플레이션 의문에 대해
채권 시장은 새로운 관점을 제시하다.

fresh take 신선한 해석, 새로운 관점 **burning** 불타는; 강렬한, 중대한, 초미의
📝 **Based on the strategies, the new government must take fresh take on education.**
전략들을 바탕으로 새로운 정부는 교육에 대해 새로운 관점을 가져야 한다.

Gold futures *log* first loss in 3 *sessions*.

log는 명사로는 '(항해·비행 등에서 쓰는) 일지, 기록'이라는 뜻이고 동사로는 '일지에 기록하다'라는 뜻입니다. session은 '회기, 학기' 등의 뜻인데 '(거래소의) 개장'이라는 의미도 있습니다.

$70 oil sends the market toward *demand destruction*.

demand destruction은 경제 용어로 '수요 파괴, 수요 말살'이라는 뜻이에요. send the market toward~는 '시장을 ~ 방향으로 보내다[몰다]'라고 해석할 수 있습니다.

Lesser-known oil and gas stocks jumped today.

less-known은 '잘 알려지지 않은, 그리 유명하지 않은'이라는 뜻인데, 이 문장에서는 비교급 -er이 붙어서 '상대적으로 덜 알려진'이라고 해석할 수 있습니다.

Oil at a 4-year high as global energy *crunch* continues; travel stocks *pop*.

crunch는 '아작아작 씹다, (단단한 것이) 오도독거리다'라는 뜻의 동사인데, 명사로는 '(갑자기 부족한) 부족 사태'라는 뜻이 있습니다. 그래서 energy crunch는 '(특히 석유 관련) 에너지 부족 사태'를 뜻합니다. pop은 '불쑥 튀어 오르다'라는 뜻으로 여기서는 '갑자기 상승하다'라는 의미로 쓰였습니다.

Oil prices *soar above* $80 for first time in 7 years.

soar는 '솟구치다, 날아오르다'라는 뜻이므로 soar above는 '~ 위로 넘어서다[상승하다]'로 해석할 수 있습니다.

271

금 선물은 3거래일 만에 첫 하락을 기록하다.

log (항해·비행 등에서 쓰는) 일지, 기록; 일지에 기록하다 🔄 **record, clock up**
session 회기, 학기; (거래소의) 개장

272

70달러를 기록한 유가는 시장을 수요 파괴로 몰고 있다.

demand destruction 수요 파괴, 수요 말살
🔳 The temporary drop in prices is caused by demand destruction.
일시적인 가격 하락은 수요 파괴로 인해 일어난다.

273

상대적으로 덜 유명한 석유와 가스 관련주들이 오늘 상승했다.

less-known 잘 알려지지 않은, 그리 유명하지 않은
🔳 These are some of Picasso's lesser-known sketches and paintings.
이것들은 피카소의 상대적으로 덜 알려진 스케치와 그림들이다.

274

글로벌 에너지 부족 사태가 지속되면서 유가는 4년래 최고치에 오르고, 여행주들이 튀어 오르다.

crunch 아작아작 씹다, (단단한 것이) 오도독거리다; (갑자기 부족한) 부족 사태
energy crunch 에너지 부족 사태 **pop** 불쑥 튀어 오르다, 갑자기 상승하다
🔳 **credit crunch** 신용 경색 **fiscal crunch** 재정 위급상황 **crunch period** 바쁜 기간

275

유가는 급등하며 7년 만에 처음으로 80달러를 넘다.

soar above ~ 위로 넘어서다[상승하다]
🔳 Temperatures can soar above 40 degrees Celsius in the summer.
여름에는 기온이 40도가 넘게 오를 수 있다.

276

OPEC's 2045 oil outlook: *Commodities* continue on a *supercycle* trajectory.

commodity는 '상품, 물자, 원자재'라는 뜻입니다. supercycle(슈퍼사이클)은 성장과 수요가 모두 비정상적일 만큼 강하게 오르는 팽창의 시기를 말합니다.

277

Commodity traders *encounter* big *margin calls* as gas prices surge.

encounter는 '(특히 반갑지 않은 일에) 맞닥뜨리다, 부딪히다'라는 뜻이고, margin calls(마진콜)는 '추가 증거금 청구, 추가 보증금'이라는 경제 용어입니다.

278

Global equity market is *caught in* commodities *crossfire*.

crossfire는 '십자 포화, 일제 공세'라는 뜻으로 caught in the crossfire는 '서로 총을 쏘는 두 군대 사이에서 고통을 받는 상태', 즉 '다투는 사람들이나 그룹 사이에 낀 상태'를 뜻합니다.

279

A surge in metals and mining *empowers* a supercycle for commodities.

empower는 '권한을 부여하다, 힘을 실어주다, 동력을 공급하다'라는 뜻으로 empower a supercycle은 '슈퍼사이클에 힘을 실어주다'라고 해석할 수 있습니다.

280

Oil eases as U.S. *mulls* strategic *reserve* sales.

mull에는 '심사숙고하다, 고려하다'라는 뜻이 있습니다. reserve는 '비축량, 예비품'을 뜻합니다.

276

OPEC의 2045 유가 전망: 상품 시장은 슈퍼사이클 궤도를 유지하다.

commodity 상품, 물자, 원자재 **supercycle** 슈퍼사이클 **trajectory** 궤적, 궤도
ᴇx **staple commodities** 필수 상품 **prices of commodities** 물가 **financial commodities** 금융 상품

277

원자재 투자자들은 가스 가격이 오르면서 큰 마진콜에 부딪히다.

encounter (특히 반갑지 않은 일에) 맞닥뜨리다, 부딪히다 **margin calls** 추가 증거금 청구, 추가 보증금
ᴇx **Only a few investors had cash to meet the margin call.**
소수의 사람들만 마진콜을 충족하기 위한 현금을 갖고 있었다.

278

글로벌 주식 시장은 원자재의 일제 공세 속에 샌드위치 신세가 되다.

crossfire 십자 포화, 일제 공세 **caught in the crossfire** 다투는 사람[그룹]들 사이에 낀 상태
ᴇx **subject to crossfire** 집중 사격을 받는 **exposed to a crossfire** 일제 공격에 노출된

279

금속과 채굴 부문의 급등이 원자재 슈퍼사이클에 힘을 실어주다.

mining 채굴, 광업 **empower** 권한을 부여하다, 힘을 실어주다, 동력을 공급하다
ᴇx **I want to empower young students and professionals.**
나는 어린 학생들과 전문가들에게 힘을 실어주고 싶다.

280

미국이 비축유를 전략적으로 파는 것을 고려하면서 유가는 안정세를 찾아가다.

mull 심사숙고하다, 고려하다 **reserve** 비축량, 예비품
ᴇx **untapped oil reserves** 아직 손대지 않은 유전 **large oil and gas reserves** 많은 양의 석유와 가스 비축물

281

City *jitters* as inflation *lifts* prices of gas.

jitter는 '안절부절 못하다, 신경질적으로 행동하다'라는 동사로도 쓰이고 '신경과민, 초조'라는 명사로도 쓰입니다. lift는 '들어 올리다'라는 뜻입니다.

282

Decreasing industrial demand behind *slumping* silver prices.

slump는 '(가치·수량·가격 등이) 급감하다, 폭락하다'라는 뜻이고, 현재분사형인 slumping은 '급감하는, 폭락하는'이라는 의미입니다.

283

Fuel shortages ease; petrol prices hit nine-year high; car sales slide.

경제 뉴스에서 쓰이는 fuel은 보통 fossil fuel(석유, 석탄, 가스 등의 화석 연료)을 나타낼 때가 많습니다. fuel shortage는 '연료 부족'이라는 의미입니다.

284

Energy commodities have been the *best-performing assets* against inflation.

best-performing은 '가장 좋은 실적[흐름]을 보인'으로 해석할 수 있으며 asset은 '자산, 재산'이라는 뜻을 갖고 있습니다.

285

Gas price *surges to a record high* on supply concerns.

surge는 '급등하다'이고 a record high는 '최고의 기록, 최고치'를 뜻하므로 surge to a record high는 '급등하여 최고치를 기록하다'라고 해석할 수 있습니다. 반대로 '급락하여 최저치를 기록하다'는 plunge to a record low라고 합니다.

③ 상품 시장 3

281

인플레이션이 유가를 들어올리면서 도시는 혼란에 빠지다.

jitter 안절부절 못하다, 신경질적으로 행동하다; 신경과민, 초조 **lift** 들어 올리다

🔳 Rising prices and shortages of oil evoke 1970's style jitters.

오일의 가격 상승과 공급 부족은 1970년대의 에너지 불안을 연상시킨다.

282

급락하는 은 가격 뒤에는 제조업 수요의 감소가 있다.

slump (가치·수량·가격 등이) 급감하다, 폭락하다 🔳 decline, drop, plunge

slumping 급감하는, 폭락하는

🔳 slumping economy 경기 침체 **Chicken sales are slumping.** 닭고기 판매가 급격히 줄고 있다.

283

연료 부족 완화; 휘발유 가격 9년래 최고치;
자동차 판매 하락

fossil fuel (석유, 석탄, 가스 등의) 화석 연료 **fuel shortage** 연료 부족 **petrol** 휘발유

🔳 The manufacturing industry is greatly affected by the fuel shortage.

연료 부족으로 제조업은 큰 타격을 받다.

284

에너지 상품들은 인플레이션에 대응해
가장 좋은 흐름을 보여 온 자산이다.

best-performing 가장 좋은 실적[흐름]을 보인 **asset** 자산, 재산

🔳 a great national asset 국가의 위대한 자산

285

공급 우려로 급등한 가스 가격이 최고치를 기록하다.

surge 급등하다, 급증하다 **a record high** 최고의 기록, 최고치 🔳 a record low

🔳 Power demand reached a record high this summer.

올 여름 전력 수요는 사상 최대치를 기록했다.

286

Gold futures *post first loss* in 3 sessions as dollar and Treasury yields surge.

여기에서 post는 '(점수 등을) 기록하다'라는 뜻으로 post first loss는 '첫 하락을 기록하다'라고 해석할 수 있습니다. 반대로 post first gain은 '첫 상승을 기록하다'입니다.

287

Gold pops over 2% as jobs *data miss* cools Fed taper bets.

data miss는 '(경제 지표가) 예상만큼 또는 예상보다 잘 나오지 못한 것'을 나타냅니다. 이렇게 miss는 예상보다 결과가 안 좋은 것을 나타내고, 반대로 beat는 예상보다 결과가 좋은 것을 나타냅니다.

288

Hedge funds *reap windfall* by betting on commodity markets.

reap은 '거두다, 수확하다'라는 뜻이고 windfall은 '바람에 떨어진 과실, 우발적인 소득, 뜻밖의 횡재'라는 뜻이므로 reap windfall은 '뜻밖의 수익을 거두다' 정도로 해석할 수 있습니다.

289

Precious metals market expected to reach USD 500 billion by 2024.

precious는 '귀중한, 값비싼'이라는 뜻이고 metal은 '금속'을 뜻하므로 precious metal은 '귀금속'을 말합니다. 따라서 precious metals market은 '귀금속 시장'을 뜻합니다.

290

Metal market is *hurtling* toward supply crunch.

hurtle은 '돌진하다, 급히 움직이다, 서두르다'라는 뜻으로 hurtle toward는 '~로 급히 움직이다'라는 뜻이에요. head toward와 같은 뜻이지만 움직임의 속도가 훨씬 빠를 때 사용합니다.

286

달러화와 국채 수익률이 급등하면서
금 선물은 3거래일 만에 첫 하락을 기록하다.

post (점수 등을) 기록하다 **post first loss** 첫 하락을 기록하다 **Treasury yields** 국채 수익률
🆗 Retail sales post surprise gain. 소매 판매는 깜짝 상승을 기록하다.

287

고용지표가 예상보다 안 좋게 나오자 미 연준의 테이퍼링
베팅이 식으면서 금 가격이 2% 넘게 상승하다.

data miss (경제 지표가) 예상만큼 잘 나오지 못함 ↔ **data beat**

288

헤지펀드사들은 원자재 시장에 베팅함으로써
의외의 수확을 거두다.

reap 거두다, 수확하다 **windfall** 바람에 떨어진 과실, 우발적인 소득, 뜻밖의 횡재
🆗 **windfall income** 공돈 **windfall loss** 우연한 손실 **windfall profits tax** 초과이윤세, 불로소득세

289

귀금속 시장은 2024년에 5,000억 달러에
이를 것으로 예상된다.

precious 귀중한, 값비싼 **metal** 금속 **precious metal** 귀금속
🆗 U.S. dollar falls; gold and precious metal stocks surge. 미 달러화 하락; 금과 귀금속 주가 급등.

290

금속 시장은 공급 부족 사태로 치닫고 있다.

hurtle 돌진하다, 급히 움직이다, 서두르다 **crunch** (갑자기 부족한) 부족 사태
🆗 They hurtled up and down to deliver food. 그들은 급히 올라갔다 내려갔다하며 음식을 날랐다.

291

Making sense of the chaos in commodity markets.

make sense는 '(상식적으로) 말이 되다, 이해가 되다, 타당하다'라는 뜻으로 make sense of는 '(이해하기 어려운) ~을 이해하다'라는 뜻이에요. 따라서 make sense of the chaos는 '혼란을 이해하다'라고 해석할 수 있습니다.

292

Commodity boom is *too much of a good thing* for many investors.

commodity boom은 '원자재 시장의 호황[붐]'이라는 뜻입니다. too much of a good thing은 '좋은 것도 한두 번이지(너무 많은 것은 싫음)'라는 의미의 표현입니다. 유가 상승으로 인한 원자재 시장의 호황이 신용 경색을 낳으면서 원자재 투자가 큰 투자 회사에게 유리하고 일반 투자자에게 불리해진 내용을 다룬 기사입니다.

293

How China's pollution fight is *roiling* commodities.

roil은 '미친 듯이 날뛰다, 소용돌이치다, 휘젓다'라는 뜻으로 roll commodities는 '원자재 시장에 혼란을 야기하다' 정도로 해석할 수 있습니다.

294

Investors *skittish* over energy markets.

skittish는 '겁이 많은, 변덕스러운, 급변하기 쉬운'이라는 뜻으로 변동성이 높음을 표현하는 형용사입니다.

295

Power *crunch unleashes turmoil* in commodities.

crunch에는 '(갑자기 부족한) 부족 사태'라는 뜻이 있습니다. power crunch는 '전력 부족, 전력 경색'이라는 의미입니다. unleash는 '촉발시키다, 불러일으키다, 풀다'라는 뜻이고 turmoil은 '혼란, 소란'이므로 unleash turmoil은 '혼란을 불러일으키다'라는 뜻입니다.

291

원자재 시장의 혼란 이해하기

make sense of (이해하기 어려운) ~을 이해하다 **chaos** 혼돈, 혼란 **commodity** 상품, 물품, 원자재
ex to make sense of the figures 이 수치들을 이해하기 위해서는

292

원자재 시장의 호황이 많은 투자자들에게 너무 좋은 일만은 아니다.

commodity boom 원자재 시장의 호황[붐]
too much of a good thing 좋은 것도 한두 번이지(너무 많은 것은 싫음)
ex a chaotic period of boom and bust 경기가 호황과 불황이 오가는 어지러운 시기

293

중국의 환경 오염과의 싸움은 원자재 가격에 혼란을 야기하고 있다.

pollution fight 환경 오염과의 싸움 **roil** 미친 듯이 날뛰다, 소용돌이치다, 휘젓다
ex Tax changes could roil metal prices. 세금 정책 변화는 금속 가격에 혼란을 야기할 수 있다.

294

투자자들은 에너지 시장에 대해 변덕스럽게 대처하다.

skittish 겁이 많은, 변덕스러운, 급변하기 쉬운
ex skittish financial markets 급변하기 쉬운 금융 시장 **skittish periods** 전전긍긍하는 시기

295

전력 경색은 원자재 시장의 혼란을 불러일으키다.

crunch (갑자기 부족한) 부족 사태 **power crunch** 전력 부족[경색]
unleash 촉발시키다, 불러일으키다, 풀다 **turmoil** 혼란, 소란
ex unleash a dog 개를 풀어주다 **unleash an attack** 공격을 개시하다

296

China *forbids* some *forex* and commodities trading.

forbid는 '금지하다'라는 뜻으로 prohibit, ban 등의 유의어가 있습니다. forex는 foreign exchange의 줄임말로 '외환'이라는 뜻입니다.

297

Commodity-*dependent* countries strengthen their *resilience* amid the energy crisis.

dependent는 '의존하는, 의지하는'이라는 뜻으로 commodity-dependent는 '원자재 의존도가 높은'이라는 뜻입니다. resilience는 '회복력'을 뜻하며 strengthen resilience는 '회복력을 강화하다'라는 의미입니다.

298

Investors *set for* commodities '*bull run*' as prices surge.

set for는 '~의 준비를 하다' 또는 '앞으로 ~이 일어날 것이다'라는 뜻으로 head for와 의미가 비슷합니다. bull run은 주가 등이 '급등하는 시기'를 뜻합니다.

299

Soft commodities firming and potentially explosive.

soft commodities(소프트 상품)는 금속이나 광물처럼 채굴(mining)을 통해서 얻어지는 것이 아니라 커피, 코코아, 설탕, 밀, 콩, 과일 등 재배를 통해 얻어지는 것입니다. 소프트 상품은 주로 선물 시장에서 큰 역할을 합니다.

300

Silver is *crushed* again after recovering from flash crash.

crush는 '으스러뜨리다, (작은 공간에) 쑤셔 넣다, (폭력으로) 진압하다'라는 뜻으로 여기서는 은 가격이 '추락하다'라는 뜻으로 쓰였습니다. cursh는 명사로 사용될 때는 '(금방 빠지는) 강렬한 사랑, 첫 눈에 반함'이라는 뜻을 갖기도 합니다.

296

중국은 몇몇 국가들과의 외환과 원자재 거래를 금지하다.

forbid 금지하다 ▣ **prohibit, ban** **forex**(foreign exchange의 약자) 외환
ex **The teacher forbids students from eating food during class.**
선생님은 학생들이 수업 중에 음식 먹는 것을 금지한다.

297

에너지 위기 속에 원자재 의존도가 높은 국가들은
회복력을 강화하다.

dependent 의존하는, 의지하는 **strengthen** 강화하다 ▣ **reinforce, make firm, build up**
resilience 회복력 **ex strengthen the Cabinet** 내각을 강화하다

298

가격이 급등하면서 투자자들은 원자재 '급등기'를 준비하다.

set for ~의 준비를 하다, 앞으로 ~이 일어날 것이다 ▣ **head for** **bull run** (주가 등이) 급등하는 시기
ex **Investors are finding a way to make a 'bull run' to the top.**
투자자들은 정상을 향해 '급등'을 할 방법을 찾고 있다.

299

소프트 상품이 견고하게 입지를 다지며 잠재적으로
폭발적인 흐름을 보일 수 있다.

soft commodities 소프트 상품 (커피, 코코아, 설탕, 곡물, 과일 등 재배를 통해 얻어지는 상품들)
firm 다지다, 단단하게 하다

300

플래시 크래시(가격 대폭락)를 겪고 회복세를 보인
은 가격이 다시 추락하다.

crush 으스러뜨리다, (작은 공간에) 쑤셔 넣다, (폭력으로) 진압하다 **flash crash** 주식 시장의 심각한 폭락
ex **The police were sent to crush the rebellion.** 반란을 진압하기 위해 경찰이 투입되었다.

301

Pending home sales surged more than expected in September after four months of declines.

pending은 '미결정의; 곧 있을, 임박한'이라는 뜻의 형용사로 pending home sales는 '잠정주택판매지수'를 뜻합니다.

302

Real estate value spikes may be close to *peaking*.

peak은 '절정, 최고조, 봉우리'라는 명사로도 쓰이고 '절정[최고조]에 달하다'라는 동사로도 쓰입니다. be close to peaking은 '정점에 거의 다다르다'라고 해석할 수 있습니다.

303

Housing market *cooling off*, but experts *anticipate* a fall spike.

cool off는 '(열기·인기가) 식다'라는 뜻으로 뉴스 헤드라인에 자주 나옵니다. anticipate는 '(~이 일어날 것으로) 예상하다, 기대하다'라는 뜻의 동사입니다.

304

'A country of property *hoarders*': how to buy *transformed* UK housing.

hoard는 '(몰래) 비축하다, 저장하다'라는 뜻으로 hoarder는 '축적가, 물건을 쌓아두며 집착하는 사람'을 뜻합니다. transform은 '변형시키다, 완전히 바꿔놓다, 변신하다'라는 뜻의 동사입니다. transformed UK housing은 '완전히 달라진 영국의 주택 시장'이라고 해석할 수 있습니다.

305

US government *drafts ambitious* housing bill, but opposition vows to ignore it.

draft는 '(완성본이 아닌) 초안, 원고' 등을 뜻하는데 동사로는 '기초 원안을 만들다'라는 뜻이 있습니다. ambitious는 '야심찬, 대망의'라는 뜻으로 ambitious housing bill은 '야심찬 부동산 관련 법안'이라는 뜻입니다.

301

9월 잠정주택판매지수는 4개월간의 하락세 이후 예상치보다 훨씬 높이 올랐다.

pending 미결정의; 곧 있을, 임박한 ⊜ **imminent   pending home sales** 잠정주택판매지수
decline 하락; 하락하다 ⑳ **her pending departure** 곧 있을 그녀의 출발

302

부동산 가격 급등은 거의 최정점에 다달았는지도 모른다.

spike 급등, 급증   **peak** 절정, 최고조, 봉우리; 절정[최고조]에 달하다 ⊜ **summit, top, climax**
be close to peaking 정점에 거의 다다르다

303

주택 시장이 식고 있지만, 전문가들은 가을 급등장을 예상한다.

cool off (열기·인기가) 식다   **anticipate** (~이 일어날 것으로) 예상하다, 기대하다
⑳ **anticipate big trouble** 아주 곤란한 일이 생길 거라고 예상하다

304

'부동산 축적가의 나라': 완전히 달라진 영국 주택 시장에서 집을 사는 방법

hoard (몰래) 비축하다, 저장하다   **hoarder** 축적가, 물건을 쌓아두며 집착하는 사람
transform 변형시키다, 완전히 바꿔놓다, 변신하다 ⊜ **change**

305

미 정부는 야심찬 부동산 관련법 초안을 만들지만, 야당은 맹세코 승인하지 않기로 하다.

draft (완성본이 아닌) 초안, 원고; 기초 원안을 만들다   **ambitious** 야심찬, 대망의   **bill** (국회에 제출된) 법안
opposition 반대; 야당   **vow to** 맹세코 ~하기로 하다   **ignore** 무시하다; (법을) 승인하지 않다

143

The central bank sees risks in housing market '*exuberance*.'

exuberance는 '풍부, 윤택함, 활기 넘침, 생동감'이라는 뜻으로 housing market exuberance는 '주택 시장의 활기 넘침'을 나타냅니다. exuberance의 형용사형은 exuberant(활기 넘치는)라고 합니다.

Housing market has gone '*bonkers*,' analyst says.

부동산 과열 현상이 심해지면서 나온 뉴스 헤드라인입니다. bonkers는 비격식적인 표현으로 '완전히 제정신이 아닌, 미친'의 뜻을 갖고 있습니다. 그래서 go bonkers 하면 '미치다, 제정신이 아니다'라는 의미가 됩니다.

Home prices rise *at record pace* for 3rd *consecutive* month.

at a record pace는 '기록적인 속도로'라고 해석할 수 있습니다. consecutive는 '줄줄이, 연이은'이라는 뜻으로 three consecutive times라고 하면 '세 번 연속으로'라는 뜻이 됩니다.

The *mortgage lender*'s consumer confidence index fell to 75 last month, its weakest *since* the first survey began.

mortgage는 '담보, 대출(금), 융자(금)'이라는 뜻이고, lender는 '빌려주는 사람, 대출 기관'입니다.

The main winners that *pulled* the stock market *higher* are homebuilders and property-*related* stocks.

pull은 '끌다'라는 뜻으로 pull the market higher 하면 '시장을 위쪽으로 끌어올리다', 즉 '시장을 상승시키다'라는 뜻이 됩니다. -related는 '~과 관련된'이라는 뜻으로 property-related stocks는 '부동산 관련주'라는 의미입니다.

$ 해석을 확인해 보고
표현도 정리해 보세요.

④ 부동산 시장 2

306

중앙은행은 주택 시장의 '넘치는 활기'를
리스크로 보고 있다.

exuberance 풍부, 윤택함, 활기 넘침, 생동감
◎ **exuberance of joy** 넘치는 기쁨

307

애널리스트는 주택 시장이 '완전히 미쳤다'고 말한다.

bonkers 완전히 제정신이 아닌, 미친 ◎ **crazy go bonkers** 미치다, 제정신이 아니다
◎ **Rates are to rise by 7% next month, completely bonkers again.**
다음 달 금리가 7%나 오를 것이다. 또 다시 완전히 미친 것이다.

308

주택 가격이 3개월 연속 기록적인 속도로 오르다.

at a record pace 기록적인 속도로 **consecutive** 줄줄이, 연이은
◎ **He went into the office for nine consecutive days.** 그는 사무실에 9일 연속 나갔다.

309

주택담보대출자의 소비자 신뢰지수가 지난달 75까지
하락했는데, 이는 조사가 시작된 이후 최저치이다.

mortgage 담보, 대출(금), 융자(금) **lender** 빌려주는 사람, 대출 기관 ◎ **borrower**
consumer confidence index 소비자 신뢰지수 ◎ **apply for a mortgage** 담보 대출을 신청하다

310

주식 시장을 상승시킨 주역들은
주택 건설회사와 부동산 관련주들이다.

pull the market higher 시장을 상승시키다 **homebuilder** 주택 건설회사 **-related** ~과 관련된
◎ **drug-related** 약과 관련된 **education-related stocks** 교육 관련주

311

Rapid housing price growth continues in January.

rapid는 '빠른, 급한'이라는 뜻으로 rapid growth는 '빠른 성장, 급격한 상승'이라는 뜻입니다. 따라서 rapid housing price growth라고 하면 '주택 가격의 급격한 상승'이라는 의미입니다.

 312

China's *real estate* bubble *threatens* global economy.

real estate는 '부동산'을 의미하며, threaten은 '위협하다'라는 뜻으로 경제 뉴스에서 상당히 자주 볼 수 있는 동사입니다.

 313

Housing market *braces* for post-Covid '*triple whammy*.'

이 문장에서 brace는 '(스스로) 대비하다, 대비시키다'라는 뜻의 동사로 쓰였습니다. whammy는 '재수 없는 일, 타격'이라는 뜻으로 triple whammy는 '3중고, 3중 위험'을 뜻합니다.

 314

Red-hot housing market is hurting thousands of people.

red-hot은 '시뻘겋게 단, 작열하는; (감정 따위가) 격렬한'이라는 뜻으로 쓰입니다. 여기서는 한껏 달아오른 뜨거운 주택 시장을 표현하는 데 쓰였습니다.

315

South Korean mortgage *approvals* ease as housing market *frenzy* cools.

approval은 approve(허락하다, 승인하다)의 명사형으로 '인정, 승인'이라는 뜻입니다. frenzy는 '광란, 광분'이라는 뜻으로 주택 시장의 과열을 나타내고 있습니다.

해석을 확인해 보고
표현도 정리해 보세요.

311

급격한 주택 가격 상승이 1월에도 지속되다.

rapid 빠른, 급한 ➡ fast, sudden, steep
🔲 **rapid response** 신속 대응 **The economy made a rapid recovery.** 경제는 빠른 회복을 보였다.

312

중국의 부동산 버블이 글로벌 경제를 위협하다.

real estate 부동산 **threaten** 위협하다
🔲 **Rising energy prices threaten the economy.** 상승하는 에너지 가격이 경제를 위협하다.

313

주택 시장은 포스트 코로나 시대의 '3중고'를 대비하다.

brace (스스로) 대비하다, 대비시키다 **whammy** 재수 없는 일, 타격 **triple whammy** 3중고, 3중 위험
🔲 **We were hit with a double whammy.** 우리는 이중고에 맞닥뜨렸다.

314

과열된 주택 시장은 수천 명의 사람들에게
피해를 주고 있다.

red-hot 시뻘겋게 단, 작열하는; (감정 따위가) 격렬한 **thousands of** 수천의
🔲 **They got red-hot with anger when they talked about soaring housing prices.**
그들은 급등하는 주택 가격에 대해 토론할 때 화가 나 격렬해졌다.

315

한국 부동산 시장의 과열이 식자 담보 대출
승인이 완화되다.

approval 인정, 승인 **frenzy** 광란, 광분
🔲 **buying frenzy** 구매 열풍 **patriotic frenzy** 광분한 듯한 애국심

316

Madness on Dutch housing market continues as homeowners fear selling.

madness는 '광기, 정신 이상, 미친 행동'이라는 뜻으로 유의어로는 insanity, craziness, frenzy 등이 있습니다.

317

China property *tightening* 'a better opportunity' for *foreign firms*.

tighten은 '팽팽하게 하다, 죄다; (통제 등을) 강화하다'라는 뜻의 동사로 tightening이라고 하면 '강화된 규제' 정도로 의역할 수 있습니다. foreign firm은 '외국 기업[회사]'을 뜻합니다.

318

How *buy-to-let* changed the housing market forever.

buy-to-let은 '(거주 목적이 아니라) 임대를 목적으로 구입한 부동산'을 뜻합니다.

319

Housing market is hot, soon to *level out*.

level out은 '차이를 없애 같은 수준으로 만들다'라는 뜻으로 '수평을 유지하다, 변동이 없다, 잠잠해지다'라고 해석할 수 있습니다.

320

The *howl* of *despair* is the sound of housing dreams being *dashed*.

howl은 '울부짖다'라는 동사인데 '울부짖음, 왁자지껄함, 아우성'이라는 명사로도 쓰입니다. despair는 '(자포자기 할 정도의) 절망'을 뜻합니다. dash에는 '황급히 가다, 돌진하다'라는 뜻도 있지만 '때려 부수다, 내동댕이치다'라는 뜻도 있습니다.

4 부동산 시장 4

316

집주인들이 매도를 두려워하자 네델란드 주택 시장의 광기가 지속되다.

madness 광기, 정신 이상, 미친 행동 📄 insanity, craziness, frenzy **Dutch** 네델란드의
homeowner 주택 보유자 ☞ **Her behavior is close to madness.** 그녀의 행동은 광기에 가깝다.

317

중국의 부동산 규제 강화는 해외 기업들에게 '더 좋은 기회'가 되다.

tighten 팽팽하게 하다, 죄다; (통제 등을) 강화하다 **foreign firm** 외국 기업[회사]
☞ **acquisition of a foreign firm** 해외 기업 인수

318

임대용으로 구입한 부동산이 주택 시장을 영원히 바꿔놓았다.

buy-to-let (거주 목적이 아니라) 임대를 목적으로 구입한 부동산
☞ **The buy-to-let tax is not that high.** 임대용으로 구매한 부동산의 세금은 그리 높지 않다.

319

부동산 시장은 뜨겁지만, 곧 잠잠해질 것이다.

level out 차이를 없애 같은 수준으로 만들다, 수평을 유지하다, 잠잠해지다
📄 **out of level** 기복이 있는, 고르지 않는
☞ **This policy would level out the industry.** 이 정책은 그 산업을 평준화할 것이다.

320

절망의 아우성은 내 집 마련의 꿈이 무너지는 소리다.

howl 울부짖다; 울부짖음, 왁자지껄함, 아우성 **despair** (자포자기할 정도의) 절망 📄 discouragement
dash 황급히 가다, 돌진하다; 때려 부수다, 내동댕이치다
☞ **The wolves began to howl.** 늑대들이 울부짖기 시작했다.

149

헤드라인에 나온 이 표현,
무슨 뜻일까요?

House prices soar despite government *reform*.

reform은 '개혁하다, 개선하다'라는 동사로도 쓰이고 '개혁, 개선'이라는 명사로도 쓰입니다. government reform은 '내각 개혁, 정부 개혁'을 뜻합니다.

Housing market demonstrates signs of *normalizing*.

normalize는 '정상화되다; 정상화하다'라는 뜻으로 signs of normalizing은 '정상화 조짐[신호]'라고 해석할 수 있습니다.

Mortgage market *overwhelmingly* healthy this year.

overwhelm은 '압도하다'라는 뜻의 동사이고 overwhelming은 '압도적인, 너무도 강력한'이라는 형용사입니다. overwhelmingly는 '압도적으로, 불가항력적으로, 극도로'라는 부사입니다.

House prices will '*gradually deflate*.'

gradually는 '점진적으로, 점차'라는 뜻입니다. deflate는 '공기를 빼다, (공기가 빠져) 오므라들다'라는 뜻인데 '(물가를) 끌어내리다, (통화를) 수축시키다'라는 뜻도 있습니다. deflate의 명사형이 deflation(디플레이션, 물가 하락)입니다.

Heated housing market creates home *appraisal* bottleneck.

appraisal은 '(재산 등의) 평가, 감정'이라는 뜻으로 appraise(평가하다, 값을 매기다, 감정하다)의 명사형입니다. 주택 판매를 위해 시장에 내놓기 전에 주택 상태를 점검하고 값을 매기는 감정(appraisal) 절차를 진행합니다.

321

정부 개혁에도 불구하고 부동산 가격이 급등하다.

reform 개혁하다, 개선하다; 개혁, 개선 **government reform** 내각 개혁, 정부 개혁
🔲 The housing law is in urgent need of reform. 부동산 법률은 시급한 개혁이 필요하다.

322

주택 시장이 정상화 조짐을 보이다.

demonstrate 증거를 들어가며 보여주다, 입증하다 **sign** 징후, 조짐 **normalize** 정상화되다; 정상화하다
🔲 normalize relations 관계를 정상화하다 normalize school education 학교 교육을 정상화하다

323

담보대출 시장은 올해 극도로 건전하다.

overwhelmingly 압도적으로, 불가항력적으로, 극도로
🔲 They were overwhelmingly in favor of the new law.
그들은 새로운 법에 대해 압도적으로 찬성했다.

324

주택 가격은 '점차 빠질' 것이다.

gradually 점진적으로, 점차
deflate 공기를 빼다, (공기가 빠져) 오므라들다; (물가를) 끌어내리다, (통화를) 수축시키다 🔄 inflate

325

달아오른 부동산 시장은 주택 감정사 부족을 초래하다.

appraisal (재산 등의) 평가, 감정 **bottleneck** 병목 (현상)
🔲 She is a professional in jewelry appraisal. 그녀는 보석 감정 전문가다.

복습

01 impose crypto sanctions `216`

02 regulatory concerns `221`

03 for the first time in three weeks `224`

04 resistant to government regulation `226`

05 very significant surge `227`

06 crack down on crypto `232`

07 slam door on crypto `237`

08 fears stalk UK market `243`

09 debt ceiling `244`

10 benchmark bond yield `249`

11 flatter yield curve `250`

12 treasury yield `253`

13 skyrocketing energy price `256`

14 ignite collapse `258`

15 second most googled `261`

복습

16 demand destruction `272`

17 energy crunch continues `274`

18 supercycle trajectory `276`

19 empower a supercycle for commodities `279`

20 slumping silver prices `282`

21 fuel shortages ease `283`

22 reap windfall `288`

23 unleash turmoil `295`

24 commodity-dependent countries `297`

25 ambitious housing bill `305`

26 housing market exuberance `306`

27 3rd consecutive month `308`

28 pull the market higher `310`

29 triple whammy `313`

30 signs of normalizing `322`

정답 **01** 암호화폐에 제재를 부과하다 **02** 규제에 대한 우려 **03** 3주 만에 처음으로 **04** 정부 규제에 잘 견디는 **05** 아주 큰 상승 **06** 암호화폐에 대해 엄중 단속하다 **07** 가상화폐 거래를 불법화하다 **08** 우려가 영국 시장을 뒤덮다 **09** 부채 한도, 채무 한계 **10** 기준 채권 수익률 **11** 더 평탄한 수익률 곡선 **12** 국채 수익률 **13** 치솟는 에너지 가격 **14** 붕괴를 초래하다 **15** 구글에서 두 번째로 많이 검색된 **16** 수요 파괴, 수요 말살 **17** 에너지 부족 사태가 지속되다 **18** 슈퍼사이클 궤도 **19** 원자재 슈퍼사이클에 힘을 싣다 **20** 급락하는 은 가격 **21** 연료 부족이 완화되다 **22** 뜻밖의 수익을 거두다 **23** 혼란을 불러일으키다 **24** 원자재 의존도가 높은 나라들 **25** 야심찬 부동산 관련 법안 **26** 주택 시장의 넘치는 활기 **27** 3개월 연속으로 **28** 시장을 상승시키다 **29** 3중고 **30** 정상화 조짐

시장 지표, 불공정 거래

326

US *consumer confidence* hits six-month low as economic outlook *dims*.

consumer confidence는 '(경제 전망에 대한) 소비자의 신뢰'라는 뜻입니다. dim은 '빛이 어둑한, 흐릿한' 이라는 형용사와 '어둑해지다'라는 동사로 쓰이는데 여기서는 경제 전망이 어둡다는 것을 표현하고 있습니다.

327

Consumer sentiment *gauge* unexpectedly rises to 110 in May.

gauge는 '측정기, 치수'라는 뜻으로 consumer sentiment gauge는 '소비자 심리지수[측정치]'라는 의미 입니다.

328

Supply chain crisis blows world economy *off course*.

off course는 '진로에서 벗어나서, 항로를 이탈하는'이라는 뜻입니다. blow~off course는 '~이 진로를 이 탈하게 하다'라고 해석할 수 있습니다.

329

Chip crisis helps automakers *quit* offering incentives and deals.

quit은 '그만두다, 그만하고 떠나다'라는 뜻으로 quit offering incentives는 '인센티브를 주려고 제안하는 것을 그만두다'라고 해석할 수 있습니다.

330

Energy shortage could *halt* factory production, analysts warn.

halt는 앞에서도 살펴봤듯이 '멈추다, 중단시키다'라는 뜻으로 halt factory production 하면 '공장 생산을 중단시키다'라는 의미입니다.

326

경제 전망이 어두워지면서 미국 소비자 신뢰지수가
6개월래 최저치를 기록하다.

consumer confidence (경제 전망에 대한) 소비자의 신뢰 **dim** 어두워지다; 빛이 어둑한, 흐릿한
🔲 **Consumer Confidence Index(CCI)** 소비자 신뢰지수(경기에 대한 소비자 견해를 보여주는 지수)

327

소비자 심리지수가 5월에 예상 외로 110까지 상승하다.

sentiment 정서, 감정, 감상; 심리 **gauge** 측정기, 치수 **consumer sentiment gauge** 소비 심리지수[측정치]
🔲 **The gauge of consumer sentiment plummeted in December.**
소비자 심리지수가 12월에 급락했다.

328

공급망 위기가 세계 경제를 궤도에서 이탈하게 만든다.

supply chain 공급망 **off course** 진로에서 벗어나서, 항로를 이탈하는
🔲 **The plane was 300 miles off course.** 비행기는 항로를 300마일이나 벗어나 있었다.

329

칩 위기는 자동차 회사들이 인센티브와 처우 제공을
중단하는 데 도움이 되다.

automaker 자동차 회사 **quit** 그만두다 **incentive** 인센티브, 장려금 **deal** 처우, 대우
🔲 **I decided to quit my job and leave to Hawaii.** 나는 내 일을 그만두고 하와이로 가기로 했다.

330

에너지 부족이 공장들의 생산을
중단시킬 수 있다고 애널리스트들은 경고한다.

halt 멈추다, 중단시키다 **production** 생산 **warn** 경고하다
🔲 **U.K. economic rebound grinds to a halt.** 영국의 경제 반등이 서서히 가다 멈추다.

331

US *producer prices* surge to another record *due to* inflation.

consumer prices는 '소비자 물가', producer prices는 '생산자 물가'를 뜻합니다. due to는 '~으로 인하여'라는 뜻으로 because of와 의미가 같습니다.

332

Chip shortage *drags on* as *plant closures* hit carmakers.

drag on은 '질질 끌다, 너무 오랫동안 계속되다'라는 뜻으로 문맥에 따라 '지연되다, 늘어지다'라고도 해석됩니다. 여기서 plant는 '공장'이라는 뜻으로 plant closures는 '공장 폐쇄'를 뜻합니다.

333

Factory *output* falls again in September.

output은 '생산량, 출력, 산출량'이라는 뜻이므로 factory output은 '공장 생산량'을 의미합니다. output의 반대어인 input은 '투입, 입력'이라는 뜻입니다.

334

EU struggles to *rein in* steel production.

rein은 '고삐, 통솔권, 통제력'이라는 명사이자 '고삐를 매다, 통제하다'라는 뜻의 동사입니다. 주로 전치사 in과 함께 쓰여 rein in 하면 '~의 고삐를 죄다'라는 의미입니다.

335

China orders *coal mines* to *boost* output amid energy crisis.

coal mine은 '탄광'을 뜻합니다. boost는 '북돋우다, 신장시키다'라는 뜻이므로 boost output은 '생산량을 늘리다'라는 의미입니다.

해석을 확인해 보고
표현도 정리해 보세요.

331

미국 생산자 물가는 인플레이션으로 인해
또 최고치로 상승하다.

producer prices 생산자 물가 ↔ **consumer prices** 소비자 물가 **due to** ~으로 인하여 ≒ **because of**

EX **Industrial producer prices are a key sign of inflation.** 산업 생산자 물가는 인플레이션의 주요 신호이다.

332

공장 폐쇄가 자동차 제조사들에게 타격을 주는
가운데 칩 부족 현상이 지속되다.

drag on 질질 끌다, 너무 오랫동안 계속되다, 지연되다, 늘어지다 **plant** 공장 **closure** 폐쇄, 종료

EX **Plant closures lead to hundreds of people being unemployed.**
공장 폐쇄는 수백 명의 사람들을 실직에 이르게 한다.

333

공장 생산량은 9월에 또 다시 하락하다.

output 생산량, 출력, 산출량 ↔ **input**

EX **output reduction** 생산 단축 **step up output** 생산을 늘리다
increase output 생산고를 증가하다 **lagging output** 산출량 둔화

334

EU는 철강 생산을 억제하려 고군분투하다.

rein 고삐, 통솔권, 통제력; 고삐를 매다, 통제하다 **rein in** ~의 고삐를 죄다

EX **give full (free) rein to somebody** ~에게 완전한 통솔권을 주다, ~에게 완전히 맡기다

335

에너지 위기 속에 중국은 탄광에 생산량을
늘리라고 지시하다.

coal mine 탄광 **boost output** 생산량을 늘리다

EX **coal mine fatalities** 탄광 사상 사고 **coal-mine workers** 탄광 노동자들

336

Report– *uncovering* consumer harm *caused by* digital platforms.

uncover는 cover(덮다)의 반대말로 '덮개를 벗기다, 드러내다, (비밀 등을) 밝히다'라는 뜻의 동사입니다. caused by는 '~에 의해 야기된'이라는 의미입니다.

337

Global supply-chain problems *escalate*, affecting economic recovery.

escalate는 '단계적으로 확대되다, 증가하다'라는 뜻의 동사로 escalator(에스컬레이터)가 escalate에서 온 말입니다. 앞에 de-를 붙인 de-escalate는 '단계적으로 줄이다, 감소하다'라는 반대어입니다.

338

Manufacturing activity *contracts* as power shortages *bite*.

contract는 '줄어들다, 수축하다, 축소하다'라는 뜻입니다. bite는 '(이빨로) 물다'라는 뜻 외에 '악영향을 미치다'라는 의미로도 사용됩니다.

339

New CEO *scrambles* to *cope with* global chip shortage.

scramble은 '재빠르게 움직이다, 앞다투어 쟁탈전을 벌이다'라는 뜻의 동사입니다. cope with는 '~에 대처하다, 대응하다'라는 뜻으로 deal with와 같은 뜻입니다.

340

Consumers *flock to* shops despite spread of new variant.

flock은 '무리, 떼'라는 명사와 '떼를 짓다, 모이다'라는 동사로 쓰입니다. flock to는 '~로 모이다'라는 의미입니다.

336

리포트─디지털 플랫폼들에 의한
소비자 피해를 파헤치다.

uncover 덮개를 벗기다, 드러내다, (비밀 등을) 밝히다 **cover** **caused by** ~에 의해 야기된
uncover a secret 비밀을 밝히다 **uncover the truth** 진실을 드러내다

337

글로벌 공급망 문제가 확대되며 경제 회복에
영향을 끼치고 있다.

escalate 단계적으로 확대되다, 증가하다 **de-escalate**
escalate a war 전쟁을 확대하다 **de-escalate tensions between them** 그들 사이의 긴장을 줄이다

338

전력 부족의 영향으로 제조업 활동이 수축되다.

contract 줄어들다, 수축하다, 축소하다 **bite** (이빨로) 물다; 악영향을 미치다
The muscles contract. 근육들이 수축한다.

339

새로운 CEO는 글로벌 칩 부족 현상에
대처하기 위해 재빨리 움직이다.

scramble 재빠르게 움직이다, 앞다투어 쟁탈전을 벌이다 **cope with** ~에 대처하다, 대응하다 **deal with**
scramble for a seat 자리를 먼저 잡으려고 다투다 **cope with difficulties** 힘든 일들에 대처하다

340

소비자들은 신종 변이 바이러스 확산에도 불구하고
상점으로 모여든다.

flock 무리, 떼; 떼를 짓다, 모이다 **gather, assemble, congregate** **a flock of sheep** 한 떼의 양
My friends flock to the pub after class. 내 친구들은 수업이 끝난 뒤 펍으로 모인다.

341

Consumer goods companies *walk a tightrope* as inflation rises.

consumer goods는 '(식품·의류 등의) 소비재'를 말합니다. tightrope는 '(곡예사가 타는) 줄'이라는 뜻으로 walk a tightrope는 '줄타기 곡예를 하다'라는 뜻입니다.

342

UK consumer groups *warn on* fuel *poverty*.

warn은 '경고하다'라는 뜻으로 warn on 하면 '~에 대해 경고하다'라는 의미입니다. poverty는 '가난, 빈곤, 부족'을 뜻하므로 fuel poverty는 '연료 부족'을 말합니다.

343

Eurozone consumer activity returns to *pre-Covid* levels.

pre-는 '~ 이전의'라는 뜻으로 pre-Covid levels는 '코로나 이전 수준'이라고 해석할 수 있습니다.

344

Supply *bottlenecks stall* manufacturing output.

bottleneck은 '병목 현상'이라는 뜻으로 '힘든 상황, 애로'라는 의미로도 쓰입니다. stall은 '지연시키다, 교착 상태에 빠뜨리다, 시간을 끌다'라는 뜻이에요.

345

Major tech companies to *step up* chip manufacturing with $50 *bn* plants.

step up은 '앞으로 나가다[나오다]' 또는 '증가시키다, 강화하다'라는 뜻입니다. bn은 '십억'을 뜻하는 billion의 줄임말로 $50 bn plants는 '500억 달러 규모의 공장들'이라는 의미입니다.

① 생산/소비 4

341

인플레이션이 상승하자 소비재 회사들은
줄타기 곡예를 하다.

consumer goods (식품·의류 등의) 소비재   **walk a tightrope** 줄타기 곡예를 하다
ex He is a fantastic tightrope walker. 그는 엄청난 줄타기 곡예사다.

342

영국 소비자 단체들은 연료 부족에 대해 경고한다.

warn on ~에 대해 경고하다   **poverty** 가난, 빈곤, 부족
ex The government made an effort to relieve poverty.
정부는 빈곤을 줄이기 위해 노력했다.

343

유로존 소비자 활동은 코로나 이전 수준으로 돌아오다.

pre-Covid levels 코로나 이전 수준
ex preschool education 취학 전 교육   **pre-war period** 전쟁 전 시기

344

공급 병목 현상이 제조업 생산을 지연시키다.

bottleneck 병목 현상; 힘든 상황, 애로   **stall** 지연시키다, 교착 상태에 빠뜨리다, 시간을 끌다
ex break the bottleneck of production 생산의 애로 사항을 해결하다
stall negotiations 협상을 질질 끌다

345

대규모 IT 기업들은 500억 달러 규모의 공장들과
함께 칩 생산을 늘리려고 한다.

step up 앞으로 나가다[나오다]; 증가시키다, 강화하다 **s intensify, strengthen, increase, scale up**
bn(billion의 약자) 십억   **ex step up regulations** 규제를 강화하다

161

346

The wait for *semiconductors* turns *ominous* for automakers.

semiconductor는 '반도체'를 말합니다. ominous는 '불길한, 나쁜 징조의'라는 뜻으로 turn ominous는 '불길해지다, 나쁜 징조가 되다'라는 의미입니다.

347

Auto sales are *decreasing* as global chip shortage worsens.

decrease는 '줄어들다, 감소하다'라는 동사이자 '감소, 하락'이라는 명사입니다. 반대어인 increase는 '상승하다; 상승'이라는 뜻입니다.

348

No easy options to ease semiconductor *squeeze*.

squeeze는 '쥐어짜다'라는 동사로도 쓰이고 '쥐어짜기'라는 명사로도 쓰입니다. semiconductor squeeze는 '반도체 쥐어짜기', 즉 '반도체 부족 현상'을 표현한 것입니다.

349

Consumers *keen* to be *green* but confused by companies' advertisements.

keen은 '~을 간절히 하고 싶은, 열망하는'이라는 뜻으로 be keen to는 '~하기를 간절히 바라다'라는 의미인데 여기서는 be동사가 생략됐어요. be green은 '녹색이 되다', 즉 '자연 친화적이 되다'라고 의역할 수 있어요.

350

U.K. consumer confidence at highest *reading* as Brits *indulge* in shopping.

reading은 '독서, 읽기'라는 뜻 외에 '(계기판의) 눈금값, 측정값'이라는 뜻이 있어요. indulge는 '(특히 좋지 않다고 여겨지는 것을) 마음껏 하다, (특정한 욕구·관심 따위를) 충족시키다, 채우다'라는 뜻이에요.

346

자동차 제조사들의 반도체 대기가 불길해지다.

semiconductor 반도체 **ominous** 불길한, 나쁜 징조의 ⓢ **unlucky, foreboding, inauspicious**
ⓔⓍ **ominous predictions** 불길한 예언 **an ominous sign** 나쁜 징조

347

전 세계적으로 칩 부족 현상이 악화되면서
자동차 판매가 줄고 있다.

decrease 줄어들다, 감소하다; 감소, 하락 ⓢ **reduce, lessen, diminish, fall off**
ⓔⓍ **a decrease of 10% in the number of visitors to the gallery** 갤러리 관람객 수의 10% 감소

348

반도체 부족 현상을 완화할 만한 쉬운 옵션이 없다.

option 옵션, 선택 **squeeze** 쥐어짜다; 쥐어짜기 **semiconductor squeeze** 반도체 부족 현상
ⓔⓍ **energy squeeze** 에너지 부족

349

소비자들은 환경 친화적이고자 하지만
기업들의 광고에 혼란스러워한다.

be keen to ~하기를 간절히 바라다 ⓢ **be eager to**
ⓔⓍ **They are very keen to climb the ladder.** 그들은 출세하고 싶어 무척 안달이 나있다.

350

영국인들이 쇼핑을 마음껏 하면서
영국 소비자 심리지수가 최고치를 기록하다.

reading (계기판의) 눈금값, 측정값 **Brit** 영국인
indulge (특히 좋지 않다고 여겨지는 것을) 마음껏 하다, (특정한 욕구·관심 따위를) 충족시키다, 채우다
ⓔⓍ **I indulged in some ice cream today.** 나는 오늘 아이스크림을 맘껏 먹었다.

ⓞ 생산/소비 5

351

Unemployment benefits lowered poverty in 2020, *census* says.

unemployment는 '실업', benefit은 '수당, 보조금'이라는 뜻이므로 unemployment benefit은 '실업 수당'이라는 말이에요. census는 '인구 조사'를 뜻합니다.

352

Brexit or Covid, which is worse? UK economy in *perfect* employment *storm*.

perfect storm은 '더할 수 없이 나쁜 상황, 한꺼번에 여러 가지 안 좋은 일이 겹치는 상황'을 뜻합니다.

353

Thousands to *benefit* government plans to *employment rights*.

benefit은 '이익을 얻다, 득을 보다'라는 동사로도 쓰여요. employment rights는 '고용자 권리', 즉 '고용권'을 뜻합니다.

354

US employee numbers rise above *pre-pandemic* level.

pre-는 '~ 이전의'라는 뜻으로 pre-pandemic은 '팬데믹 이전의'라는 뜻입니다. '팬데믹 이후의'는 post-(~이후의)를 붙여서 post-pandemic이라고 합니다.

355

Hybrid working set to bring 4 million 'locked out' into employment.

lock out은 '폐쇄하다'라는 뜻으로 lock someone out은 '(특정한 조건에 동의할 때까지) 출근을 못하게 하다'라는 뜻입니다. 문장에 쓰인 locked out은 '출근을 못하게 된 사람들'을 가리킵니다.

351

인구 조사에 따르면 실업수당이 2020년의 빈곤을 감축시켰다.

unemployment benefit 실업 수당 **census** 인구 조사
ex **claim unemployment benefits** 실업수당을 청구하다 **conduct an annual census** 매년 인구 조사를 하다

352

브렉시트와 코로나 중 더 나쁜 것은? 영국 경제는 최악의 고용 상황에 처하다.

perfect storm (한꺼번에 여러 가지 안 좋은 일이 겹쳐) 더할 수 없이 나쁜 상황

353

수천 명의 사람들이 고용권 관련 정부 계획으로 혜택을 받을 것이다.

benefit 이익을 얻다, 득을 보다 **employment rights** 고용자 권리, 고용권
ex **Migrant workers are unaware of their employment rights.**
이주 노동자들은 자신들의 고용 권리를 알지 못한다.

354

미국의 고용자 수가 팬데믹 이전 수준 이상으로 올라가다.

pre-pandemic 팬데믹 이전의 ↔ **post-pandemic**
ex **preconditions for negotiations** 협상을 위한 전제 조건들
pre-college programs 대학 들어가기 전 프로그램들

355

하이브리드 근무는 '직장을 잃은' 4백만 명에게 일자리를 가져다줄 것이다.

lock someone out (특정한 조건에 동의할 때까지) 출근을 못하게 하다 **locked out** 출근을 못하게 된
ex **lockout** 직장 폐쇄 **factory lockout** 공장 폐쇄

356

Wall Street stocks *hit highs* ahead of US jobs report.

hit highs는 '고점을 찍다'라는 뜻이에요. hit record highs라고 하면 '(지금까지 도달하지 못했던) 최고점을 기록하다'라는 의미입니다.

357

Friday's jobs report is expected to be *solid,* but delta variant raises *downside* risk.

solid는 '단단한, 고체의'라는 뜻인데 이 문장에서는 '견고한'이라고 해석할 수 있습니다. downside는 '아래쪽, 하강'이라는 뜻으로 downside risk 하면 '하락 리스크'를 의미합니다.

358

Weak jobs report coincides with expiring jobless aid for millions of workers.

weak는 '약한'이라는 뜻이므로 weak jobs report는 '부진한 고용 보고서'라고 해석할 수 있습니다. coincide는 '동시에 일어나다'라는 의미입니다.

359

Jobs report stands to be *pivotal* for taper timing. Here's what you should know.

pivot은 '(회전하는 물체의 균형을 잡아주는) 중심축, 중심점'을 뜻하며 동사로 쓰이면 '(축을 중심으로) 돌다, 회전하다'라는 의미입니다. pivotal은 pivot의 형용사형으로 '중심축이 되는, 중추적인'이라는 뜻입니다.

360

US Commerce Secretary to *push investment* in domestic economy.

US Commerce Secretary는 '미국 상무장관'을 뜻하고 push investment는 '투자를 밀어붙이다[요구하다]'라는 의미입니다.

356

월가는 미국의 고용 보고서 발표를 앞두고 고점을 찍다.

hit highs 고점을 찍다 ahead of (시간적으로) ~에 앞서, ~보다 빨리

357

금요일에 발표될 고용 보고서는 견고할 것으로 예상되지만,
델타 변이가 하락 리스크를 키우다.

solid 단단한, 고체의; 견고한 downside 아래쪽, 하강 ⬌ upside

358

부진한 고용 보고서 발표와 수백만 근로자의
실업수당 지원 만료가 동시에 일어나다.

weak jobs report 부진한 고용 보고서 coincide 동시에 일어나다
expire 만료되다, 만기가 되다 jobless 직장이 없는; 실업자들 aid 원조, 지원

359

고용 보고서는 테이퍼링 타이밍과 관련해
중추적 역할을 할 것이다. 다음을 지켜봐야 한다.

pivotal 중심축이 되는, 중추적인
pivotal question (상황을 반전시키거나 새로운 의견을 불러일으킬 수 있는) 핵심적인[결정적인] 질문

360

미국 상무장관은 국내 경제에 대한 투자를
밀어붙이려고 한다.

US Commerce Secretary 미국 상무장관 push investment 투자를 밀어붙이다[요구하다]

361

End of *furlough* brings *uncertainty* for US jobs.

furlough는 '(자금 부족으로 인한 노동자의) 일시 해고, 임시 휴직'이라는 뜻이라고 앞에서도 살펴봤었죠. uncertainty는 '불확실성'이라는 뜻이에요.

362

Furlough scheme ends with almost 0.8 million left in *limbo*.

limbo는 '불확실한[어중간한] 상태'라는 뜻으로 0.8 million left in limbo는 '80만 명의 사람들이 실직한 것도 아니고 임금이 들어오는 것도 아닌 어중간한 상태에 놓인 것'을 표현하고 있습니다.

363

Higher wages cure for pandemic doldrums.

higher wage는 '더 높은 임금', 즉 '임금 인상'을 의미합니다. cure for는 '~을 치료하다, 낫게 하다, 치유하다' 라는 뜻입니다.

364

U.K. *professional services* hit by *labor* shortages.

professional services는 '전문 서비스(업)'을 뜻합니다. labor는 '노동, 근로' 또는 '노동자, 근로자'를 의미 합니다.

365

US adds 170,000 August jobs in another month of *disappointing* growth.

disappointing은 '실망스러운, 낙담한'이라는 뜻으로 disappointing growth는 '실망스러운 성장'으로 해 석할 수 있습니다.

361

일시 해고 종료는 미국의 일자리 시장에
불확실성을 가져오다.

furlough (자금 부족으로 인한 노동자의) 일시 해고, 임시 휴직 **uncertainty** 불확실성

🔳 **The county claimed $2m from furlough scheme.**
그 카운티는 임시 해고자 지원책을 통해 2백만 달러를 요구했다.

362

일시 해고 제도가 끝나면서 거의 80만 명이
이도저도 아닌 상황에 처하다.

scheme 계획, 제도 **limbo** 불확실한[어중간한] 상태

363

임금 인상은 팬데믹으로 인한 경기 침체에 특효약이다.

wage 임금, 보수 **higher wages** 임금 인상 **cure for** ~을 치료하다, 낫게 하다, 치유하다 **doldrums** 침체, 부진

🔳 **a cure for poverty** 빈곤 대책

364

영국의 전문 서비스업들은 근로자 부족으로 타격을 받다.

professional services 전문 서비스(업) **labor** 노동(자), 근로(자)

🔳 **You can receive professional services at the customer center.**
고객센터에서 전문 서비스를 받으실 수 있습니다.

365

미국은 8월에 또 실망스러운 성장세를 보인 가운데
170,000개의 신규 고용건수를 기록하다.

add 추가하다, 더하다 **disappointing** 실망스러운, 낙담한

🔳 **It was deadly disappointing.** 그것은 너무도 실망스러웠다.

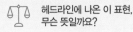
 366

US jobs growth *unexpectedly* weak in December; figures *knock* recovery hopes.

unexpectedly는 unexpected에 -ly가 붙은 것으로 '예기치 못하게, 예상 외로'라는 뜻의 부사입니다. knock은 '두드리다, 노크하다'라는 뜻을 넘어 '넘어뜨리다, 쓰러뜨리다'라는 뜻이 있어서 knock recovery hopes는 '회복에 대한 희망을 무너뜨리다'로 해석할 수 있습니다.

 367

Misleading claims about job-creation estimate.

misleading은 '오해의 소지가 있는, 호도하는'이라는 뜻으로 동사 mislead(호도하다)의 형용사형입니다. misleading claims는 '오해의 소지가 있는[호도하는] 주장'이라고 해석할 수 있습니다.

 368

Robots: are they *stealing* our jobs or solving labor shortages?

steal은 '도둑질하다, 훔치다'라는 뜻으로 여기서는 로봇이 인간의 일자리를 '빼앗다'라는 뜻으로 쓰였습니다.

 369

"Exhausted and *underpaid"*: teachers across the US are leaving their jobs in record numbers.

exhausted는 '대단히 피곤한'이라는 뜻이고 underpaid는 '제대로 보수를 받지 못하는, 급여가 적은'이라는 뜻입니다.

 370

Jobs market *heating up* as *wage inflation* grows.

heat up은 '뜨거워지다'라는 뜻으로 '열기를 띠다'라고 해석할 수 있습니다. wage inflation은 '임금 인플레이션'이라는 뜻입니다.

366

미국의 고용 성장은 12월에 예상 외로 부진했다;
수치는 경제 회복에 대한 희망을 무너뜨리다.

unexpectedly 예기치 못하게, 예상 외로 **figures** (특히 공식적인 자료로 제시되는) 수치
knock 두드리다, 노크하다; 넘어뜨리다, 쓰러뜨리다

367

일자리 창조 예상치에 대해 호도하는 주장들

misleading 오해의 소지가 있는, 호도하는 **claim** 주장, 단언 **estimate** 추정치, 견적
ex His statement is misleading. 그의 진술은 오해하게끔 한다.

368

로봇들: 우리의 일자리를 **빼앗는가**, 아니면
노동력 부족을 해결해주는가?

steal 도둑질하다, 훔치다
ex steal the limelight 관심을 독차지하다 steal the scene 주연 못지않은 주목을 끌다

369

"매우 지치고 임금도 제대로 못 받다":
미국 전역의 교사들이 기록적인 수치로 직장을 떠나고 있다.

exhausted 대단히 피곤한 **underpaid** 제대로 보수를 받지 못하는, 급여가 적은 **반** well-paid
in record numbers 기록적인 수치로

370

임금 인플레이션이 일어나면서 일자리 시장이
열기를 띠고 있다.

heat up 뜨거워지다, 열기를 띠다 **유** warm up **wage inflation** 임금 인플레이션
ex Non-wage inflation leads to stagflation. 비임금 인플레이션이 스태그플레이션으로 이어지다.

371

UBS *slashes* FedEx earnings estimates, cites jobs *squeeze*, rising wages.

slash는 '(날카로운 것으로 길게) 베다, 긋다'라는 뜻으로 slash earnings estimates는 '실적 예상치를 줄이다'라고 해석할 수 있습니다. squeeze는 '쥐어짜다; 쥐어짜기'라는 뜻으로 jobs squeeze는 '일자리 축소'를 뜻합니다.

372

Facebook *beats* earnings expectations, but warns of significant growth slowdown.

어닝시즌(실적이 발표되는 시기)에는 beat이라는 단어를 자주 볼 수 있는데요. beat은 '이기다, 능가하다'라는 뜻으로 beat earnings expectations는 '예상 실적을 웃돌다[넘어서다]'라는 의미입니다.

373

Walmart earnings *top* estimates, *fueled by* strong grocery sales and *back-to-school* spending.

'맨 위, 정상'이라는 뜻의 top은 동사로 '더 높다, 능가하다'라는 뜻이 있습니다. fuel은 '연료를 공급하다, 자극하다'라는 뜻이므로 fueled by는 '~에 자극받아, ~에 힘입어'라고 해석할 수 있습니다. back-to-school은 '신학기의'라는 뜻입니다.

374

Drugmaker topped the S&P 500, up 6.3% after reporting *second-quarter* results.

기업들의 실적은 분기별로 발표됩니다. '1분기'는 first quarter, '2분기'는 second quarter, '3분기'는 third quarter, '4분기'는 fourth quarter라고 합니다.

375

PepsiCo earnings *disappoint* due to higher supply chain costs; company raises *revenue forecast*.

disappoint는 '실망시키다'라는 뜻으로 실적 관련 뉴스에서 자주 볼 수 있는 단어입니다. revenue forecast는 '수익 전망', '예상 수익'이라고 해석할 수 있습니다.

③ 실전 1

371

UBS는 페덱스의 실적 예상치를 일자리 축소와 임금 상승을 이유로 하향 조정하다.

slash (날카로운 것으로 길게) 베다, 긋다 **cite** (이유·예를) 들다 **jobs squeeze** 일자리 축소
🔟 Tumbling earnings mean that the company needs to slash payouts.
실적 하락은 기업이 지출을 삭감해야 한다는 것을 뜻한다.

372

페이스북은 예상 실적을 넘어섰지만, 심각한 성장 둔화를 경고하다.

beat 이기다, 능가하다 **earnings expectations** 예상 실적 **slowdown** (속도·활동의) 둔화
🔟 Its quarterly earnings beat expectations. 그곳의 분기 실적이 예상치를 뛰어넘다.

373

월마트 실적이 식료품 판매 강세와 신학기 지출에 힘입어 예상치를 넘어서다.

top 더 높다, 능가하다 **fuel** 연료를 공급하다, 자극하다 **back-to-school** 신학기의 **spending** 지출, 소비
🔟 September is back-to-school season. 9월은 신학기 시즌이다.

374

제약사는 2분기 결과를 발표한 후 6.3% 상승하며 S&P500을 뛰어넘었다.

drugmaker 제약회사 **second-quarter** 2분기의
🔟 Quarterly earnings and global trends this week 이번 주 분기 실적과 글로벌 트렌드

375

펩시의 실적은 공급망 비용 상승으로 인해 실망스럽지만, 회사는 수익 전망치를 상향 조정하다.

revenue 수익, 수입, 세입 **forecast** 예상, 예측
🔟 The revenue forecast was higher than expected. 세입 전망치가 예상보다 높았다.

173

Goldman Sachs and JP Morgan deliver *bumper* third-quarter profits after lockdown.

bumper는 '(자동차의) 범퍼'를 뜻하는 명사이기도 하지만, 형용사로는 '엄청나게 큰[많은]'이라는 뜻이 있습니다.

Nasdaq *hovers* near record highs before tech earnings.

hover는 '(어딘가를) 맴돌다, 서성이다'라는 뜻으로 hover near record highs는 '사상 최고치 부근을 맴돌다'라고 해석할 수 있습니다.

Zoom reports *blowout* earnings but warns of a coming slowdown.

blowout은 '(자동차 바퀴의) 펑크'를 뜻하기도 하지만 '거창한 잔치[파티]'를 가리키기도 합니다. 따라서 blowout earnings는 '대단한[훌륭한] 실적'이라고 해석할 수 있습니다.

Lululemon *issues* earnings guidance amid volatile trading.

issue는 '주제, 쟁점, 안건'이라는 명사이기도 하지만 '발표하다, 발급하다'라는 동사이기도 합니다. 그래서 issue earnings guidance는 '실적 가이던스를 발표하다'라고 해석할 수 있습니다.

Earnings call transcript is out for Apple.

earnings call은 '어닝 콜', 즉 '결산보고기간의 재무 성과를 공유하는 수익결산회의'를 뜻합니다. transcript 는 '글로 옮긴 기록; 성적 증명서'를 뜻하는데 여기서는 어닝 콜을 '기록한 것'을 의미입니다.

376

락다운(봉쇄 조치) 이후 골드만삭스와 JP모건은
3분기에 아주 큰 수익을 내다.

bumper (자동차의) 범퍼; 엄청나게 큰[많은] **profit** 수익, 이익 **lockdown** (움직임·행동에 대한) 제재, 봉쇄
ex a bumper issue 엄청난 발행 부수 a bumper crop 풍작

377

나스닥은 기술주들의 실적 발표를 앞두고
사상 최고치 부근에서 움직이다.

hover (어딘가를) 맴돌다, 서성이다 **record highs** 사상 최고치
ex hover over someone ~ 위에 한참 머물며 면밀히 감시하다 hover below ~ 아래를 맴돌다

378

줌은 대단한 실적을 발표했지만 앞으로의
실적 둔화를 경고하다.

blowout (자동차 바퀴의) 펑크; 거창한 잔치[파티] **blowout earnings** 대단한[훌륭한] 실적
ex a four-course blowout 네 코스의 거창한 식사 blowout sale 파격 세일

379

룰루레몬은 변동성이 심한 장세 속에서
실적 가이던스를 발표하다.

issue 주제, 쟁점, 안건; 발표하다, 발급하다 **earnings guidance** (기업의) 실적 예상보고서
ex They issue a monthly newsletter. 그들은 월간 소식지를 발행한다.

380

애플사의 어닝콜 기록이 공개되다.

earnings call 어닝 콜(결산보고기간의 재무 성과를 공유하는 수익결산회의) **transcript** 글로 옮긴 기록; 성적 증명서
ex transcript of the interview 그 인터뷰를 글로 옮긴 것 a school transcript 학교 성적 증명서

381

H&M sinks on earnings miss, CEO calls bad quarter *'a pothole* in the road.'

pothole은 '(도로에) 움푹 패인 곳'이라는 뜻으로 a pothole in the road는 '도로에 난 커다란 구멍'을 뜻합니다.

382

Starbucks revenue beats in Q3 *fueled by* strong cold beverage sales, but earnings miss.

fuel은 '연료를 공급하다, 자극하다'라는 뜻이므로 fueled by는 '~에 자극받아, ~으로 인해, ~에 힘입어'라고 해석할 수 있습니다.

383

Levi Strauss earnings beat, *hiked* full-year outlook as new denim styles drive sales growth.

hike는 '하이킹을 하다'라는 뜻 외에 '(가격·경비 등을) 대폭 인상하다'라는 뜻이 있습니다. 따라서 hiked full-year outlook은 '1년치 전망을 대폭 상향했다'라는 의미입니다.

384

Oracle *falls short on* revenue as it *ramps up* cloud investment.

fall short on은 '~이 부족하다, 미치지 못하다'라는 뜻입니다. ramp up은 바로 위에서 살펴 본 hike와 비슷한 뜻으로 '늘리다, 증가시키다'라는 뜻을 갖고 있습니다.

385

These two earning reports could *smack* the market on Friday.

smack은 '(손바닥으로) 때리다, 찰싹 치다, 탁 소리가 나게 치다'라는 뜻으로 smack the market은 '시장에 큰 타격을 주다'라는 의미입니다.

381

H&M은 실적이 예상치를 밑돌면서 하락하고, CEO는
이 저조한 분기를 '도로에 난 커다란 구멍'이라고 부른다.

pothole (도로에) 움푹 패인 곳
🔲 stepping around a large pothole in the road 도로의 큰 구멍 주위를 걸어가는 것

382

스타벅스 3분기 매출은 냉음료 판매 강세에 힘입어
높지만, 실적은 예상치를 밑돈다.

fueled by ~에 자극받아, ~으로 인해, ~에 힘입어 **cold beverage** 차가운 음료
🔲 Fueled by your support, I was able to finish my dissertation.
너의 지원으로 인해 나는 논문을 완성할 수 있었어.

383

호실적을 내놓은 리바이스, 새로운 데님 스타일이
판매 성장을 이끌면서 1년치 전망을 대폭 상향했다.

hike 하이킹을 하다; (가격·경비 등을) 대폭 인상하다 🔵 raise, increase, drive up, lift, put up
denim 데님(특히 청바지를 만드는 데 쓰이는 푸른색의 질긴 면직물) **drive** 동력을 공급하다, 몰아가다

384

오라클은 클라우드 투자를 늘리면서
수익이 예상치에 못 미치다.

fall short on ~이 부족하다, 미치지 못하다 **ramp up** 늘리다, 증가시키다
🔲 ramp up hydropower production 수력 전기 생산을 늘리다

385

다음 두 실적 발표는 금요일 시장에
큰 타격을 줄 수 있다.

smack (손바닥으로) 때리다, 찰싹 치다, 탁 소리가 나게 치다 🔵 punch, spank, bang
🔲 He gave her a smack on the head. 그는 그녀의 머리를 콱 쥐어박았다.

386

Earnings alarm bells ringing for market demonstrating signs of *fatigue*.

earnings alarm bells 하면 '실적과 관련된 경고음' 정도로 해석할 수 있고, fatigue는 '피로'라는 뜻으로 signs of fatigue는 '피로의 징후, 피로의 조짐'이라는 뜻입니다.

387

Shell updates earnings guidance after *volatile* quarter.

volatile은 '변덕스러운, 불안정한'이라는 뜻으로 volatile quarter는 '불안정한 분기, 변동성이 심한 분기'라는 의미입니다.

388

Earnings concerns begin to *weigh on* stocks.

weigh는 '무게가 나가다, 무게를 재다'라는 뜻인데 weigh on 하면 '~에 압박을 가하다, 짓누르다, (무거운 짐이 되어) 괴롭히다'라는 뜻이 됩니다.

389

Earnings estimates are *dwindling*.

dwindle은 '줄어들다, 점점 감소하다'라는 뜻입니다. 실적 감소를 나타내는 동사에는 deteriorate, diminish, abate, wane, lessen 등이 있습니다.

390

Pinterest stock *slammed* after earnings.

slam은 '쾅 닫다, 세게 밀다[던지다]'라는 뜻으로 be slammed 하면 '쾅 하고 닫히다[밀치다]'라는 의미인데 여기서는 be동사가 생략되었습니다. 따라서 stock slammed는 '주가가 크게 타격을 받다'라고 해석할 수 있습니다.

386

시장에 실적 경고음이 울리면서 시장은
피로감을 나타내고 있다.

fatigue 피로 ⊜ exhaustion, tiredness
ⓔⓧ **market fatigue** 시장의 피로감 **mental and physical fatigue** 정신적·육체적 피로

387

변동성이 심한 분기를 보낸 이후
쉘은 실적 가이던스를 업데이트하다.

update 업데이트하다 **volatile** 변덕스러운, 불안정한
ⓔⓧ **Commodity funds are very volatile at the moment.** 현재 원자재 펀드는 변수가 너무 많다.

388

실적 우려가 주가에 압박을 가하기 시작하다.

weigh on ~에 압박을 가하다, 짓누르다, (무거운 짐이 되어) 괴롭히다
ⓔⓧ **Many things are weighing on my mind these days.** 요즘 많은 것들로 내 마음이 무겁다.

389

실적 예상치가 감소하고 있다.

dwindle 줄어들다, 점점 감소하다 ⊜ deteriorate, diminish, abate, wane, lessen
ⓔⓧ **My appetite has dwindled.** 나는 식욕이 떨어졌다. **Sales are dwindling.** 매출이 줄어들고 있다.

390

핀터레스트는 실적 발표 이후 주가에
큰 타격을 받았다.

slam 쾅 닫다, 세게 밀다[던지다]
ⓔⓧ **Soaring bond yields slam tech stocks.** 급등하는 채권 수익률은 기술주에 큰 타격을 주다.

391

PepsiCo stock *slips* after Q3 earnings beat.

slip은 '미끄러지다'라는 뜻으로 여기서는 주가가 '밀리다, 하락하다'라는 뜻으로 쓰였습니다.

392

Nike shares plunge as supply chain *havoc* leads retailer to slash revenue forecast.

havoc은 '대파괴, 대혼란'이라는 뜻으로 supply chain havoc은 '공급망 대혼란'이라는 의미입니다.

393

S&P 500 earnings growth may have *stalled*.

stall은 '교착 상태에 빠지다, 지연되다'라는 뜻입니다. may have stalled는 '교착 상태에 빠졌을 수도 있다'라는 과거 상태에 대한 추측을 나타냅니다.

394

Apple *demolishes* earnings expectations after iPhone chip supply warning.

demolish는 '철거하다, 무너뜨리다, 뒤집다'라는 뜻으로 demolish earnings expectations는 '실적 기대를 무너뜨리다'라는 의미입니다.

395

Stocks that can *weather* supply chain crisis to earnings.

weather는 명사로는 '날씨, 기상'이라는 뜻이지만 동사로는 '(역경 등을) 무사히 헤쳐 나가다[견디다]'라는 뜻을 가지고 있습니다.

해석을 확인해 보고
표현도 정리해 보세요.

③ 실적 5

391

펩시는 3분기 호실적 이후 주가가 밀리다.

slip 미끄러지다, 밀리다, 하락하다 **Q3** 3분기
ex **U.S. stocks slip on energy crisis.** 미국 주식들은 에너지 위기로 하락하다.

392

나이키는 소매업자들이 공급망 혼란으로 인해 수익 전망을 하향 조정하자 주가가 급락하다.

plunge 거꾸러지다, 급락하다 **havoc** 대파괴, 대혼란 **retailer** 소매업자, 소매상
ex **The floods caused havoc on crops.** 홍수가 농작물에 대대적인 피해를 입혔다.

393

S&P500 기업들의 실적 성장은 교착 상태에 빠졌을 수도 있다.

stall 교착 상태에 빠지다, 지연되다
ex **Rally may stall for Korean stock market.** 한국 주식 시장의 랠리는 주춤할지도 모른다.

394

애플은 아이폰 칩 공급 경고 이후 실적 기대가 무너지다.

demolish 철거하다, 무너뜨리다, 뒤집다 **=** **destroy, knock down, destruct, tear down**
ex **demolish a building** 건물을 철거하다 **demolish a theory** (사상·이론을) 뒤집다

395

공급망 위기를 헤쳐나가 실적을 낼 수 있는 주식들

weather 날씨, 기상; (역경 등을) 무사히 헤쳐 나가다[견디다] **=** **get through, pass through, go through**
ex **Stock markets weather wobbly day.** 주식 시장은 변동성이 높은 장세를 헤쳐 나가다.

396

FTC chair outlines new vision for *antitrust enforcement* and consumer protection.

antitrust는 '독점 금지의'라는 뜻이고, enforcement는 '시행하다, 집행하다'라는 동사 enforce의 명사형으로 '(법률의) 시행, 집행'이라는 뜻입니다. 미국에서는 '셔먼법'이 독점이나 과점에 의해 나타나는 피해를 방지하기 위한 대표적인 법률입니다.

397

Korea antitrust *regulator steers* away from harsh tech crackdown.

regulator는 '(상업·산업 분야의) 규제 단속 담당자[기관]'을 뜻합니다. steer는 (보트·자동차 등을) 조정하다; (특정 방향으로) 움직이다'라는 뜻입니다.

398

Antitrust isn't *headed* to an *inflection point*; it's already there.

inflection은 '굴절'이라는 뜻으로 inflection point는 '변곡점'을 말합니다. falling inflection은 '하강조', rising inflection은 '상승조'를 뜻합니다. 여기서 head는 '(특정 방향으로) 가다, 향하다'라는 의미입니다.

399

U.S. antitrust gets a European *makeover*: European digital *compliance*.

makeover는 '(사람·장소의 모습을 개선하기 위한) 단장, 변신, 변모'를 뜻합니다. 그래서 European makeover 하면 '(미국의 독과점 금지 이슈·규제들 따위가) 유럽화되는 것'이라고 해석할 수 있습니다. compliance는 '(법·명령 등의) 따름, 준수'를 의미합니다.

400

South Korea *fines* global tech giants $180 million for *breach* of antitrust laws.

fine은 명사로는 '벌금, 과태료'라는 뜻이 있고, 동사로는 '벌금을 물리다'라는 뜻이 있습니다. breach는 '(합의나 약속의) 위반, 파괴'라는 뜻입니다.

해석을 확인해 보고
표현도 정리해 보세요.

④ 불공정 거래 1

396

미 연방거래위원회 위원장은 반독점법 집행 및 소비자 보호를 위한 새로운 비전을 내놓다.

FTC(Fair Trade Commission의 약자) 미 연방거래위원회 **antitrust** 독점 금지의
enforcement (법률의) 시행, 집행 ⊜ implementation, execution ⓔ **antitrust law** 반독점법

397

한국의 반독점 규제 기관은 IT 기업들에 대한 강력 단속에서 멀어지다.

regulator (상업·산업 분야의) 규제 단속 담당자[기관] **steer** (보트·자동차 등을) 조정하다; (특정 방향으로) 움직이다
harsh 가혹한, 혹독한 **crackdown** 강력 탄압, 엄중 단속 ⓔ **a crackdown on crime** 범죄 엄중 단속

398

독과점 규제는 변곡점으로 향하고 있지 않다; 이미 변곡점에 가 있다.

inflection 굴절 **inflection point** 변곡점
ⓔ **They were about to enter an inflection point.** 그들은 변곡점에 막 진입하려 했다.

399

미국의 독과점 규제는 유럽식 규제로 개조되다: 유럽 디지털 준수 규정

makeover (사람·장소의 모습을 개선하기 위한) 단장, 변신, 변모
compliance (법·명령 등의) 따름, 준수 ⊜ noncompliance

400

한국은 글로벌 IT 공룡들에게 반독점법 위반으로 1억 8천만 달러의 과태료를 물리다.

fine 벌금, 과태료; 벌금을 물리다 **breach** (합의나 약속의) 위반, 파괴 ⊜ nonfulfillment, failure, violation
ⓔ **a breach of security** 안보 파괴 **personal data breach** 개인 정보 위반

183

401

Prosecutors decide to file *indictment* against Uber official over '*unfair* competition.'

indictment는 '고발장, 기소장, 기소'라는 뜻으로 file indictment는 '기소하다'라는 의미입니다. unfair는 '불공평한'이라는 뜻이므로 unfair competition은 '불공정 경쟁'이라는 의미입니다.

402

Japan's antitrust *watchdog* to *probe* mobile apps.

watchdog은 '감시견, 감시인, 감시 단체'라는 뜻으로 guard dog이라고도 합니다. probe는 '캐다, 캐묻다, 조사하다, 살피다'라는 뜻입니다.

403

Rattled Chinese tech businesses *pledge* to end unfair competition.

rattle은 '당황하게[겁먹게] 하다'라는 동사로, 형용사형인 rattled는 '난처한, 낭패인'이라는 뜻입니다. pledge는 '약속하다, 맹세하다'라는 뜻으로 pledge to end는 '~을 끝내기로 약속하다[맹세하다]'라는 뜻입니다.

404

Intellectual monopoly capitalism is a new challenge of our times.

intellectual monopoly는 '지적 독점'이라는 뜻으로 2008년 Michele Boldrin(미셸 볼드린)이 쓴 *Against Intellectual Monopolies*라는 책을 계기로 널리 사용하게 된 용어입니다. 지적 재산이 상업적 독점으로 이어지며 이것이 어떻게 독점 자본주의(monopoly capitalism)가 되는지 설명한 책입니다.

405

What it means for antitrust *reform*.

reform은 '개혁하다, 개선하다'라는 동사로도 쓰이고 '개혁, 개선'이라는 명사로도 쓰입니다. antitrust reform 하면 '독과점 금지 개혁', '반독점 개혁'을 뜻합니다.

401

검사들은 우버의 임원을 상대로 '불공정 경쟁'에 대해
기소하기로 결정하다.

prosecutor 검사, 검찰관 **indictment** 고발장, 기소장, 기소 ≡ **prosecution, charges**
file indictment 기소하다 **unfair competition** 불공정 경쟁
ex **bill of indictment** 정식 기소장안 **be under indictment** 기소되다

402

일본의 반독점 감시 단체는 모바일 앱들을
조사하기로 하다.

watchdog 감시견, 감시인, 감시 단체 ≡ **guard dog**
probe 캐다, 캐묻다, 조사하다, 살피다 ≡ **investigate, examine, make inquiry**
ex **consumer watchdog** 소비자 감시 단체 **watchdog agency** 감시 기구

403

난처해진 중국의 IT 기업들은 불공정 경쟁을
끝내기로 약속하다.

rattled 난처한, 낭패인 **pledge** 약속하다, 맹세하다 ≡ **vow, swear, promise, commit**
ex **I was badly rattled by the alarm outside.** 밖에서 나는 알람 소리에 나는 몹시 당황했다.

404

지적 독점 자본주의는 우리 시대의 새로운 문제다.

intellectual 지능의, 지적인 **monopoly** (생산·시장의) 독점, 전매
capitalism 자본주의 **challenge** 도전; 과제, 난제

405

그것이 반독점 개혁에 갖는 의미

reform 개혁하다, 개선하다; 개혁, 개선 ≡ **renovation, reformation**
ex **organizational reform** 조직 개편 **institutional reform** 제도 혁신[개선]

185

406

DOJ antitrust *nominee* eager to tackle more than just Big Tech.

DOJ는 Department of Justice의 줄임말로 '미국 법무부'를 가리킵니다. nominee는 '(직책·수상자 등에) 지명된 사람, 후보'를 뜻합니다.

407

Debunking the DOJ antitrust case against Google.

debunk는 '(생각·믿음 따위가) 틀렸음을 드러내다, 정체를 폭로하다'라는 뜻입니다. debunk a widely held belief라고 하면 '많은 사람들이 믿어 온 생각을 뒤집다'라는 의미입니다.

408

Facebook fights court to *dismiss* FTC antitrust *suit*.

suit는 '정장'이라는 뜻도 있지만 여기서는 '소송, 고소'를 뜻합니다. dismiss는 '묵살하다, 해산시키다'라는 뜻인데 dismiss a suit는 '소송을 기각하다'라는 의미입니다.

409

Microsoft is *heading for* a new antitrust *showdown*.

head for는 '~으로 향하다'라는 뜻이고, showdown은 '마지막 결전, 최후의 대결, 결판'이라는 뜻입니다.

410

Qualcomm makes a new *appeal* in the antitrust *trial*.

appeal은 '항소하다, 상고하다'라는 동사로도 쓰이고 '항소, 상고'라는 명사로도 쓰입니다. trial은 '어려움, 노력, 시도'라는 뜻도 있지만 여기서는 '재판, 공판'이라는 뜻으로 사용되었습니다.

406

미국 법무부 독과점 담당 지명자는 빅테크 외 더 많은 기업들과 맞서겠다는 열의를 보이다.

DOJ(Department of Justice의 약자) 미국 법무부　**nominee** (직책·수상자 등에) 지명된 사람, 후보
ex **tackle global climate change** 글로벌 기후 변화 문제와 씨름하다

407

미 법무부가 구글을 상대로 한 반독점 소송 파헤치기

debunk (생각·믿음 따위가) 틀렸음을 드러내다, 정체를 폭로하다　**case** 소송 (사건)
ex **debunk a myth** 미신의 정체를 파헤치다　**debunk an established theory** 정설을 뒤집다

408

페이스북은 미국 연방거래위원회의 반독점 소송을 기각시키기 위해 법원과 싸우다.

suit 정장; 소송, 고소　**dismiss** 묵살하다, 해산시키다; 기각하다
ex **lose a suit** 소송에 패하다　**Class is dismissed!** 수업 끝!(선생님이 학생들에게 하는 말)

409

마이크로소프트는 새로운 반독점 결전에 들어가다.

head for ~으로 향하다　**showdown** 마지막 결전, 최후의 대결, 결판
ex **A court showdown between the two powerful tech companies**
두 막강한 IT 기업들 간의 법정 대결

410

퀄컴은 반독점 재판에서 새롭게 항소하다.

appeal 항소, 상고; 항소하다, 상고하다　**trial** 재판, 공판; 어려움, 노력, 시도
ex **The Court of Appeals reversed the ruling.** 항소심에서는 판결을 뒤집었다.

411

Biden administration comes out *swinging on* antitrust litigation.

swing on은 '주먹으로 치려고 하다'라는 뜻으로 여기서는 antitrust litigation(반독점 소송)과 관련해 '강경한 태도를 보이다' 정도로 해석할 수 있습니다.

412

Tech giants face demands to *downsize* in new antitrust bills.

downsize는 '(인력이나 규모 등을) 축소하다, 줄이다'라는 뜻으로 demands to downsize는 '축소하라는 요구'라고 해석할 수 있습니다.

413

DOJ *makes quiet push* on antitrust *enforcement*.

make quiet push는 '조용하게 밀어붙이다'라고 해석할 수 있습니다. enforcement는 '(법률의) 시행, 집행' 이라는 뜻입니다.

414

China *risks* slower growth without more market competition.

risk는 명사로는 '위험, 모험'이고 동사로는 '~의 위험을 무릅쓰다, ~을 각오하다'라는 뜻을 갖습니다. high-risk는 '위험도가 높은', low-risk는 '위험도가 낮은'이라는 의미입니다.

415

A *novel* approach to antitrust competition and market power: tech rules too '*narrow.*'

'소설'이라는 뜻으로 익숙한 novel에는 '새로운'이라는 뜻도 있어서 a novel approach는 '새로운 접근'이라는 의미입니다. narrow는 '좁은'이라는 형용사로 여기서는 '편협한, 시각이 좁은'이라는 의미로 쓰였습니다.

411

바이든 정부는 반독점 소송에 강경한 태도로 나오다.

administration 행정(부) **swing on** 주먹으로 치려고 하다 **litigation** 소송, 고소
ex The company has been in litigation for the past 5 years.
그 기업은 지난 5년 동안 소송을 벌여 오고 있다.

412

IT 공룡들은 새로운 반독점 법안에서
규모 축소 요구에 직면하다.

downsize (인력이나 규모 등을) 축소하다, 줄이다 ⓢ cut down, reduce, downscale, slash
ex **downsize a workforce** 인력을 줄이다 **downsize the production crew** 생산 인력을 축소하다

413

미국 법무부는 반독점법 집행을 조용히 밀어붙이다.

make quiet push 조용하게 밀어붙이다 **enforcement** (법률의) 시행, 집행
ex The push for reform began in 2020. 개혁을 위한 분투가 2020년에 시작되었다.

414

중국은 시장 경쟁이 더 심해지지 않도록
성장 둔화 리스크를 무릅쓰다.

risk 위험, 모험; ~의 위험을 무릅쓰다, ~을 각오하다 **market competition** 시장 경쟁
ex You have to risk in order to gain. 뭔가를 얻고 싶다면 위험을 무릅써야 한다.

415

반독점 경쟁과 시장 파워에 대한 새로운 접근:
IT 기업들에 대한 규제가 너무 '편협하다.'

novel 새로운 **narrow** 좁은; 편협한, 시각이 좁은 ⓐ broad, open, wide
ex His novel idea of opening a new business was taken.
새로운 사업체를 만들자는 그의 참신한 아이디어는 채택되었다.

④ 불공정 거래 4

복습   복습

01 consumer sentiment gauge
`327`

16 beat earnings expectations
`372`

02 halt factory production `330`

17 significant growth slowdown
`372`

03 plant closures `332`

04 rein in steel production `334`

18 hover near record highs `377`

05 cope with global chip shortage
`339`

19 hiked full-year outlook `383`

20 fall short on revenue `384`

06 supply bottlenecks `344`

21 smack the market `385`

07 semiconductor squeeze `348`

22 signs of fatigue `386`

08 unemployment benefit `351`

23 volatile quarter `387`

09 employment rights `353`

24 supply chain havoc `392`

10 hit highs `356`

25 demolish earnings expectations
`394`

11 downside risk `357`

12 furlough scheme `362`

26 antitrust enforcement `396`

13 cure for pandemic doldrums
`363`

27 tech crackdown `397`

28 breach of antitrust laws `400`

14 misleading claims `367`

29 make a new appeal `410`

15 wage inflation `370`

30 demands to downsize `412`

정답   01 소비자 심리지수   02 공장 생산을 중단시키다   03 공장 폐쇄   04 철강 생산을 억제하다   05 글로벌 칩 부족 현상에 대처하다   06 공급 병목 현상   07 반도체 부족 현상   08 실업 수당   09 고용권   10 고점을 찍다   11 하락 리스크   12 일시 해고 제도   13 팬데믹으로 인한 경기 침체를 치유하다   14 호도하는 주장들   15 임금 인플레이션   16 예상 실적을 넘어서다   17 심각한 성장 둔화   18 사상 최고치 부근을 맴돌다   19 1년치 전망을 상향 조정했다   20 수익이 예상치에 못 미치다   21 시장에 큰 타격을 주다   22 피로의 징후   23 불안정한 분기   24 공급망 대혼란   25 실적 기대를 무너뜨리다   26 반독점법 집행   27 IT 기업들에 대한 강력 단속   28 반독점법 위반   29 새롭게 항소하다   30 축소하라는 요구

미 연준(Fed),
미국 주도주

416

Tapering isn't really a market-driving issue anymore.

taper는 '끝이 점점 뾰족해지다[가늘어지다]'라는 동사입니다. 경제 뉴스에서 자주 접하게 되는 tapering(테이퍼링)은 미국 연방준비제도의 '단계적·점진적 양적완화 축소', 즉 '자산매입 축소'를 의미합니다.

417

With Fed officials *split* over *outlook*, Powell seeks to find compromise tapering plan.

outlook은 '전망, 관점'이라는 뜻이고 split은 '분열되다, (의견이) 갈리다'라는 뜻이므로 split over outlook은 '전망에 관해 의견이 엇갈리다'라고 해석할 수 있습니다.

418

Fed Chief Powell, other officials owned *securities central bank* bought during Covid pandemic.

securities는 '증권, 주식'을 뜻합니다. 그 외 증권을 가리키는 단어로 stock, share가 있고, bond는 '채권'을 나타냅니다. 미국의 central bank(중앙은행)는 Fed(연방준비제도, 연준)를 가리킵니다.

419

After years of being 'squeaky clean,' the Fed is surrounded by *controversy*.

squeaky는 '끼익 하는 소리가 나는'이라는 뜻으로 squeaky clean은 '끽 소리가 날 정도로 너무 깨끗한, (도덕적으로) 나무랄 데 없는'이라는 의미입니다. controversy는 '논란'이라는 뜻으로, 여기서는 2021년 하반기에 논란이 되었던 미 연준 고위직들의 증권 거래 내용을 가리키고 있습니다.

420

Fed Chair Jay Powell *fears disinflation*, not inflation.

fear는 '두려워하다, 염려하다'라는 뜻으로 이 문장에서는 '우려하다'라고 해석할 수 있습니다. inflation 앞에 dis-가 붙은 disinflation은 '인플레이션 완화', 즉 '인플레이션을 극복하기 위한 경제조정정책'을 의미합니다.

416

테이퍼링은 더 이상 시장의 방향을 좌우하는
이슈가 아니다.

tapering 테이퍼링(미 연준의 단계적·점진적 양적 완화 축소, 자산매입 축소)
ex Fed's official discussion on tapering 미 연준의 테이퍼링 관련 공식 논의

417

연준 고위인사들의 경기 전망 의견이 엇갈리는 가운데
파월 의장은 테이퍼링 계획에 합의점을 찾고자 한다.

official (고위) 공무원, 임원 **split** 분열되다, (의견이) 갈리다
outlook 전망, 관점 **compromise** 타협; 타협하다

418

미 연준 의장인 파월과 다른 고위인사들은 연준이
코로나 팬데믹 중 매입한 주식들을 보유하고 있었다.

securities 증권, 주식 **= stock, share**
ex marketable securities 유가증권 **negotiable securities** 유가증권

419

지난 몇 년 간 '매우 청렴함'을 자랑하던 미 연준이
논란에 휩싸이다.

squeaky 끼익 하는 소리가 나는 **squeaky clean** 너무 깨끗한, (도덕적으로) 나무랄 데 없는 **controversy** 논란
ex This is not a completely squeaky clean military.
여기는 나무랄 데 없을 정도로 완벽히 깨끗한 군대는 아니다.

420

미 연준 의장인 제롬 파월은 인플레이션이 아닌
디스인플레이션을 염려한다.

fear 두려워하다, 염려하다, 우려하다 **disinflation** 인플레이션 완화
ex an anti-inflation measure 인플레이션을 억제하는 대책

421

Fed's 'taper' timeline *tied to volatile* jobs data.

tied to는 '~과 관련 있는'이라는 뜻으로 테이퍼링 시간표와 고용지표가 서로 관련 있음을 나타내고 있습니다. volatile은 '변덕스러운, 불안한'이라는 뜻으로 volatile jobs data는 '불안한 고용지표'라는 의미입니다.

422

Federal Reserve meeting's S&P 500 impact *hinges on* one thing: not the taper.

hinge는 명사로는 '(문뚜껑 등의) 경첩'을 뜻하며 hinge on/upon은 '전적으로 ~에 달려있다'라고 해석합니다.

423

A thorough *recap* of the Fed's recent *market-moving* decisions.

recap은 recapitulation을 짧게 표현한 것으로 '개요, 요약'을 뜻합니다. market-moving은 '시장을 움직이는'이라는 의미입니다.

424

Tapering *sentiments* boost U.S. dollar to *monthly high*.

sentiment는 '정서, 감정, 감상'이라는 뜻을 갖고 있지만 경제 뉴스에서는 '심리, 투심' 등을 뜻합니다. monthly high는 '월간 최고치'로서 원래는 a monthly high라고 해야 하는데 헤드라인 특성상 관사 a가 생략되었습니다.

425

'Stagflation' threat *puts heat on* Fed's rate decision.

put heat on은 글자 그대로 해석하면 '~ 위에 열기를 얹다'인데 여기서는 '~에 압박[압력]을 가하다'로 해석할 수 있습니다.

해석을 확인해 보고
표현도 정리해 보세요.

421

연준의 '테이퍼링' 시간표는 불안한 고용지표와 관련 있다.

tied to ~과 관련 있는　**volatile** 변덕스러운, 불안한　■ **unstable**
ᴇˣ **volatile exchange rate** 불안한 환율

422

미 연준 회의의 S&P500 기업들을 대한 영향은
테이퍼링이 아니라 전적으로 한 가지에 달려있다.

Federal Reserve (System) 미국 연방준비제도　**hinge on/upon** 전적으로 ~에 달려있다

423

미 연준의 시장을 움직일 만한 최근 결정들에 대한
완벽한 요약

thorough 빈틈없는, 철저한　**recap**(recapitulation의 약자) 개요, 요약
ᴇˣ **a thorough overhaul** 철저한 점검　**a thorough reform** 완전 개혁

424

테이퍼링 심리가 미국 달러를 월간 최고치로
밀어 올리다.

sentiment 정서, 감정, 감상; 심리, 투심　**boost** 북돋우다, 밀어 올리다
a monthly high 월간 최고치

425

'스태그플레이션' 위협이 미 연준의 금리 결정에
압력을 가하다.

put heat on ~ 위에 열기를 얹다, ~에 압박[압력]을 가하다
ᴇˣ **He put the heat on his friend's behavior.** 그는 그의 친구의 행동을 압박했다.

① 미 연준(Fed) 2

195

426

'Taper tantrum' by stock markets indicate gaps in the smooth recovery story.

taper tantrum은 '긴축 발작'이라는 뜻으로 긴축 정책을 진행하면서 오는 경제적 타격을 뜻합니다.

427

Thanks, Fed: Rally continues after *relatively* rosy economic outlook.

경제 뉴스 헤드라인에서는 가끔 Thanks, Fed(고마워, 연준)처럼 친구한테 말하듯 쓰인 것을 볼 수 있습니다.
relatively는 '비교적'이라는 뜻으로 relatively rosy는 '비교적 장밋빛인'이라는 의미입니다.

428

Fed Chair calls inflation *'frustrating'* and sees it *running* into later this year.

frustrating은 '불만스러운, 좌절감을 주는'이라는 뜻으로 frustrate(좌절감을 주다)라는 동사의 형용사형입니다. run에는 '(얼마의 기간 동안) 계속되다'라는 뜻이 있어서 run into later this year는 '올해 후반까지 이어지다'라고 해석할 수 있습니다.

429

Fed Chair speaks in *cautious tone* about tapering.

cautious는 '조심스러운, 신중을 기한'이라는 뜻이고 tone은 '어조, 말투'라는 뜻이므로 in cautious tone 하면 '신중한 어조로' 또는 '신중한 자세로'라고 해석할 수 있습니다.

430

Fed gives *green light* to taper.

green light는 '(사업 등에 대한) 허가, 승인'이라는 뜻이 있어서 give a green light to라고 하면 '~을 승인하다, 허가하다'라는 의미가 됩니다.

426

주식 시장의 '긴축 발작'은 매끄러운 회복을
하는 데 공백을 나타낸다.

taper tantrum 긴축 발작 **indicate** 나타내다, 보여주다 **gap** 틈, 공백, 간격

427

고마워, 연준: 경제 전망이 비교적
장밋빛으로 나오자 랠리가 이어지다.

relatively 비교적, 상대적으로
📖 The fee was relatively modest. 그 비용은 비교적 비싸지 않았다.

428

미 연준 의장은 인플레이션이 '불만스럽다'며
올해 후반까지 인플레이션이 이어질 것으로 보다.

frustrating 불만스러운, 좌절감을 주는 **run** (얼마의 기간 동안) 계속되다

429

미 연준 회장은 테이퍼링에 대해 신중한
자세로 말하다.

cautious 조심스러운, 신중을 기한 **tone** 어조, 말투
📖 take a cautious attitude 신중한 태도를 취하다

430

미 연준, 테이퍼링을 승인하다.

give a green light to ~을 승인하다, 허가하다 📄 permit, approve, authorize, agree
📖 If you could give me the green light this time... 이번에 저에게 허가를 해주시면 ~

431

Fed under pressure: Bond market specialists warn of *fragility* in Fed *pullout*.

fragility는 fragile(잘 깨지는, 부서지기 쉬운, 취약한)의 명사형으로 '부서지기 쉬움, 여림, 허약'이라는 의미입니다. pull out은 '~에서 발을 빼다, 빠져 나가다'라는 뜻이고 명사형인 pullout은 '빼내기, 철수; (자금의) 회수'라는 뜻입니다. 여기서는 미 연준의 양적완화 축소를 통한 '자금 회수'를 의미합니다.

432

Fed says U.S. inflation driven by pandemic-related *factors*.

factor는 '이유, 요인'이라는 뜻으로 pandemic-related factors는 '팬데믹과 관련된 요소'라고 해석할 수 있습니다.

433

Fed seen *pushing ahead* with November taper despite jobs data miss.

push ahead는 '~을 단호하게 밀고 나가다[밀어붙이다]'라는 뜻으로 Fed (is) seen pushing ahead는 '미 연준은 밀어붙일 것으로 보인다'라고 해석할 수 있습니다.

434

Fed *underestimated* impacts of delta variant on the economy.

underestimate는 '(비용·규모 따위를) 너무 적게 추산하다[잡다]' 또는 '과소평가하다'라는 뜻입니다. 반대로 '과대평가하다'는 overestimate라고 합니다.

435

Government *watchdog* launches *probe* into trading by Fed officials.

watchdog은 '감시인, 감시 단체'라는 뜻으로 guard dog이라고도 합니다. probe는 '캐다, 조사하다, 캐묻다' 또는 '철저한 조사'라는 뜻으로 launch probe는 '조사에 착수하다'라는 의미입니다.

431

압박을 받는 미 연준: 채권 시장 전문가들은 미 연준의 자금 회수 취약성에 대해 경고한다.

specialist 전문가 **fragility** 부서지기 쉬움, 여림, 허약 🔁 **delicateness, brittleness, delicacy**
pullout 빼내기, 철수; (자금의) 회수

432

미 연준은 미국 인플레이션이 팬데믹 관련된 요소로 인해 일어났다고 말한다.

driven by ~에 의해 생긴[만들어진] **factor** 이유, 요인
🆎 **Pandemic-related stress linked to economic recession.**
팬데믹과 관련된 스트레스는 경제 침체와 연관이 있었다.

433

미 연준은 예상보다 부진한 고용지표에도 불구하고 11월 테이퍼링을 밀어붙일 것으로 보인다.

push ahead ~을 단호하게 밀고 나가다[밀어붙이다] **jobs data miss** 예상보다 안 좋은 고용지표
🆎 **We must push ahead with the original paln.** 우리는 반드시 원래 계획대로 밀어붙여야 한다.

434

미 연준은 델타 변이가 경제에 미치는 영향을 과소평가했다.

underestimate (비용·규모 따위를) 너무 적게 추산하다[잡다], 과소평가하다 🔄 **overestimate**
🆎 **Don't underestimate me.** 나를 과소평가하지 마.

435

정부 조사단은 미 연준 고위직들의 증권 거래에 대한 조사에 들어가다.

watchdog 감시인, 감시 단체 🔁 **guard dog** **probe** 캐다, 조사하다, 캐묻다; 철저한 조사
🆎 **We must probe this issue to the bottom.** 우리는 이 문제에 대해서 철저히 파헤쳐야 한다.

436

Fed's trading controversy *undermines* public trust.

undermine은 '(자신감·권위 등을) 약화시키다'라는 뜻으로 undermine public trust는 '대중의 신뢰를 약화시키다'라는 의미입니다. undermine의 반대어에는 amplify(증폭시키다)가 있습니다.

437

Fed tapering likely, but mortgage rates *play by their own rules*.

play by the rules는 '규칙을 지키며 게임을 하다'라는 뜻이지만, play by their own rules는 '다른 규율에 얽매이지 않고 자신의 룰에 따라 움직인다'는 뜻입니다.

438

Fed chief *steps down* after securities trading scandal.

step down은 '단을 내려가다, 퇴진하다, 사직하다'라는 뜻으로 resign(사직하다)과 같은 의미입니다.

439

U.S. mortgage bonds feel *strain of* Fed *pullback* strategies.

strain은 '부담, 중압, 압박'이라는 뜻으로 feel strain은 '압박을 느끼다'라는 의미입니다. pullback은 '후퇴, 철수'라는 뜻으로 Fed pullback strategies는 '미 연준의 철수 전략', 즉 '미 연준의 테이퍼링 전략'을 가리킵니다.

440

Shakeout on gold post-FOMC as conflicting signals follow hawkish meeting.

shakeout은 '주식의 폭락' 또는 '기업 등의 구조조정'을 뜻합니다. 여기서 shakeout on gold는 '금 가격의 하락'을 의미합니다.

436

미 연준은 증권 거래 논란으로 대중의 신뢰를 잃다.

controversy 논란
undermine (자신감·권위 등을) 약화시키다 ⑤ defeat, beat, ruin, worsen, aggravate
⑥ **undermine company morale** 회사의 사기를 꺾다

 437

미 연준의 테이퍼링은 거의 확정적이지만,
담보대출 금리는 그와 상관없이 따로 움직일 것이다.

mortgage rates 주택담보대출 금리
play by their own rules 다른 규율에 얽매이지 않고 자신의 룰에 따라 움직이다
⑥ **If you want to be global leaders, play by their rules.** 글로벌 리더가 되고 싶다면, 그들의 룰을 따라야 한다.

 438

미 연준 의장은 증권 거래 스캔들 이후 사임하다.

step down 단을 내려가다, 퇴진하다, 사직하다 ⑤ resign
⑥ **The leader of the company stepped down due to his health issues.**
그 회사의 대표는 건강 문제로 인해 사임했다.

 439

미국 담보대출 채권은 미 연준의
철수(테이퍼링) 전략으로 인해 압박을 받다.

strain 부담, 중압, 압박 **pullback** 후퇴, 철수
⑥ **Her marriage is under strain at the moment.** 그녀의 결혼 생활은 현재 큰 압박을 받고 있다.

440

FOMC의 매파적 회의 이후
엇갈린 신호들이 나오자 금 가격이 하락하다.

shakeout 주식의 폭락, 기업 등의 구조조정 **conflicting** 서로 싸우는, 모순되는, 상충되는 **hawkish** 매파적인
⑥ **There is a possibility of a further shakeout.** 추가적인 주가 폭락 가능성이 있다.

441

Amazon stock will *shine post-pandemic.*

shine은 '빛이 나다, 빛을 발하다'라는 뜻으로 이 문장에서는 주가의 상승을 비유적으로 나타내고 있습니다.
post-는 '~ 이후의'라는 뜻이므로 post-pandemic은 '팬데믹이 끝난 이후에'라는 의미입니다.

442

Meme stocks take off as call option buying surges.

meme stocks(밈 주식)는 온라인에서 입소문을 탄 개인 투자자들이 몰리는 주식을 말합니다. take off는
'이륙하다, 떠나다, 날아오르다'라는 뜻의 동사로서 여기서 주가가 '상승하다'라는 의미로 쓰였습니다.

443

European shares *rally* to *record highs.*

rally는 '결집하다, 단결하다'라는 뜻으로 주가 관련해서는 '랠리를 펼치다(증시가 약세에서 강세로 전환하다)'
로 해석할 수 있습니다. record highs는 '기록적 최고점'으로 이전에는 한 번도 기록하지 못했던 가장 높은
지점을 뜻합니다.

444

The stock market is *near* record highs.

near는 '~에 가까운'이라는 뜻이므로 near record highs는 '최고점에 가까운'이라는 의미입니다.

445

Australian shares *hit another record high.*

hit a record high 하면 '최고점을 찍다'라는 뜻인데 a 대신 another(또 하나의)를 쓰면 최고점 기록 행진이
'또 한 번' 반복됨을 강조하는 표현입니다.

441

아마존의 주가는 팬데믹 이후에
빛을 발할 것이다.

shine 빛이 나다, 빛을 발하다 **post-pandemic** 팬데믹이 끝난 이후에

442

밈(meme) 종목들은 콜 옵션 매수세가 몰리며
상승 흐름을 나타내다.

meme stocks 밈 주식 **take off** 이륙하다, 떠나다, 날아오르다 **call option** 콜옵션(주식 매입 선택권)

443

유럽 시장은 최고점을 향해 랠리를 펼치다.

rally 결집하다, 단결하다; 랠리를 펼치다 **record highs** 기록적 최고점

444

주식 시장은 최고점에 근접해 있다.

near ~에 가까운

445

호주 주식들은 또 한 번 최고점을 찍다.

another 또 하나의 **hit another record high** 또 한 번 최고점을 찍다

446

Top Wall Street analysts believe these stocks are *poised for upside*.

poised for는 '~할 태세를 갖춘'이라는 뜻이고 upside는 '위쪽, 윗면'이라는 뜻이므로 poised for upside 는 '위로 올라갈 태세를 갖춘', 즉 '상승할 가능성이 높은'이라고 해석할 수 있습니다.

447

Boom-bust cycle update: *Boom-to-bust* transition for the Korean economy.

boom-bust cycle은 '호경기'를 뜻하는 boom과 '불황'을 뜻하는 bust가 합쳐진 표현으로 '호황과 불황의 순환', '경기 순환 사이클'이라는 의미입니다. boom-to-bust는 '호황에서 불황으로 넘어가는'이라는 뜻입니다.

448

Economic outlook more *positive* again: tourism and travel recovery.

경제 뉴스에서 positive가 나오면 '긍정적인, 낙관적인' 뉴스이고 negative가 나오면 '부정적인, 비관적인' 뉴스라는 것을 알아챌 수 있습니다. more positive again은 '다시 더 긍정적인'이라는 의미입니다.

449

Increasing power demands mean economy is on *upswing*, says analyst.

upswing은 골프에서 '업스윙'이라고 하는 것처럼 '(어느 정도의 기간에 걸친) 호전, 상승, 증가'를 뜻합니다.

450

Positive week for stocks *despite* big *jobs miss*.

여기서 jobs miss는 '일자리 부족'이 아니라 '고용지표가 예상보다 잘 나오지 못한 것'을 가리킵니다. despite는 '~에도 불구하고'라는 의미입니다.

446

월가 최고의 애널리스트들은 이 주식들이
상승할 가능성이 높다고 본다.

poised for ~할 태세를 갖춘 **upside** 위쪽, 윗면 ↔ **downside**
ⓔⓧ **poised for action** 행동을 취할 태세를 갖춘

447

경기 순환 사이클 업데이트: 한국 경제는 호황에서
불황으로 넘어가는 과도기다.

boom-bust cycle 호황과 불황의 순환, 경기 순환 사이클 **boom-to-bust** 호황에서 불황으로 넘어가는
ⓔⓧ **The chaotic period of boom and bust continues.** 호황과 불황을 오가는 어지러운 시기가 이어지다.

448

다시 더 긍정적으로 나온 경제 전망:
관광과 여행업 회복

positive 긍정적인, 낙관적인 ↔ **negative** **tourism** 관광 **travel** 여행; 여행하다
ⓔⓧ **Negative outlook announced by the IMF** IMF가 발표한 부정적인 전망

449

애널리스트는 전기 수요 증가가 경제 호전을
의미한다고 말한다.

upswing (어느 정도의 기간에 걸친) 호전, 상승, 증가 ⊜ **upturn**
ⓔⓧ **a strong upswing in economic activity** 경제 활동의 강한 상승

450

예상보다 크게 부진한 고용지표에도 불구하고
주가는 긍정적 흐름을 보인 한 주다.

despite ~에도 불구하고 **jobs miss** 고용지표가 예상보다 잘 나오지 못한 것
ⓔⓧ **Despite these measures, the economy is still struggling.**
이런 조치들에도 불구하고, 경제는 여전히 부진하다.

451

After *dismal* jobs number, stocks slip.

dismal은 '울적하게 하는, 음울한'이라는 뜻으로 dismal jobs number는 '실망스러운 고용 수치[지표]'라고 해석할 수 있습니다.

452

Heading for *downturn* ahead of OPEC+ meeting.

downturn은 '감소, 하강'이라는 뜻으로 head for downturn은 '아래쪽을 향하다', 즉 '하락하다'라는 의미입니다.

453

Dow is *flat* as markets fight the September *doldrums*.

flat은 '평평한'이라는 뜻으로 위 문장에서는 '별 움직임 없이 횡보하는'이라고 해석할 수 있습니다. doldrums는 '침울, 우울, 침체, 부진'이라는 뜻으로 항상 복수형으로만 쓰입니다.

454

Stock market *survives* scary week. Next week could be scarier.

survive는 '살아남다, 생존하다, 견뎌[버텨]내다'라는 뜻으로 stock market survives는 '주식 시장이 버텨내다'라고 해석할 수 있습니다.

455

Wall Street stocks break worst *losing streak* since June.

streak은 '기다란 자국[흔적, 줄]'을 뜻하므로 losing streak은 '연이은 패배', '하락 행진' 정도로 해석할 수 있습니다. 앞에 worst까지 붙었으니 '최악의'라는 의미가 추가됩니다.

451

실망스러운 고용지표 발표 이후 주가가 밀리다.

dismal 울적하게 하는, 음울한
ex **a dismal market** 음울한 시장 분위기
The dismal winter made me sad. 우울한 겨울이 나를 슬프게 만들었다.

452

OPEC+ 회의를 앞두고 증시가 하락하다.

downturn 감소, 하강
ex **a downturn in sales** 매출 감소
An economic downturn is evitable. 불경기를 피할 수 있다.

453

시장이 9월의 경기 부진과 싸우는 가운데
다우지수는 횡보하다.

flat 평평한 **doldrums** 침울, 우울, 침체, 부진

454

주식 시장은 무서운 한 주를 버텨내다.
다음 주는 더 무서울 수도 있다.

survive 살아남다, 생존하다, 견뎌[버텨]내다
ex **Airline businesses must be able to survive even during the pandemic.**
팬데믹 동안에도 항공 기업들은 살아남을 수 있어야 한다.

455

월가는 6월 이후 최악의 하락 행진을 멈추다.

streak 기다란 자국[흔적, 줄] **losing streak** 연이은 패배, 하락 행진
ex **winning streak** 연승 가도 **rain streak** 빗줄기

456

Here are stocks making the biggest *moves*.

여기서 move는 '움직임'이라는 명사로 쓰였습니다. make the biggest moves는 '가장 큰 움직임을 보이다'라고 해석할 수 있습니다.

 457

Oil prices climb after *drawdown in stocks*.

drawdown은 '(공급의) 축소, 축소량'이라는 뜻이고 stock은 '비축물, 재고'라는 뜻이므로 drawdown in stocks는 '재고 감소'라는 의미입니다. 원유 시장에서는 공급 부족이 호재로 작용됩니다.

 458

A *weaker-than-expected* Apple quarter impacted by supply chain crisis.

weaker는 '더 약한'이라는 비교급이므로 weaker-than-expected는 '예상보다 약한[부진한]'으로 해석할 수 있습니다.

 459

What *core* sector data *foretells*.

core는 '중심의, 핵심적인'이라는 뜻으로 core sector는 '핵심적인 섹터[산업]'이라는 뜻입니다. foretell은 '예언하다, 예지하다'라는 뜻으로 predict, forecast, prophesy 등의 유의어가 있습니다.

 460

Wall Street rebounds from a five-day slump as the Fed *signals* its next move.

signal은 '신호를 보내다, 시사하다'라는 뜻으로 signal its next move는 '다음 움직임에 대해 신호[힌트]를 주다' 정도로 해석할 수 있습니다.

해석을 확인해 보고
표현도 정리해 보세요.

456

다음은 가장 큰 움직임을 보이는 종목들이다.

make the biggest moves 가장 큰 움직임을 보이다

457

원유 재고 감소 이후 유가가 오르다.

oil price 유가 **drawdown** (공급의) 축소, 축소량 **stock** 비축물, 재고

458

예상보다 부진한 애플의 분기 실적은
공급망 위기의 영향을 받은 것이다.

weaker-than-expected 예상보다 약한[부진한]
stronger-than-expected earnings 예상보다 높은 실적

459

핵신 산업 데이터가 우리에게 알려주는 것들

core 중심의, 핵심적인 **foretell** 예언하다, 예지하다 **predict, forecast, prophesy**
foretell someone's future ~의 미래를 예언하다

460

연준이 다음 움직임에 대해 힌트를 주자
월가는 5거래일 연속 하락세에서 반등하다.

rebound 다시 튀어 오르다, 반등하다 **signal** 신호를 보내다, 시사하다

461

Why Tesla stock *hopped* today.

hop은 원래 '한 발로 깡충깡충 뛰다'라는 뜻인데 여기서는 '상승하다'라는 뜻으로 쓰였습니다.

462

Amazon-*owned* Twitch hit by massive data *leak*.

-owned는 '~에게 소유된'이라는 뜻으로 Amazon-owned Twitch는 '아마존이 소유한 트위치'라는 의미입니다. leak은 동사로는 '새다, 누출하다', 명사로는 '유출, 새는 곳'이라는 뜻으로 massive data leak은 '대규모 데이터 유출'을 뜻합니다.

463

Google, Apple, and Microsoft report record-breaking profits, and shares rebound in *extended trading hours*.

extend는 '더 길게 하다, 연장하다, 확장하다'라는 뜻이어서 extended trading hours는 '연장된 거래 시간', 즉 '시간외 거래'를 뜻합니다. 애플이나 구글, 넷플릭스 같은 관심 종목들은 실적이 보통 정규장 마감 전 또는 마감 이후에 나올 때가 많아서 시간외 거래의 움직임에 대한 뉴스를 자주 볼 수 있습니다.

464

Amazon hardware chief says the home robot started as *security device* and *"evolved* to cover much more."

security는 '보안, 경비'라는 뜻이고 device는 '장비, 기기'라는 뜻으로 security device는 '보안 장비', '(보안을 위해 통과하는) 검색대'를 말합니다. evolve는 '진화하다, 발달하다'라는 뜻의 동사입니다.

465

Netflix stock *heads for its best day* since July.

head for는 '~으로 향하다'라는 뜻이고 its best day는 '최고의 날'이므로 head for its beat day는 '최고의 날로 향하다', 즉 '(주가가) 최고의 움직임을 보이다'라고 해석할 수 있습니다.

461

오늘 테슬라 주식이 뛴 이유

hop 한 발로 깡충깡충 뛰다

462

아마존 소유 기업 트위치, 대규모 데이터
유출로 인해 타격을 받다.

-owned ~에게 소유된 **leak** 새다, 누출하다; 유출, 새는 곳
🄴 Facebook-owned media platform, Instagram 페이스북이 소유한 미디어 플랫폼, 인스타그램

463

구글, 애플, 마이크로소프트가 수익 신기록을 발표하자
주가가 시간외 거래에서 반등하다.

record-breaking profits 이전 기록을 깨는 수익, 수익 신기록
extend 더 길게 하다, 연장하다, 확장하다 **extended trading hours** 시간외 거래

464

아마존 하드웨어 최고 경영자는 홈로봇이 보안 장비로
시작했지만 '훨씬 더 많은 것들을 하도록 진화했다'고 말한다.

security 보안, 경비 **device** 장비, 기기 **security device** 보안 장비, 검색대
🄴 walk through the security device 검색대를 통과하다

465

넷플릭스 주가는 7월 이후 최고의
움직임을 보이다.

head for ~으로 향하다
🄴 The country is heading for recession. 그 나라는 경기 침체로 향하고 있다.

211

466

Amazon *smashes* earnings expectations as its sales surge 50%.

smash는 '박살내다, 부딪치다'라는 뜻인데 여기서는 아마존이 실적 예상치를 '박살내다', 즉 아마존이 실적 예상치를 '크게 뛰어넘다'라는 의미로 쓰였습니다.

467

Let's talk about Apple's *surveillance* empire.

surveillance는 '감시'라는 뜻이고 empire는 '제국' 또는 '(기업의) 거대 왕국'이라는 뜻입니다. 하버드 대학 쇼샤나 주보프 교수가 *Surveillance Capitalism*(감시 자본주의)을 출간하면서 페이스북, 구글, 애플과 같은 메이저 IT 기업들의 데이터 감시 프로그램에 대한 이슈가 커졌습니다.

468

Apple *files appeal* to delay change in app store.

appleal은 '항소, 상고'라는 뜻으로 file an appeal은 '항소를 제기하다'라는 의미입니다.

469

Facebook *whistleblower* to be invited to UK Parliament.

whistle-blow는 '내부 고발을 하다'라는 뜻으로 whistleblower는 '내부 고발자'를 뜻합니다. 2021년 10월 페이스북이 사용자의 안전보다 이익을 먼저 추구하는 비윤리적 결정을 내린 것을 고발한 Frances Haugen에 관한 뉴스입니다.

470

Is Facebook finally starting to *crack*?

앞에서 crack down이라는 표현을 배웠죠? crack은 '갈라지다, 깨지다, 부서지다, 부수다'라는 뜻의 동사입니다. 명사로는 뭔가가 갈라져서 생긴 '금'을 뜻하기도 합니다.

466

아마존은 매출이 50% 급등하면서 실적 예상치를
크게 뛰어넘다.

smash 박살내다, 부딪치다 **earnings expectations** 실적 예상치

467

애플의 감시 왕국에 대해서 이야기해보자.

surveillance 감시 **empire** 제국, (기업의) 거대 왕국

468

애플은 앱스토어의 변경사항을 연기하는
항소를 제기하다.

appeal 항소, 상고 **file an appeal** 항소를 제기하다
EX The defendant could file an appeal. 피고인은 항소를 할 수 있다.

469

페이스북 내부 고발자가 영국 의회에 초청될 것이다.

whistleblower 내부 고발자 **parliament** 의회
EX Whistleblower testimony should prompt new oversight.
내부 고발자의 진술이 새로운 관리 감독을 촉발할 것이다.

470

페이스북, 드디어 무너지기 시작하나?

crack 갈라지다, 깨지다, 부서지다, 부수다; (원가가 갈라져서 생긴) 금
EX The plate has a crack in it. 이 접시는 금이 갔다.

471

'Squid Game' success *reopens the debate* who pays increasing Internet traffic.

reopen은 '다시 열다, 재개하다'라는 뜻이고 debate는 '토론, 논쟁'이라는 뜻으로 reopen the debate는 '토론을 재개하다'라고 해석할 수 있습니다.

472

Netflix hit show 'Squid Game' *spurs* interest in learning Korean.

spur는 명사로는 '박차; 자극제, 원동력'이라는 뜻이며, 동사로는 '박차를 가하다; 원동력이 되다, 자극하다'라는 뜻입니다. 따라서 spur interest는 '흥미를 자극하다[불러일으키다]'라는 의미입니다.

473

Google to give *security keys* to high-risk users in *phishing* attacks.

security keys는 '보안 열쇠, 보안 키'라는 뜻이며 phishing은 '피싱 사기', 즉 '인터넷 · 이메일 등을 통해 개인 정보를 알아내어 돈을 빼돌리는 사기'를 말합니다.

474

Google's massive *underwater data cable* lands Cornwall.

전 세계에서 인터넷 사용이 가능한 것은 바다 밑에 깔려 있는 해저 케이블 덕분인데요. underwater data cable은 '해저 데이터 케이블'을 일컫습니다.

475

Google illegally *underpaid* thousands of workers across *dozens of* nations.

underpay는 '(특히 하는 일에 비해) 저임금을 주다'라는 뜻입니다. dozen은 '12개 한 다스, 10여 개'라는 뜻으로 dozens of는 '수십의, 많은'이라는 뜻입니다.

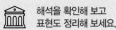
③ 미국 시장 주도주 3

471

'오징어 게임'의 성공으로 증가한 인터넷 트래픽에
대해 누가 돈을 내느냐는 토론이 재개되다.

reopen 다시 열다, 재개하다 **debate** 토론, 논쟁 **=** argument, discussion, dispute
ex a stormy debate 격렬한 토론 a boring debate 재미없는 토론

472

넷플릭스의 히트 프로그램 '오징어 게임'이
한국어를 배우는 데 흥미를 일으키다.

spur 박차를 가하다; 원동력이 되다, 자극하다 **=** cheer, encourage, accelerate
ex Her speech spurred students to give her a standing ovation.
그녀의 연설은 학생들이 기립 박수를 치게끔 했다.

473

구글은 피싱 공격의 위험이 높은 사용자들에게
보안 키를 주려고 한다.

security keys 보안 열쇠, 보안 키
phishing 피싱 사기(인터넷 · 이메일 등을 통해 개인 정보를 알아내어 돈을 빼돌리는 사기) **=** scam, hacking, fraud

474

구글의 대규모 해저 데이터 케이블이
영국의 콘월에 다다르다.

underwater data cable 해저 데이터 케이블 **land** 도착하다, 착륙하다
ex The cross-channel link between the U.K. and France is done by an underwater cable.
영국과 프랑스 사이 해협을 횡단한 연결은 해저 케이블 덕분이다.

475

구글은 수십 개국에 있는 수천 명 근로자들의 임금을
불법적으로 제대로 지불하지 않았다.

underpay (특히 하는 일에 비해) 저임금을 주다 **dozens of** 수십의, 많은
ex Dozens of applicants made the next round for the interview.
수십 명의 지원자들이 다음 라운드 인터뷰에 선발되었다.

476

Apple: *Downtrend* to *resume*.

downtrend는 '하강 추세'라는 뜻이고, 반대어인 '상승 추세'는 uptrend입니다. resume은 '재개하다, 다시 시작하다'라는 의미입니다.

477

EU Watchdog to *investigate* Amazon and Google over *fake* reviews.

investigate는 앞서 살펴본 probe와 비슷한 뜻으로 '(상황·사건·범죄 등에 대해) 조사하다, 수사하다, 살피다'라는 뜻을 갖고 있습니다. fake는 '가짜의, 모조의'라는 뜻으로 fave review는 '가짜 리뷰'를 의미합니다.

478

Apple builds a new *regional* headquarters in LA, signaling Hollywood *ambition*.

region은 '지역, 지방'이라는 뜻이고 regional은 '지역의, 지방의'라는 형용사형입니다. 따라서 regional headquarters는 '지역 본부'를 말합니다. ambition은 '야망, 포부, 야심' 등을 뜻합니다.

479

Google staff could see *pay cut* if they *opt to* work from home.

pay cut은 '임금 삭감, 감봉'을 뜻하며 '감봉하다'라는 동사로도 쓰입니다. opt to는 '~하기로 선택하다'라는 뜻입니다. 참고로 유럽에서는 웹사이트를 방문할 때마다 '데이터 수집에 동의하시겠습니까?'라는 질문에 opt in(동의를 선택하다) 또는 opt out(동의하지 않음을 선택하다)을 하게 됩니다.

480

All the data Google's apps *collect* about us and how to stop it.

collect는 '모으다, 수집하다'라는 뜻으로 collect data는 '데이터를 수집하다'라는 의미입니다. data collection (데이터 수집)은 현재 구글, 애플, 아마존 등 IT 공룡들이 돈을 버는 제1단계 수익 구조입니다.

표현도 정리해 보세요.

3 미국 시장 주도주 4

476

애플: 하강 추세가 다시 시작되다.

downtrend 하강 추세 ❄ downward trend, falling trend, declining tendency ❄ uptrend
resume 재개하다, 다시 시작하다

477

EU 감시단은 가짜 리뷰에 대해 아마존과 구글을 조사하려 한다.

investigate (상황·사건·범죄 등에 대해) 조사하다, 수사하다, 살피다 ❄ probe **fake** 가짜의, 모조의
❄ The policeman felt compelled to investigate this issue further.
그 경찰은 이 문제에 대해 더 조사해야겠다는 마음이 크게 들었다.

478

애플은 LA에 새 지역 본부를 만들며 할리우드 야망을 보이다.

regional 지역의, 지방의 **headquarters** 본사, 본부 **ambition** 야망, 포부, 야심
❄ He was extremely motivated to work hard due to his personal ambition.
그가 열심히 일하는 데는 개인적 야심이 큰 동기가 되었다.

479

구글 직원들은 재택근무를 선택하면 임금이 깎일 수도 있다.

pay cut 임금 삭감, 감봉; 감봉하다 **opt to** ~하기로 선택하다
❄ according to the recent pay cut 최근의 감봉에 의하면

480

구글 앱이 우리에 대해 수집하는 모든 데이터와 그것을 멈추게 하는 방법

collect 모으다, 수집하다

217

481

Google pledges to drop *personalized ad tracking*.

personalized는 '개인의 필요에 꼭 맞춘, 개인 맞춤형의'라는 뜻으로 동사 personalize(개인의 필요에 맞추다)의 형용사형입니다. track은 '추적하다'라는 뜻으로 personalized ad tracking은 '개인 맞춤형 광고 추적 시스템'을 일컫습니다.

482

Google to change research process after *uproar* over scientists' *firing*.

uproar는 '대소동, 소란, 엄청난 논란'을 뜻하며 여기서 쓰인 uproar over는 '~에 대한 논란'이라는 의미입니다. firing은 '해고'라는 뜻입니다.

483

Google pushes its *mandatory* return to office date into 2022.

mandatory는 '법에 정해진, 의무적인'이라는 뜻으로 mandatory return to office는 '의무적으로 사무실로 복귀하기'라고 해석할 수 있습니다. 팬데믹으로 인한 재택근무(work from home)가 길어진 가운데 사무실 복귀에 대한 이슈를 다룬 뉴스입니다.

484

A new bill would *upend* Apple's and Google's app store *dominance*.

upend는 '위아래를 거꾸로 뒤집다'라는 뜻입니다. dominance는 '우월, 지배, 우세'라는 뜻으로 '지배하다, 군림하다'라는 뜻의 동사 dominate의 명사형입니다.

485

Google's antitrust cases: a guide for the *perplexed*.

perplex는 '(이해할 수 없어서) 당황[난처]하게 하다'라는 뜻으로 perplexed는 '당혹스러운, 난처한, 어리둥절한'이라는 형용사입니다. 여기처럼 the가 붙은 the perplexed는 '당혹스러운 사람들'이라는 의미가 됩니다. 어떤 이슈가 터졌을 때 그 내용을 독자들이 이해하기 쉽게 다룬 리포트 종류의 헤드라인입니다.

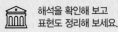
481

구글은 개인 맞춤형 광고 추적 시스템을
그만 사용하기로 약속하다.

personalized 개인의 필요에 꼭 맞춘, 개인 맞춤형의 **track** 추적하다
personalized ad tracking 개인 맞춤형 광고 추적 시스템

482

구글은 과학자들 해고로 논란이 거세자 연구
과정을 바꾸겠다고 한다.

uproar 대소동, 소란, 엄청난 논란 ▣ fuss, disturbance, tumult, commotion, controversy
firing 해고 ▣ be in an uproar 소란이 일다

483

구글은 2022년까지 의무적인 사무실
복귀를 추진하다.

mandatory 법에 정해진, 의무적인 ▣ compulsory

484

새로운 법안은 애플과 구글의 앱스토어
독점 지배 현상을 뒤집을 것이다.

upend 위아래를 거꾸로 뒤집다 ▣ turn upside down, invert
dominance 우월, 지배, 우세 ▣ supremacy, hegemony
▣ We can upend the scenario. 우리가 그 시나리오를 뒤집을 수 있다.

485

구글의 반독점 소송: 당혹스러운
이들을 위한 가이드

perplexed 당혹스러운, 난처한 **the perplexed** 당혹스러운 사람들

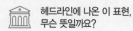

486

Tesla will start production at its new German *Gigafactory* next year.

gigafactory는 '기가팩토리', 즉 '전기자동차용 배터리를 만드는 대형 공장'을 말합니다.

487

Tesla halts *rollout* of full self-driving beta to drivers.

rollout은 '(기업의) 신상품 발표, 출시, 첫 공개' 등의 뜻을 갖고 있습니다.

488

Tesla's new plant *electrifies* California-Germany culture *clash*.

electrify는 '전기로 움직이게 하다' 또는 '열광[흥분]시키다'라는 뜻입니다. clash는 '(의견·생각 차이로 인한) 언쟁, 충돌'이라는 뜻으로 culture clash는 '문화 충돌'을 의미합니다.

489

Onetime big Tesla bull says 'he changed his mind.'

onetime은 '한때, 이전에'라는 뜻으로 onetime big Tesla bull은 '한때 테슬라에 대해서 강세 의견을 가졌던 사람'이라고 해석할 수 있습니다.

490

Tesla's battery-manufacturing Megafactory *breaks ground* in Lathrop, California.

break ground는 말 그대로 '땅을 부수다', 즉 '공사를 시작하다, 착공하다'라는 뜻입니다.

해석을 확인해 보고
표현도 정리해 보세요.

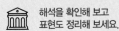

486

테슬라는 내년부터 독일에 있는 새로운 기가팩토리에서
생산을 시작할 것이다.

Gigafactory 기가팩토리(전기자동차용 배터리를 만드는 대형 공장)
ex **the Gigafactory supported by Tesla** 테슬라가 지원하는 기가팩토리

487

테슬라는 운전자들에게 완전 무인자동차
베타 서비스 출시를 중단하다.

halt 멈추다, 중단시키다 **rollout** (기업의) 신상품 발표, 출시, 첫 공개 ▣ **publish, release**
ex **vaccine rollout** 백신 출시

488

테슬라의 새 공장은 캘리포니아와 독일의
문화 충돌에 불을 붙이다.

electrify 전기로 움직이게 하다; 열광[흥분]시키다 **clash** (의견·생각 차이로 인한) 언쟁, 충돌
ex **electrify the world** 세상을 깜짝 놀라게[열광하게] 하다

489

과거 테슬라에 대해 강세 의견을 가졌던 측이
'생각을 바꿨다'고 말하다.

onetime 한때, 이전에 **bull** (주식) 사는 쪽, 강세 쪽 ▣ **bear**
ex **He was a big Apple bull in the past.** 그는 과거에 애플 강세론자였다.

490

테슬라의 배터리를 제조할 메가팩토리를
캘리포니아 라스롭에 착공하다.

break ground 공사를 시작하다, 착공하다
ex **When do you break ground for your new office building?** 새 오피스 빌딩 기공이 언제인가요?

491

A   B

Pot stocks extend rally as markets await ADP data.

as 앞뒤로 두 개의 절이 쓰인 경우 'B가 일어나는 가운데 A가 일어나다'와 같이 해석할 수 있습니다. 여기서 pot은 '마리화나'라는 뜻이어서 pot stocks는 '마리화나[마약] 관련주'를 말합니다.

 492

A   B

China's infant-care stocks extend gains on three-child policy.

on은 '~위에'라는 전치사인데 주식 관련 뉴스 헤드라인에서는 '~로 인하여'라는 원인을 나타내는 전치사로 자주 쓰입니다. 이런 구조는 'B로 인해 A가 일어나다'라고 해석하면 됩니다.

 493

A   B

World stocks end lower amid strong U.S. data.

경제 뉴스 헤드라인에서 정말 자주 보게 되는 문장 구조입니다. amid는 '~으로 에워싸인, ~하는 가운데'라는 뜻으로, 이런 구조는 'B가 일어나는 가운데 A가 일어나다'와 같이 해석합니다.

 494

A United is going supersonic,

B but airline stocks fall on mixed guidance.

supersonic은 '초음속의'라는 형용사로 여기에 쓰인 go supersonic은 '아주 좋은 흐름을 보이며 상승하다'로 해석할 수 있습니다. 헤드라인에 but이 보이면 A와 B가 다른 방향을 가리킴을 바로 알 수 있습니다.

 495

A   B

Stocks up, dollar down after May's U.S. job report.

after가 보이면 'B가 일어난 이후에 A가 일어나다'라고 해석합니다. job report는 '고용 보고서'를 뜻하는데 이처럼 after와 함께 쓰이면 '고용 보고서 발표 이후에'라는 의미입니다.

491

시장이 ADP 지표를 기다리는 가운데
마리화나 관련주는 랠리를 이어가다.

pot stocks 마리화나[마약] 관련주 ≡ cannabis stocks, marijuana stocks

492

세 자녀 출산 정책 소식으로 인해
중국의 유아용품 관련주가 상승장을 이어가다.

infant 유아 **extend gain** 상승장을 이어가다 **policy** 정책

493

세계 주식 시장은 미국의 강한 경제 지표가 발표된
가운데 하락 마감하다.

amid ~으로 에워싸인, ~하는 가운데

494

유나이티드 항공은 아주 좋은 흐름을 보이고 있으나,
항공주들은 의견이 엇갈린 가이던스로 인해 하락하다.

supersonic 초음속의 **mixed guidance** 의견이 엇갈린 가이던스

495

미국의 5월 고용 보고서 발표 이후
주식은 오르고 달러는 내리다.

job report 고용 보고서

A   **B**

Stocks opened mixed and then quickly turned lower Thursday.

then은 '그 다음에'라는 뜻이므로 이런 구조는 'A가 일어난 이후 B가 일어나다'로 해석합니다. 위처럼 then 뒤로 quickly turned가 오면 B에서는 상황이 금세 바뀌어 A와는 다른 상황이 일어나고 있음을 알 수 있습니다.

A   **B**

Sharp fall in U.S. construction amid rapid economic recovery.

앞에서 다뤘듯이 amid가 있는 이런 구조는 'B가 일어나는 가운데 A가 일어나다'와 같이 해석합니다. sharp fall은 '가파른 하락'이라는 뜻입니다.

A Stocks tumble in worst day since February
B as tech shares slide and bond yields rise.

as가 있는 문장 구조는 'B가 일어나는 가운데 A가 일어나다'라고 해석합니다. bond yields는 '채권 수익률'을 뜻합니다.

A   **B**

Overall tech shares rise with Apple leading.

with는 '~와 함께'라는 뜻으로 이런 문장 구조는 'B와 함께 A가 일어나다'라고 해석합니다. overall은 '종합적인, 전반적인, 전체의'라는 뜻으로 overall tech shares는 '전반적인 기술주들'이라는 의미입니다.

A China pushes to develop its own chips,
B but the country can't do without overseas tech.

문장 가운데 but이 있는 이런 구조는 'A하지만, B하다'라고 해석하면 됩니다. develop its own chips는 '자체적으로 칩을 개발하다'라는 의미입니다.

496

목요일 주식 시장은 혼조세로 시작했지만
금방 하락세로 바뀌었다.

turn 변하다, 바뀌다

497

경제가 빠르게 회복하는 가운데 미국의
건설업 주가가 가파르게 하락하다.

sharp fall 가파른 하락 **construction** 건설, 건설업

498

기술주들이 밀리고 채권 수익률은 오르는 가운데
주가는 2월 이후 최악의 날을 보내며 무너지다.

tumble 굴러 떨어지다, 폭삭 무너지다 **bond yields** 채권 수익률

499

애플이 선두를 달리며 기술주가 전반적으로 상승하다.

overall 종합적인, 전반적인, 전체의

500

중국은 자체적 칩을 개발하고자 하지만,
해외 기술 없이는 불가능하다.

develop its own chips 자체적으로 칩을 개발하다 **overseas** 해외의; 해외에

복습   복습

01 market-driving issue   416   17 reopen the debate   471

02 split over outlook   417   18 phishing attacks   473

03 volatile jobs data   421   19 underwater data cable   474

04 Fed's rate decision   425   20 regional headquarters   478

05 taper tantrum   426   21 personalized ad tracking   481

06 in cautious tone   429   22 Google's app store dominance   484

07 government watchdog   435

08 Fed pullback strategies   439   23 the perplexed   485

09 shakeout on gold   440   24 rollout of full self-driving beta   487

10 post-pandemic   441

11 boom-bust cycle   447   25 culture clash   488

12 dismal jobs number   451   26 break ground   490

13 drawdown in stocks   457   27 pot stocks   491

14 massive data leak   462   28 infant-care stocks   492

15 extended trading hours   463   29 go supersonic   494

16 surveillance empire   467   30 develop its own chips   500

정답 01 시장의 방향을 좌우하는 이슈 02 전망에 관해 의견이 엇갈리다 03 불안한 고용지표 04 미 연준의 금리 결정 05 긴축 발작 06 신중한 어조[자세]로 07 정부 조사단 08 미 연준의 철수(테이퍼링) 전략 09 금 가격의 하락 10 팬데믹이 끝난 후에 11 경기 순환 사이클 12 실망스러운 고용지표 13 재고 감소 14 대규모 데이터 유출 15 시간외 거래 16 감시 왕국 17 토론을 재개하다 18 피싱 공격 19 해저 데이터 케이블 20 지역 본부 21 개인 맞춤형 광고 추적 시스템 22 구글의 앱스토어 독점 지배 현상 23 당혹스러운 사람들 24 완전 무인자동차 베타 서비스 출시 25 문화 충돌 26 착공하다 27 마리화나[마약] 관련주 28 유아용품 관련주 29 아주 좋은 흐름을 보이며 상승하다 30 자체적으로 칩을 개발하다

Chapter 2

섹터별 뉴스 헤드라인

Investing

501

Want to raise *money-savvy* kids?

savvy는 비격식 표현으로 '(실용적인) 지식, 상식, 요령'을 뜻하는데, 형용사로는 '요령 있는, 상식 있는'이라는 뜻입니다. money-savvy는 '돈에 관련된 지식이 있는'이라는 의미입니다.

 502

Many *retirees* will need *little to no* long-term care, research shows.

retire는 '은퇴하다'라는 뜻이고 뒤에 -e를 붙인 retiree는 '은퇴자'를 뜻합니다. little to no는 '아주 약간이거나 아예 없는'이라는 뜻이므로 need little to no long-term care는 '장기 케어가 아주 약간 필요하거나 아예 필요하지 않다'는 의미입니다.

 503

Women are behind men *when it comes to* *retirement* savings.

when it comes to ~는 '~에 관해서라면'이라는 뜻으로 일상 회화에서도 아주 많이 쓰이는 표현입니다. retirement는 '은퇴'라는 뜻이므로 retirement savings는 '은퇴 자금'이라는 말이에요.

 504

Only few *individual investors* participate in *shareholder* voting.

individual investor는 '개인 투자자'를 뜻합니다. 문법적으로는 Only a few individual investors가 맞지만 여기에서는 관사 a가 생략되었습니다. shareholder는 '주주'라는 뜻으로 stockholder라고도 합니다.

505

1 in 3 workers see higher *health costs* every year.

health cost는 '건강 비용', 즉 '의료비'를 지칭하고 있습니다. see higher health costs는 '더 높은 의료비를 보다', 즉 '의료비를 더 많이 낸다'로 해석할 수 있습니다.

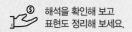
501

금융 지식에 능한 아이로 키우고 싶나요?

savvy (실용적인) 지식, 상식, 요령; 요령 있는, 상식 있는
ex **media-savvy** 미디어에 특출한 **tech-savvy** 기계 등을 잘 다루는 **savvy shoppers** 요령 있는 쇼핑객

502

많은 은퇴자들은 장기 케어가 약간 필요하거나
아예 필요하지 않을 거라는 연구 결과가 나오다.

retiree 은퇴자 **little to no** 아주 약간이거나 아예 없는 **long-term** 장기적인 ↔ **short-term**
ex **little to no chance** 거의 가능성이 없는 **long-term deal** 장기 계약

503

은퇴 자금 준비와 관련해
여성들은 남성들에 비해 뒤처져 있다.

when it comes to ~ ~에 관해서라면 **retirement** 은퇴
ex **when it comes to money** 돈에 관해서라면

504

아주 소수의 개인 투자자들만 주주 투표에 참가한다.

individual 개인의 **shareholder** 주주 = **stockholder** **voting** 투표, 선거
ex **majority shareholder** 과반수 주주, 지배 주주 **minority shareholder** 소액 주주

505

노동자 3명 중 1명은 매년 의료비를 더 많이 낸다.

health cost 건강 비용, 의료비
ex **spiraling health costs** 급증하는 의료비

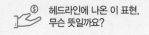

506

Here is how to *bullet-proof* your portfolio.

bullet-proof는 '방탄의, 방탄이 되는'이라는 뜻인데 여기서는 '방탄으로 만들다'라는 의미로 쓰였습니다. bullet-proof your portfolio는 '어떤 리스크에도 대비가 되는 포트폴리오로 만들다'라고 해석할 수 있습니다.

507

Female investors *outperform* men, research finds.

female은 '여성의, 여자의'라는 뜻이므로 female investors는 '여성 투자자들'을 말합니다. outperform은 '더 나은 결과를 내다, 능가하다'라는 뜻이에요.

508

Proposals to hike *capital gains tax* to 28.8%.

proposal은 propose(제안하다)의 명사형으로 '제안, 제의'라는 뜻입니다. capital gains tax는 '자본 이득세, 양도소득세'라는 뜻으로 줄여서 CGT라고도 부릅니다.

509

Here's how to update your *budget* for the winter.

budget은 '예산, (지출 예상) 비용'이라는 뜻으로 update your budget은 '지금의 예산을 업데이트하다'라는 의미입니다. 겨울의 계절적 특성상 비용이 증감하는 것을 다룬 경제 뉴스 헤드라인입니다.

510

Over 10% of population doesn't have a *bank account* - and that can cost big *bucks*.

bank account는 '은행 계좌'를 말합니다. bucks는 '(미국, 호주, 뉴질랜드의) 달러'를 뜻하므로 cost big bucks는 '큰돈이 들다'라는 의미가 됩니다.

해석을 확인해 보고
표현도 정리해 보세요.

Personal Finance 2

506

모든 리스크에 대비되는 포트폴리오를 만드는 방법

bullet-proof 방탄의, 방탄이 되는; 방탄으로 만들다 **portfolio** (개인·기관의) 유가 증권 보유 일람표
ex **a bulletproof jacket** 방탄조끼

507

연구에 따르면 여성 투자자들이
남성 투자자들보다 실적이 좋다고 한다.

female 여성의, 여자의 **outperform** 더 나은 결과를 내다, 능가하다 ≒ outgain, outshine, outdo
ex **The company will outperform its revenue projections.** 그 기업은 수입 예상치를 넘어설 것이다.

508

양도소득세를 28.8%까지 올리는 안이 나오다.

proposal 제안, 제의 **capital gains tax** 자본 이득세, 양도소득세 ≒ transfer income tax
ex **The government's approach to capital gains tax policy continues to be argued.**
정부의 양도소득세 정책에 대한 접근 방법은 지속적으로 논쟁이 되고 있다.

509

올 겨울 예산을 이렇게 업데이트하라.

budget 예산, (지출 예상) 비용
ex **The company had a very tight budget.** 그 기업은 예산이 아주 빠듯했다.

510

인구 중 10% 이상이 은행 계좌가 없다.
그리고 이로 인해 큰 비용을 치를 수 있다.

bank account 은행 계좌 **bucks** (미국, 호주, 뉴질랜드의) 달러
ex **Could I get some bucks off you?** 돈 좀 빌려줄 수 있니?

511

Pandemic: financial *wakeup call* for Americans thinking about retiring.

wake up은 '일어나다'라는 동사지요. wakeup call은 호텔 등에서 해주는 '모닝콜'을 말하는데 여기서처럼 '사람들의 주의를 촉구하는 일'을 뜻하기도 합니다.

512

Single people are *worse off* financially, research shows.

worse는 bad의 비교급으로 '더 나쁜, 더 안 좋은'이라는 뜻인데, worse off는 경제적 의미가 담겨서 '더 궁색한, 더 가난한, 더 못 사는'이라는 뜻으로 쓰입니다.

513

Debt ceiling deal postpones questions on *social security*.

social security는 '사회 보장' 또는 '(미국에서의) 사회 보장 제도[연금]'를 뜻합니다.

514

More than a year into the pandemic, Americans are still *struggling* to save.

struggle은 '고군분투하다, (힘겹게) 싸우다, 헤쳐 나가다'라는 뜻입니다. 따라서 struggle to save는 '저축을 하기 위해 고군분투하다'라고 해석할 수 있습니다.

515

Financial advisory industry *grapples with* lack of diversity.

금융계의 유리천장과 여성과 남성의 성비 불균형에 대해 구조적 대처가 필요하다는 리포트의 헤드라인입니다. grapple with는 뉴스에서 자주 보는 표현으로 '~을 해결하려고 노력하다, ~과 씨름하다'라는 뜻입니다.

511

팬데믹: 은퇴를 생각하는 미국인들에게
재정 상태에 대한 경종을 울리다.

wakeup call (호텔 등에서 해주는) 모닝콜; 사람들의 주의를 촉구하는 일
🔳 Global warming is a wakeup call for everybody.
지구 온난화는 모든 사람들에게 주의를 촉구하는 사건이다.

512

미혼인 사람들이 경제적으로 더 힘들다는
연구 결과가 나오다.

worse off 더 궁색한, 더 가난한, 더 못 사는 🔳 better off, well off
🔳 We can't be any worse off than now. 우리는 지금보다 더 나빠질 순 없어.

513

(미 연방정부의) 부채 한도 합의가
사회 보장 제도에 관한 의문을 미루다.

social security 사회 보장 제도[연금]
🔳 We must reform the social security system. 우리는 사회 보장 시스템을 개혁해야 한다.

514

팬데믹이 1년 이상 지속되면서 미국인들은
아직도 저축하기 힘겨워한다.

struggle 고군분투하다, (힘겹게) 싸우다, 헤쳐 나가다

515

금융 자문 산업은 다양성 부족 문제와 씨름하다.

advisory 자문의, 고문의 **grapple with** ~을 해결하려고 노력하다, ~과 씨름하다
🔳 grapple with employment problems 고용 문제와 씨름하다

516

Tax *extension* deadline is fast approaching.

extension은 '확대, 확장'이라는 뜻 외에 '(기간의) 연장, 연기'라는 의미도 있습니다. tax extension deadline은 '세금 납부 연기 기한'이라는 뜻으로 '세금 납부 연기 신청을 위한 마감일'을 의미합니다.

517

How to tackle a *challenging* holiday shopping season.

challenging은 '도전적인, 힘든'이라는 뜻이에요. 따라서 tackle a challenging holiday shopping season은 '(팬데믹 때문에 경제적으로 어려운 가운데) 힘든 연휴 쇼핑 시즌에 대처하다'라고 해석할 수 있습니다.

518

Major *fixes* to student loan *forgiveness*, U.S. Department of Education says.

fix는 '고치다, 수리하다; 수리, 수정'이라는 뜻이므로 major fixes는 '중대한 수정 사항들'이라고 해석할 수 있습니다. forgiveness는 '용서'라는 뜻 외에 '(빚 등의) 면제, 탕감'이라는 의미도 있습니다.

519

Panic sellers during stock market dips are often married men with children.

panic은 '극심한 공포, 공황, 허둥지둥한 상태; 당황하여 쩔쩔매는'이라는 뜻으로 panic seller는 '공포에 차서 매도하는 사람'을 가리킵니다.

520

America's richest families pay a lower *tax rate* than average taxpayer, study finds.

tax rate는 '세율'이라는 뜻으로 lower tax rate는 '더 낮은 세율'을 뜻합니다.

516

세금 납부 연기 기한이 빠르게 다가오고 있다.

extension 확대, 확장; (기간의) 연장, 연기
ex I'm requesting an extension on my essay. 난 내 에세이 마감일 연장을 요청할 거야.

517

힘든 연휴 쇼핑 시즌에 대처하는 방법

tackle (어려운 문제나 상황과) 씨름하다, 맞서다, 대처하다 **challenging** 도전적인, 힘든

518

미국 교육부는 학자금 대출 면제에 대해
중대한 수정이 이뤄진다고 말하다.

fix 고치다, 수리하다; 수리, 수정 **forgiveness** 용서; (빚 등의) 면제, 탕감

519

주식 시장 하락기의 공포 매도자들은 주로
아이가 있는 기혼 남성들이다.

panic seller 공포에 차서 매도하는 사람

520

미국의 가장 부유한 가구들이 평균 납세자들보다
더 낮은 세율을 내고 있다고 밝혀지다.

tax rate 세율 **taxpayer** 납세자
ex **progressive tax rate** 누진세율 **marginal tax rate** 한계 세율
maximum tax rate for inheritance 상속세 최대세율

521

50 countries are *removed* from red list: U.K.

팬데믹으로 인해 영국이 2021년 중반 여행 가능 국가를 red list, amber list, green list 등 세 카테고리로 나눈 것에 관한 기사입니다. remove는 '치우다, 벗다, 없애다, 제거하다'라는 뜻으로 be removed from red list는 '레드 리스트에서 빠지다'라는 의미입니다.

 522

Singapore to allow *quarantine-free* travel for other nations.

quarantine은 '격리'라는 뜻이고 -free는 '~이 없는'이라는 뜻이므로 quarantine-free는 '격리가 면제되는'이라는 의미입니다.

 523

Dramatic shake-up hailed a 'major step forward' for travel industry.

shake-up은 '(기업·조직 등의) 대대적인 개혁[개편]'을 뜻합니다. 여기에 '극적인, 인상적인'이라는 뜻의 dramatic까지 붙으면 '극적이고 대대적인 개혁'을 의미하게 됩니다. hail은 '(특히 신문 등에서 아주 훌륭하거나 특별한 것으로) 묘사하다, 일컫다'라는 의미로 쓰였습니다.

 524

Israel to *allow individual tourists* from November.

allow는 '허용하다, 용납하다, 들어오게 허가하다'라는 뜻입니다. individual tourist는 '단체 관광객'과 대비되는 '개인 관광객'을 가리킵니다.

525

Travel *ban* hits *complications*; impacts on airline businesses.

ban은 '금지하다; 금지'라는 뜻이어서 travel ban은 '여행 금지'라는 말입니다. complication은 '복잡한 상태[문제]'라는 뜻으로 hit complications는 '복잡한 상태를 만들다', '혼란을 야기하다'라는 의미입니다.

521

영국은 50개국을 여행 레드리스트에서 빼다.

remove 치우다, 벗다, 없애다, 제거하다 ▣ **dismiss, eliminate, lift, clear**
▣ **You have to remove the trash on your desk.** 네 책상 위에 있는 쓰레기들을 치워야 해.

522

싱가포르는 다른 나라 방문객들에 대한 격리 면제 여행을 허가하기로 하다.

quarantine 격리 **quarantine-free** 격리가 면제되는

523

극적이고 대대적인 개편은 여행 산업을 위한 '중대한 진전'으로 일컬어지다.

dramatic 극적인, 인상적인 **shake-up** (기업·조직 등의) 대대적인 개혁[개편] ▣ **reorganization**
hail (특히 신문 등에서 아주 훌륭하거나 특별한 것으로) 묘사하다, 일컫다

524

이스라엘은 11월부터 개인 관광객들의 입국을 허용하기로 하다.

allow 허용하다, 용납하다, 들어오게 허가하다 ▣ **permit, admit** ▣ **forbid**
▣ **Students are not allowed to skip classes.** 학생들이 수업을 빼먹는 것은 용납이 되지 않는다.

525

여행 금지령이 혼란을 야기하다; 항공사들에게 미치는 영향들

ban 금지하다; 금지 **complication** 복잡한 상태[문제] **impact** 영향, 충격; 영향[충격]을 주다
▣ **develop a complication** 복잡한 문제로 발전하다

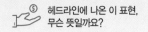

526

US: Changes *coming into force* on Monday as *holiday spots* open up.

come into는 뒤에 오는 단어에 따라 다양하게 해석되는데 force는 '효력'이라는 뜻이므로 come into force는 '효력이 발생하다, 시행되다'라는 뜻입니다. holiday spot은 '휴양지'라는 뜻으로 holiday spots open up은 '(닫혔던) 휴양지들이 열리다', 즉 '휴양지들이 영업을 재개하다'로 해석할 수 있습니다.

527

Buffett of the airline business is in *for the long haul,* says Bill Franke.

haul은 '(특정 상황에서 이동하는) 거리, 여정'이라는 뜻으로 long haul은 '많은 시간과 노력이 드는 일, 길고 지루한 일'이라는 뜻입니다. for the long haul은 '장기간에 걸쳐'라는 의미로 쓰입니다.

528

Travel advice *eased* for another 42 countries.

ease는 '편하게 하다, 완화시키다'라는 뜻입니다. 원래는 Travel advice is eased인데 헤드라인 특성상 be 동사 is가 생략되었습니다.

529

Pilot shortage *threatens* travel *rebound.*

threaten은 '위협하다'라는 뜻입니다. rebound는 '다시 튀어 오름, 반등'이라는 뜻이므로 travel rebound 는 '여행업의 반등', 즉 '여행업이 되살아나는 것'을 의미합니다.

530

Widespread flight cancelations *disrupt* weekend travelers.

widespread는 '광범위한, 널리 퍼진'이라는 뜻이므로 widespread flight cancelations는 '광범위한 항공기 운항 취소'라는 의미입니다. disrupt는 '방해하다, 지장을 주다'라는 뜻으로 뭔가를 분열시키거나 훼방하는 것을 말합니다.

526

미국: 휴양지가 열리며 월요일부터 시행되는 변경사항들

force (법률의) 효력 **come into force** 효력이 발생하다, 시행되다 **holiday spot** 휴양지
ex **come into effect** 시행되다, 발효되다 **come into question** 문제가 되다

527

항공업계의 워렌 버핏 격인 빌 프랑크는 항공업에 대해 장기적 관점으로 봐야 한다고 말한다.

haul (특정 상황에서 이동하는) 거리, 여정 **long haul** 많은 시간과 노력이 드는 일 **for the long haul** 장기간에 걸쳐
ex **They started the long, slow haul to the mountain peak.** 그들은 산 정상까지 길고 느린 여정을 시작했다.

528

추가 42개국에 대한 여행 권고가 완화되다.

ease 편하게 하다, 완화시키다; 편안함 **ㄹ** **relax, alleviate, comfort**
at ease 마음이 편안한 **ill at ease** 마음이 불편한

529

파일럿 부족은 여행 산업이 되살아나는 데 위협이 된다.

threaten 위협하다 **rebound** 다시 튀어 오름, 반등
ex **The labor union threatened a strike.** 노조는 파업을 하겠다고 위협했다.

530

광범위한 항공기 운항 취소가 주말 여행자들에게 큰 지장을 주다.

widespread 광범위한, 널리 퍼진 **disrupt** 방해하다, 지장을 주다 **ㄹ** **destroy, destruct, hinder**
ex **disrupt a meeting** 회의를 방해하다 **disrupt communications** 통신을 교란하다

531

Travel *bookings* rise sharply after easing of *restrictions*.

booking은 '예약'이라는 뜻입니다. restriction은 '규율, 규제'라는 뜻이므로 easing of restrictions는 '규제 완화'라는 의미입니다.

532

Gov't targets 20% lower *aviation emissions* by 2030.

aviation은 '항공(술)'이고 emission은 '배출, 배출물, 배기가스'라는 뜻으로 aviation emission은 '항공기에서 나오는 배출물'을 뜻합니다. 경제 뉴스에서 emission은 보통 '탄소 배출'을 의미합니다.

533

Should airlines *allocate* passengers a *carbon budget*?

allocate는 '할당하다, 분배하다, 배당하다'라는 뜻이고 carbon budget은 '탄소 배출을 줄이기 위해 예상되는 비용'을 말합니다.

534

Consolidating industrial *foundation* for growth is proposed.

consolidate는 '굳히다, 통합하다, 강화하다'라는 뜻이고 foundation은 '토대, 기반'이라는 뜻으로 consolidate a foundation은 '기반을 강화하다'라고 해석할 수 있습니다.

535

Integrated *power solutions* to *decarbonize* the industrial sector.

power solutions는 '에너지 문제에 대한 솔루션'이라고 볼 수 있습니다. decarbonize는 carbonize 앞에 부정의 의미인 de-를 붙여 '탄소를 제거하다', 즉 '친환경 연료로 대체하다'라는 의미입니다.

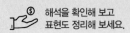
 531

규제 완화 이후 여행 예약이 가파르게 증가하다.

booking 예약 **restriction** 규율, 규제

 532

정부는 항공기 탄소 배출을 2030년까지
20% 줄이는 목표를 세우다.

target 목표로 삼다; 목표 **aviation** 항공(술) **emission** 배출, 배출물, 배기가스
ex the emission of carbon dioxide into the sky 상공으로 이산화탄소 방출

 533

항공사들은 승객들에게 탄소 비용을 할당해야 할까?

allocate 할당하다, 분배하다, 배당하다 **ᄅ** distribute, assign, allot
carbon budget 탄소 배출을 줄이기 위해 예상되는 비용
ex allocate the proper amount of funding for new employees 신입 사원들에게 적절한 금액을 할당하다

 534

성장을 위한 산업 기반 강화를 제안하다.

consolidate 굳히다, 통합하다, 강화하다 **ᄅ** solidify, secure, harden, strengthen **foundation** 토대, 기반
ex consolidate one's estates 재산을 통합하다 consolidate the front 전선을 정비하다

 535

산업 부문을 친환경화하는 통합된 에너지 솔루션들

integrate 통합시키다 **ᄅ** combine, consolidate, amalgamate, merge
decarbonize 탄소를 제거하다, 친환경 연료로 대체하다
ex The policy is to integrate everyone regardless of their cultural backgrounds.
그 정책은 문화적 배경을 따지지 않고 모든 이들을 통합하는 것이다.

536

Airlines could *be grounded* by pilot shortage after hundreds change jobs.

ground는 '땅바닥, 지면'이라는 명사 외에 '이륙[외출]을 못하게 하다'라는 동사로도 쓰입니다. 동사로 쓰일 때는 보통 수동태인 be grounded 형태로 쓰여서 '이륙[외출]하지 못하다'라는 의미가 됩니다.

537

It's time airlines stop *treating* passengers like *cash machines*.

treat는 '(특정한 태도로) 대하다, 다루다, 여기다'라는 뜻입니다. cash machine은 '현금 인출기'로 ATM(automated teller machine) 또는 cash dispenser라고도 합니다.

538

Asia's airlines *ramp up* flights as tough pandemic-travel *curbs* ease.

ramp up은 '~을 늘리다, 증가시키다'라는 뜻으로 ramp up flights는 '항공편을 늘리다'라는 의미입니다. curb는 '억제하다, 제한하다'라는 동사와 '억제, 제한'이라는 명사로 모두 사용되므로 pandemic-travel curbs는 '팬데믹으로 인한 여행 제한'이라고 해석할 수 있습니다.

539

Major EU airlines agree to *refund* passengers after pandemic.

major는 '주요한, 중대한'이라는 뜻으로 major EU airlines는 '주요 EU 항공사들'이라는 의미입니다. refund는 '환불해주다; 환불'이라는 뜻으로 동사와 명사로 모두 사용됩니다.

540

International travel *caps scrapped* as airlines reveal test needs.

cap은 '모자'라는 뜻 외에 '(액수의) 한도; 한도를 정하다'라는 뜻이 있습니다. 여기서 international travel cap은 '국제선 여행 한도'라고 해석할 수 있습니다. scrap은 '폐기하다, 버리다'라는 뜻으로 여기서는 '(한도를) 없애다'라는 뜻으로 쓰였습니다.

536

많은 파일럿들이 이직을 해서 비행기들이 뜨지
못할 수도 있다.

ground 땅바닥, 지면; 이륙[외출]을 못하게 하다 **be grounded** 이륙[착륙]하지 못하다
ex You are grounded because you broke your promise. 너는 약속을 어겼기 때문에 외출 금지다.

537

항공사들이 승객들을 더 이상 현금 인출기처럼
대하면 안 되는 시기가 왔다.

treat (특정한 태도로) 대하다, 다루다, 여기다
cash machine 현금 인출기 ▤ ATM(automated teller machine), cash dispenser
ex Where is the nearest cash machine? 가장 가까운 ATM이 어디에 있나요?

538

아시아의 항공사들은 팬데믹으로 인한 강경한 여행
제한이 완화되면서 항공편을 늘리다.

ramp up ~을 늘리다, 증가시키다 **tough** 엄한, 강경한 **curb** 억제, 제한; 억제하다, 제한하다
pandemic-travel curbs 팬데믹으로 인한 여행 제한

539

EU의 주요 항공사들은 팬데믹 이후 승객들에게
환불해주기로 동의하다.

major 주요한, 중대한 **refund** 환불해주다; 환불
ex claim a full refund 전액 환불을 요구하다
You cannot get a refund without a receipt. 영수증 없이는 환불이 안 됩니다.

540

항공사들이 (코로나) 검사 필요성을 밝힌 가운데
국제선 여행 한도가 없어지다.

cap (액수의) 한도; 한도를 정하다 **scrap** 폐기하다, 버리다

541

Thousands of jobs *at risk* unless travel rules change, says the airline CEO.

at risk는 '위험에 처한'이라는 뜻으로 jobs at risk는 '위험에 처한 일자리들'이라고 해석할 수 있습니다.

542

Revenge travel and the rise of the mobile office witnessed.

revenge는 '복수, 보복'이라는 뜻으로 revenge travel은 '보복 여행', 즉 '그동안 팬데믹으로 인해 이동이 제한되어 여행을 다니지 못한 것에 대해 화를 푸는 듯한 여행'을 말합니다.

543

New *budget airline* Bonza aims to fill *gap* in new routes.

budget은 '예산, 비용'이라는 뜻으로 budget airline은 '저가 항공사'를 말합니다. gap은 '틈, 간격'이라는 뜻이므로 fill gap은 '틈새를 채우다'라는 의미입니다.

544

Denmark's airline *declared bankrupt* after just 2 years in the air.

declare는 '선언하다, 분명히 말하다, 공표하다'라는 뜻이고 bankrupt는 '파산한'이라는 뜻이므로 declare bankrupt는 '파산 선언을 하다'라는 의미입니다.

545

Sky-high ticket prices hit Australians' holiday hopes.

sky-high는 말 그대로 '하늘을 찌를 듯한, 아주 높은'이라는 뜻이므로 sky-high ticket prices는 '하늘을 찌를 듯이 비싼 티켓 가격'이라고 해석할 수 있습니다.

해석을 확인해 보고
표현도 정리해 보세요.

541

항공사 CEO는 여행 관련 규정이 바뀌지 않으면
수천 개의 일자리가 위험에 처한다고 말한다.

at risk 위험에 처한
ex **friends at risk** 우정이 깨질 위험에 처한 친구들　**career at risk** 위험에 처한 커리어

542

보복 여행과 모바일 사무실의 증가가 눈에 띈다.

revenge 복수, 보복　**revenge travel** 보복 여행　**witness** 목격하다, 보다

543

새로운 저가 항공사 본자는 새로운 항공 루트의
틈새를 채우고자 한다.

budget 예산, 비용　**budget airline** 저가 항공사　**aim** 목표로 하다　**gap** 틈, 간격　**route** 길, 노선

544

덴마크의 항공사는 운항한 지 겨우 2년 만에
파산 선언을 했다.

declare 선언하다, 분명히 말하다, 공표하다 ⊜ **proclaim, announce, pronounce**
bankrupt 파산한

545

천정부지로 오르는 티켓 가격이 공휴일을
앞둔 호주인들의 희망을 무너뜨리다.

sky-high 하늘을 찌를 듯한, 아주 높은
ex **sky-high morale spirits** 고조된 사기　**Her confidence is sky-high.** 그녀의 자신감은 하늘을 찌른다.

② Airlines/Travel 5

249

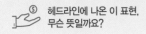

546

JP Morgan launches *digital-only account.*

digital-only account는 '디지털로만 운영되는 계좌'를 뜻합니다. 핀테크 산업은 종이 없이(paperless) 거래되고, 모든 것들이 디지털화(digitization)되는 움직임이 지속적으로 포착되고 있습니다.

547

Fintech startups *backed by* the US government.

fintech(핀테크)는 finance(금융)와 technology(기술)의 합성어입니다. '등, 뒤쪽'이라는 뜻의 back은 '도와주다, 지지하다, 뒤를 받쳐주다'라는 동사로도 쓰입니다. 따라서 backed by는 '~의 도움을[지지를] 받는'이라고 해석됩니다.

548

Banks must treat victims of *scams* more fairly.

scam은 '신용 사기'라는 뜻입니다. 팬데믹으로 인해 핀테크 시장에서 엄청난 속도로 증가한 금융 사기 피해가 큰 이슈가 되었습니다.

549

Fraud victim scammed of almost $35,000.

fraud는 '사기, 사기꾼, 가짜, 엉터리'라는 뜻으로 위의 scam과 같은 뜻을 갖고 있습니다.

550

Fintech *crackdown*: China's central bank promises emphasis on fintech industry *oversight.*

crackdown은 '엄중 단속, 강력 탄압'이라는 뜻입니다. oversight는 '관리, 감독'이라는 뜻으로 industry oversight는 '산업에 대한 감독'이라는 의미입니다.

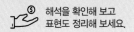

해석을 확인해 보고
표현도 정리해 보세요.

546

JP 모건은 디지털 전용 계좌를 출시하다.

launch 출시하다, 착수하다 **digital-only account** 디지털로만 운영되는 계좌

547

핀테크 스타트업들은 미국 정부의 지원을 받는다.

fintech 핀테크 **back** 등, 뒤쪽; 도와주다, 지지하다, 뒤를 받쳐주다 **backed by** ~의 도움을[지지를] 받는
🔳 **He was backed by his father.** 그는 그의 아버지의 지원을 받았다.

548

은행들은 피싱 피해자들을 더 공정하게
대해야 한다.

scam 신용 사기; 속이다, 사기 치다 🔳 **cheat, swindle, fraud fairly** 공정하게
🔳 **a scam artist** 사기꾼

549

사기 피해자는 거의 35,000달러의 피해를 봤다.

fraud 사기, 사기꾼, 가짜, 엉터리
🔳 **fraud squad** (영국 경찰의) 사기 전담반 **wire fraud** 텔레뱅킹 또는 인터넷 뱅킹을 통한 금융 사기
election fraud 부정 선거, 선거 위반 **identity fraud** 신원 도용 사기

550

핀테크 엄중 단속: 중국 중앙은행은 핀테크
산업에 대한 감독 강화를 약속하다.

crackdown 엄중 단속, 강력 탄압 **oversight** 관리, 감독
🔳 **He is under the oversight of the content executive.** 그는 콘텐츠 경영진의 관리 아래에 있다.

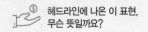

551

Insurtech, on the heels of a fintech boom, spreads in Africa.

insurtech는 insurance(보험)와 technology(기술)의 합성어입니다. on the heels of는 '~을 바짝 뒤따라서, ~에 잇따라서'라는 뜻입니다. hot을 넣어 hot on the heels of를 쓰기도 합니다.

552

London's *reign* as fintech capital is 'over,' says CEO of newborn blockchain company.

reign은 '통치, 지배, 군림; 통치하다, 다스리다'라는 뜻입니다. London's reign as fintech capital은 '런던이 핀테크 수도로서 군림한 것'이라고 해석할 수 있습니다.

553

Open source's slowly growing role in fintech.

여기서 open source는 '오픈 소스', 즉 '소프트웨어의 소스 코드들이 모두 공개되어 있는 것'을 말합니다.

554

The unstoppable popularity of *fintech-as-a-service.*

fintech-as-a-service는 핀테크가 활성화를 이루며 많은 사람들이 이용하게 되면서 함께 발전하고 있는 '서비스형 핀테크'라고 해석할 수 있습니다. 단어 사이에 하이픈(-)을 넣어서 명사형으로 사용했습니다.

555

Fintech, a *colossal* disappointment? Who can fix it?

colossal은 '거대한, 엄청난, 대단한'이라는 뜻으로 colossal disappointment는 '엄청난 실망'을 뜻합니다.

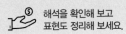

551

핀테크 붐에 이어 인슈어테크가 아프리카를 휩쓸다.

on the heels of ~을 바짝 뒤따라서, ~에 잇따라서 ≡ **on the trail of**
More success came hot on the heels of J.K. Rowling's first book.
J.K. 롤링의 첫 책 이후 성공작들이 줄줄이 이어졌다.

552

새로 생긴 블록체인 회사의 CEO는 런던이 핀테크 수도로 군림한 것은 '끝났다'고 말한다.

reign 통치, 지배, 군림; 통치하다, 다스리다 **capital** 수도 **newborn** 갓 태어난, 새로 생긴
during the reign of King David 다윗 왕의 통치 동안

553

핀테크업계에서 서서히 커지는 오픈 소스의 역할

open source 오픈 소스(소프트웨어의 소스 코드들이 모두 공개되어 있는 것)
Open-source software is free to utilize and share.
소스 개방형 소프트웨어는 무료로 자유롭게 사용하고 공유할 수 있다.

554

막을 수 없는 서비스형 핀테크의 인기

unstoppable 막을 수 없는 **fintech-as-a-service** 서비스형 핀테크
banking as a service 서비스형 뱅킹
mom as a service 엄마와 같은 서비스를 제공해주는 온라인 도구들[소프트웨어]

555

핀테크, 엄청난 실망인가? 누가 고칠 수 있는가?

colossal 거대한, 엄청난, 대단한
The company attained a colossal amount of debt.
그 기업은 엄청난 액수의 부채를 갖게 되었다.

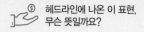

556

Fintech sector is in its fourth *wave of innovation,* says an analyst.

innovation은 '혁신, 개혁'이라는 뜻이므로 wave of innovation은 '혁신의 물결'이라는 의미입니다. 여기서는 앞에 fourth가 붙었으므로 '4번째 혁신의 물결'이라고 해석할 수 있습니다.

557

Tipping made easy; how fintech is transforming in everyday lives.

미국 식당에서는 식사를 서빙해준 종업원에게 '팁(tip)'을 주는 tipping 문화가 있습니다. tip에는 '팁, 팁을 주다'라는 뜻 외에 '뾰족한 끝 부분; 기울이다' 등의 뜻도 있습니다.

558

Aussie fintech business *eyes* India as it invests $30m in *local buy.*

eye는 '눈여겨보다, 주시하다'라는 뜻의 동사로도 쓰입니다. local buy는 '지역 상품 구매'라는 뜻인데, 이 문장에서는 호주 핀테크 기업이 '인도 현지의 기업을 인수하는 것'을 가리킵니다.

559

Fintech's explosive growth has regulators *scrambling.*

scramble은 scrambled eggs를 만들 때처럼 마구 휘젓는 모습을 표현한 의태어라고 했지요. 형용사인 scrambling은 '무질서한, 불규칙한'이라는 의미입니다. have regulators scrambling은 '규제 당국을 혼란에 빠지게 하다'라고 해석할 수 있습니다.

560

Korean fintech *exceeds* $2m funding *milestone.*

exceed는 '넘어서다, 넘기다'라는 동사이고 milestone은 '중요한 단계, 획기적인 사건'을 뜻하므로 exceed $2m funding milestone은 '펀딩이 2백만 달러라는 획기적인 수치를 넘기다'라는 의미입니다.

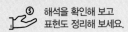해석을 확인해 보고
표현도 정리해 보세요.

③ Fintech 3

556

핀테크 섹터는 4번째 혁신의 물결을 맞고 있다고
애널리스트는 말한다.

sector 부문, 분야, 섹터 **innovation** 혁신, 개혁

557

팁 문화가 쉬워진다; 핀테크가 일상에서 탈바꿈시키는 것들

tip 팁; 팁을 주다; 뾰족한 끝 부분; 기울이다 **transform** 변형시키다, (모습 등을) 완전히 바꿔놓다
ex The taxi stopped so suddenly that it made me tip out of my seat.
택시가 갑자기 멈추는 바람에 나는 좌석에서 앞으로 쏠렸다.

558

호주의 핀테크 기업은 인도 현지 기업 인수에
3천만 달러를 투자하며 인도 시장을 주시하다.

Aussie 오스트레일리아(의) **eye** 눈여겨보다, 주시하다 **local buy** 지역 상품 구매, 현지 기업 인수

559

핀테크의 폭발적 성장이 규제 당국을 혼란스럽게 한다.

explosive 폭발적인 **regulator** 규제 기관[담당자] **scrambling** 무질서한, 불규칙한
ex There was a mad scramble for the best seats at the BTS concert.
BTS 콘서트에서 가장 좋은 자리를 얻기 위해 쟁탈전이 일어났다.

560

한국 핀테크 기업은 펀딩이 2백만 달러라는
획기적인 수치를 넘기다.

exceed 넘어서다, 넘기다 **milestone** 중요한 단계, 획기적인 사건
ex exceed a budget 예산을 초과하다 This was a major milestone in my career.
이것은 내 커리어에 있어서 중대 사건이었다.

255

561

London becomes a *global hub* for fintech.

hub는 '중심지, 중추'라는 뜻으로 global hub는 '글로벌 허브, 글로벌 중심지'라는 의미입니다.

562

Digital money *dominates* fintech investment in Asia.

dominate는 '지배하다, 군림하다, 제패하다'라는 뜻입니다. 비슷한 단어로 predominate는 '우위를 차지하다, 지배적이다'라는 뜻이고, condominate는 '공동으로 지배하는, 공동 통치의'라는 형용사입니다.

563

Can fintech help *implement* a green economy?

implement는 '시행하다, 이행하다, 실행하다'라는 뜻으로 implement a strategy는 '전략을 실행하다', implement a policy는 '정책을 시행하다'라는 뜻입니다.

564

Fintech company *acquires troubled* mobility startup.

acquire는 '획득하다, 습득하다'라는 뜻으로 여기서는 '(기업을) 인수하다, 매입하다'라는 뜻으로 쓰였습니다. troubled는 '문제가 많은, 힘든'으로 해석할 수 있습니다.

565

JP Morgan *raises* $40mn for fintech fund.

raise는 '올리다, 높이다'라는 뜻 외에 '(자금 · 사람 등을) 모으다'라는 뜻도 있습니다. raise fund는 '펀드를 모으다'라는 의미입니다. mn은 million(백만)의 줄임말입니다.

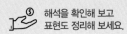

561

런던은 핀테크의 글로벌 허브가 되다.

hub 중심지, 중추
ex Seoul is rising as a global financial hub.
서울은 글로벌 금융 중심지로 부상하고 있다.

3 Fintech 4

562

디지털 화폐가 아시아 내 핀테크 투자를 제패하다.

dominate 지배하다, 군림하다, 제패하다
ex K-music is dominating the Billboard charts.
K-뮤직이 빌보드 차트를 제패하고 있다.

563

핀테크가 녹색 경제를 시행하는 데 도움이 될까?

implement 시행하다, 이행하다, 실행하다 **green economy** 녹색 경제
ex We must implement new laws regarding CCTV surveillance.
CCTV 감시와 관련해서 새로운 법을 시행해야 한다.

564

핀테크 기업이 고군분투하던 모빌리티 스타트업을 인수하다.

acquire 획득하다, 습득하다; (기업을) 인수하다, 매입하다 **troubled** 문제가 많은, 힘든
ex a financially troubled company 재정적으로 어려움을 겪고 있는 회사

565

JP모건은 핀테크 펀드를 위해 4,000만 달러를 모으다.

raise 올리다, 높이다; (자금·사람 등을) 모으다

566

China *reportedly* will break up Ant Group's Alipay and force creation of new loans app.

reportedly는 '리포트를 전하다'라는 동사 report의 부사형으로 '전하는 바에 따르면, 소문에 의하면'이라는 의미입니다.

567

Banks made *record* investment in European fintech this year.

record는 '기록; 기록하다; 기록적인'이라는 뜻이므로 record investment는 '기록적인 투자'라는 의미입니다. make record investment는 '기록적인 투자를 하다'라고 해석하면 됩니다.

568

Emerging markets *lenders seek to* fund fintech companies.

lender는 '빌려주다, 대출하다'라는 뜻의 lend에 -er을 붙인 것으로 '빌려주는 사람, 대출기관'을 의미합니다. seek은 '찾다, 추구하다'라는 뜻으로 seek to는 '~하려고 하다'이므로 seek to fund는 '펀딩하려고 하다'로 해석할 수 있습니다.

569

Fintech unicorn *swells its ranks*.

swell은 '부풀다, 붓다, 부풀어 오르다'라는 뜻이고 rank는 '계급, 등급, 랭킹'이라는 뜻으로 swell its rank는 '랭킹을 부풀어 오르게 하다', 즉 '랭킹이 올라가다, 몸집이 커지다, 위신이 높아지다'라고 해석할 수 있습니다.

570

Supporters see Biden's OCC *nominee reining in* fintech.

nominee는 '(직책·수상자 등에) 지명[추천]된 사람, 후보'를 말합니다. rein은 '고삐, 통솔권, 통제력; 고삐를 매다, 통제하다'라는 뜻으로 rein in은 '고삐를 강화하다[죄다]'라는 의미입니다.

③ Fintech 5

566

중국은 앤트 그룹의 알리페이를 해체시키고
새로운 대출 앱을 만들게 할 거라고 전해진다.

reportedly 전하는 바에 따르면, 소문에 의하면 **break up** 부서지다, 해체시키다
ᴇx The thieves were reportedly caught by two students. 도둑들은 학생 두 명에게 붙잡혔다고 전해졌다.

567

은행들은 올해 유럽 핀테크 시장에서
기록적인 투자를 했다.

record 기록; 기록하다; 기록적인 **record investment** 기록적인 투자
ᴇx He holds the world record for the 200 meters. 그는 200미터 세계 기록 보유자다.

568

신흥국 시장의 대출기관은 핀테크 기업들에
펀딩을 해주려고 한다.

lender 빌려주는 사람, 대출기관 **seek** 찾다, 추구하다 ᴤ find, search, look for
seek to ~하려고 하다 ᴇx hide-and-seek 숨바꼭질

569

핀테크 유니콘 기업은 점차 몸집이 커지다.

swell 부풀다, 붓다, 부풀어 오르다 **rank** 계급, 등급, 랭킹
ᴇx My hand started to swell up after I got a bee sting.
벌에 쏘이고 나서 내 손은 부어오르기 시작했다.

570

지지자들은 바이든의 OCC 지명자가
핀테크 산업의 고삐를 조일 것으로 본다.

OCC(Office of the Comptroller of the Currency의 약자) 통화 감독청
nominee (직책·수상자 등에) 지명[추천]된 사람, 후보 **rein in** 고삐를 강화하다[죄다]
ᴇx You need to rein in your employees. 너는 직원들의 기강을 더 잡을 필요가 있다.

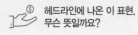

571

Fintech business in Switzerland to *unveil* research *on 10-year plan*.

unveil은 '베일을 벗기다, (새로운 계획 · 상품 등을) 발표하다'라는 뜻이고, on 10-year plan은 '10년에 걸친 계획으로'라는 의미입니다.

572

A deeper *collaboration* between fintech and EU needed.

collaboration은 '공동 작업, 협력'이라는 뜻으로 deeper collaboration은 '더 깊은 콜라보레이션', 즉 '더 욱 긴밀한 협력'이라는 의미입니다.

573

Nearly 90% of Americans use fintech, with Baby Boomers the fastest growing *demographic*.

demographic은 '인구 통계학의, 인구학의'라는 형용사로 주로 많이 쓰이는데 이 문장에서처럼 명사로 쓰일 때도 있습니다. 여기서는 '가장 빨리 늘고 있는 인구층인 베이비부머 세대'라고 해석할 수 있습니다.

574

Fintech leaders *navigate* the law's *grey areas*.

navigate는 '길을 찾다, 항해하다'라는 뜻이고, grey area는 '회색 지대', 즉 '애매한[어중간한] 영역'을 뜻합 니다.

575

Regulating fintech space: *promoting* innovation or *tightening* the fintech ecosystem?

이 문장에서 promote(촉진하다, 활성화시키다)와 tighten(꽉 조이다, 더 엄격하게 하다)은 서로 반대되는 개념으로 쓰이고 있습니다. promote innovation은 '혁신을 촉진하다', tighten the fintech ecosystem 은 '핀테크 생태계를 조이다'라는 의미입니다.

571

스위스의 핀테크 비즈니스는 10년짜리
연구 계획을 발표할 예정이다.

unveil 베일을 벗기다, (새로운 계획·상품 등을) 발표하다 **⑤ disclose, uncover, reveal**
⑤ The government unveiled its new policies. 정부는 새 정책들을 공개했다.

572

핀테크와 EU 사이 더 긴밀한 협력이 필요하다.

collaboration 공동 작업, 협력 **⑤ cooperation, working together, joining forces**

573

미국인 중 90% 가까이가 핀테크를 쓰는 가운데
그중 1등 공신은 베이비부머 세대들이다.

demographic 인구 통계학의, 인구학의 **⑥ demographic crisis** 인구 위기
We are facing the so-called demographic cliff. 우리는 소위 말하는 '인구 절벽'을 맞이하고 있다.

574

핀테크 리더들은 법의 회색 지대에서 길을 찾아나가다.

navigate 길을 찾다, 항해하다 **grey area** 회색 지대, 애매한[어중간한] 영역
⑥ There are certain legal grey areas that you need to be aware of.
법의 회색 지대인 곳들을 알아둘 필요가 있다.

575

핀테크 영역을 규제하는 것: 혁신을 촉진하는 것인가,
아니면 핀테크 생태계를 조이는 것인가?

promote 촉진하다, 활성화시키다 **tighten** 꽉 조이다, 더 엄격하게 하다

576

The government agency launches with a *relentless* focus on keeping the nation safe.

relentless는 '수그러들지 않는, 끈질긴, 가차 없는'이라는 뜻으로 a relentless focus는 '끈질긴 집념'이라고 해석할 수 있습니다.

577

Biotech company raises funding for *hard-to-treat* cancers.

hard-to-treat은 말 그대로 '치료하기 어려운'이라는 뜻입니다. hard-to-treat은 여러 단어를 하이픈(-)으로 연결해 형용사 형태로 만든 것으로 여기서는 명사 cancers를 수식하고 있습니다.

578

Opportunity-filled MedTech jobs in bio field.

opportunity-filled도 hard-to-treat처럼 하이픈(-)을 이용해서 만든 형용사로 '기회에 찬, 기회가 많은'이라는 뜻입니다. MedTech는 medical(의학의)과 technology(기술)의 합성어로 '의학 기술(의)' 또는 '의료 기술과 관련된'이라는 뜻입니다.

579

How the MedTech revolution and future healthcare will *deliver*.

deliver는 '배달하다'라는 뜻 외에 '(약속을) 지키다, (사람들의 기대대로 결과를) 내놓다'라는 뜻도 있습니다. 여기서는 후자로 쓰였습니다.

580

MedTech is *well-positioned* for investment and growth *following* surge in demand.

well-positioned는 '잘 위치된, 잘 자리 잡은'이라는 뜻으로 의역하면 '(~하기) 좋은[유리한] 위치에 있는'이 됩니다. 여기서 following은 '~ 후에, (특정 결과에) 따라'라는 뜻의 전치사로 쓰였습니다.

576

끈질긴 집념으로 국가의 안전을 지키는 정부 기관이 출범하다.

relentless 수그러들지 않는, 끈질긴, 가차 없는
ex my relentless pursuit of study 나의 수그러들 줄 모르는 공부에 대한 추구

577

바이오테크 기업이 치료하기 어려운 암 연구를 위해 펀딩을 모으다.

funding 자금 (제공) **hard-to-treat** 치료하기 어려운
ex hard-to-treat diseases 치료하기 어려운 병

578

바이오 분야에서 기회가 많은 메드테크 일자리들

opportunity-filled 기회에 찬, 기회가 많은 **MedTech** 의학 기술(의), 의료 기술과 관련된
ex The school is filled with various opportunities. 학교는 다양한 기회가 가득하다.

579

메드테크 혁명과 미래 헬스케어 산업이 경제에 미칠 영향

revolution 혁명, 혁신 **deliver** 배달하다; (약속을) 지키다, (사람들의 기대대로 결과를) 내놓다
ex I will deliver for this presentation. Don't worry. 걱정 마. 나는 이번 프레젠테이션 정말 잘할 거야.

580

메드테크는 수요가 급증함에 따라 투자와 성장에 유리한 위치에 있다.

well-positioned 잘 위치된, 잘 자리 잡은; (~하기) 좋은[유리한] 위치에 있는 **following** ~ 후에, (특정 결과에) 따라
ex Korean IT businesses are well-positioned to compete with foreign companies.
한국 IT 기업들은 외국 기업들과 경쟁하기 좋은 위치에 있다.

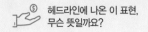

MedTech startups *grappling with* future's health challenges.

grapple with는 '~을 해결하기 위해 노력하다[애쓰다]'라는 뜻으로 struggle with, tackle과 같은 유의어들이 있습니다.

MedTech M&As rise as companies *bounce back* from economic slowdown.

bounce back은 '(병 · 곤경 등에서) 다시 회복하다'라는 뜻으로 bounce back from economic slowdown은 '경기 둔화를 딛고 다시 일어서다'라고 해석할 수 있습니다.

5 *takeaways* from a *bumper year* for M&A in MedTech activities.

takeaway는 '테이크아웃', 즉 '음식을 식당에서 먹지 않고 포장해 가는 것'을 뜻하는데 여기서는 '교훈, 배울 점'이라는 의미로 쓰였습니다. bumper year는 '풍년, 호황의 해'를 가리킵니다.

MedTech giant *sharpens* its digital transformation strategy to make data *top priority.*

sharpen은 '날카롭게 하다, 분명[선명]하게 하다'라는 뜻으로 여기서는 디지털 변환 전략을 '보완하다, 가다듬다'라는 의미로 쓰였습니다. top priority는 '최우선 과제'라는 뜻입니다.

EU MedTech businesses want *competitiveness* support in budget.

competitiveness는 competitive(경쟁력 있는)의 명사형으로 '경쟁력'이라는 뜻입니다. support는 '지원, 지지'라는 뜻이므로 competitiveness support는 '경쟁력 증대를 위한 지원'이라고 해석할 수 있습니다.

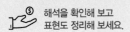

해석을 확인해 보고
표현도 정리해 보세요.

④ MedTech/BioTech 2

581

메드테크 스타트업들은 미래 의료 문제들을
해결하기 위해 노력하고 있다.

grapple with ~을 해결하기 위해 노력하다[애쓰다]
ex The country is beginning to grapple with an ideology war.
그 국가는 이념 전쟁을 해결하기 위해 애쓰기 시작하다.

582

기업들이 경기 둔화를 딛고 제자리를 찾아가면서
메드테크 합병이 증가하다.

M&A(mergers and acquisitions의 약자) 기업 인수합병 **bounce back** (병·곤경 등에서) 다시 회복하다
slowdown (속도·활동의) 둔화 **ex** **bounce-back rally** (증시의) 회복 반등

583

메드테크업계가 활황인 가운데
인수합병이 활발했던 한 해에서 얻은 5가지 교훈

takeaway 테이크아웃, 포장 **bumper year** 풍년, 호황의 해 **activity** 활동; 활황, 호경기
ex **key takeaways from the news** 그 뉴스의 주요 시사점
Could you hand me the takeaway containers? 포장용기 좀 건네주시겠어요?

584

메드테크 대기업은 데이터를 최우선 과제로 두기 위해
디지털 변환 전략을 가다듬다.

sharpen 날카롭게 하다, 분명[선명]하게 하다 **transformation** 변형, 변신, 변환 **top priority** 최우선 과제
ex We must resharpen our business strategy. 우리는 비즈니스 전략을 다시 선명하게 짜야 해.

585

EU 메드테크 기업들은 경쟁력 증대를 위한
지원을 예산안에 넣기 원한다.

competitiveness 경쟁력 **=** **competitive edge**
ex **price competitiveness** 가격 경쟁력 **competitiveness in exports** 수출 경쟁력

265

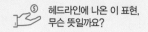

Biotech firm makes *stellar* debut on NY stock market.

stellar는 '별의, 별처럼 빛나는, 뛰어난'이라는 뜻을 갖고 있습니다. 따라서 make stellar debut는 '멋지게 데뷔하다'라고 해석할 수 있습니다.

A new biotech *IPO* could be *on the way.*

IPO는 initial public offering의 약자로 '(주식의) 신규 상장'을 뜻합니다. on the way는 '진행되어, ~하는 중에, 도중에'라는 뜻으로 무언가 진행되고 있는 상황을 표현합니다.

MedTech *listing*: New MedTech stock surges 40% in *rare* market debut.

listing은 원래 '목록, 명단'이라는 뜻인데 증권거래소에서는 '(주식의) 상장'이라는 뜻으로도 쓰입니다. rare는 '드문, 희한한'이라는 뜻으로 rare market debut는 '흔치 않은 시장 데뷔'라는 의미입니다.

What are these *tranched* deals in biotech?

tranched는 '얇게 썰어진 조각'이라는 뜻의 불어인 tranche(트랑슈)에서 온 말로, 이 헤드라인에서는 '(기업 자금·주식의) 분할 발행[차입]'이라는 의미로 쓰였습니다. 예를 들어 한 기업이 벤처캐피털 투자자들에게 100만 달러를 투자받았는데, 그 기업이 다음 목표 수익을 달성하기 전까지는 20만 달러밖에 못 받는 거래를 tranched deals라고 합니다.

Jaw-dropping growth of biotech stocks.

jaw-dropping은 '턱'을 뜻하는 jaw와 dropping이 만난 것으로 '(놀라서) 입이 떡 벌어지게 만드는'이라는 뜻입니다.

해석을 확인해 보고
표현도 정리해 보세요.

586

바이오테크 기업은 뉴욕 주식시장에 멋지게 데뷔하다.

stellar 별의, 별처럼 빛나는, 뛰어난 **debut** 데뷔, 첫 출연
He had a stellar career as a pianist. 그는 피아니스트로서 눈부신 커리어를 가졌다.

587

새로운 바이오테크 IPO가 나올 수도 있다.

IPO(initial public offering의 약자) (주식의) 신규 상장
on the way 진행되어, ~하는 중에, 도중에 ⊜ underway, en route
The economy is on the way to recovery. 경제는 회복을 하는 중이다.

588

메드테크 상장: 새로운 메드테크 주식이 40%나 급증하며 흔치 않은 시장 데뷔를 하다.

listing 목록, 명단; (주식의) 상장 **rare** 드문, 희한한
The MedTech company is seeking a stock exchange listing.
그 메드테크 기업은 증권거래소 상장을 도모하고 있다.

589

바이오테크업계에서 '트랑슈 거래'란 도대체 무엇인가?

tranche (기업 자금·주식의) 분할 발행[차입]
credit tranche 신용 트랑슈 (IMF 가맹국이 리저브 트랑슈를 초과하여 국제 통화기금에서 빌릴 수 있는 금액)
reserve tranche 리저브 트랑슈 (IMF 가맹국이 국제 수지가 약화되었을 때 기금에서 무조건 융자받을 수 있는 외화의 한도)

590

입이 떡 벌어지게 성장한 바이오테크 주식들

jaw-dropping (놀라서) 입이 떡 벌어지게 만드는
Michael Jackson always gave jaw-dropping performances.
마이클 잭슨은 언제나 입이 떡 벌어지는 퍼포먼스를 했다.

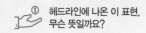

591

MedTechs *make strides* on heart devices.

stride는 '발걸음, 보폭'이라는 뜻인데 더 나아가 '진전'이라는 의미도 있습니다. make strides는 '성큼성큼 걸어 나가다' 또는 '진전을 보이다'라고 해석할 수 있습니다.

592

How data platforms *accelerate* MedTech innovation.

메드테크 기업들의 발전은 데이터를 어떻게 사용하느냐와 밀접하게 관련되어 있는데, 그 부분을 다룬 뉴스 헤드라인입니다. accelerate는 '가속화하다, 속도를 높이다, 촉진하다'라는 뜻입니다.

593

MedTech businesses seek *overhaul* of AI.

overhaul은 '(기계 시스템을) 점검하다'라는 동사로도 쓰이고 '점검'이라는 명사로도 쓰입니다. seek은 '찾다, 추구하다'라는 뜻이므로 seek overhaul은 '점검을 하려고 하다'라는 의미입니다.

594

Biotech now *pressured* to *wrap its head around* 5G licensing.

pressure는 '압력, 압박; 압력[압박]을 가하다'라는 뜻으로 pressured는 '압력[압박]을 받는'이라는 의미입니다. wrap someone's head around something은 '~을 이해하다'라는 뜻의 표현입니다.

595

Biotech gears up for a *vintage* acquisition year.

vintage는 '특정한 지역에서 생산된 포도주' 또는 '포도주 생산을 위한 포도 수확기' 등을 뜻하는 단어입니다. 이 문장에서 vintage acquisition year는 '가장 좋은 매입 시기[연도]'라고 해석할 수 있습니다.

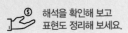
 591

메드테크 기업들은 심장 관련 기기에 큰 진전을 보이다.

stride 발걸음, 보폭; 진전 **make strides** 성큼성큼 걸어 나가다; 진전을 보이다
ex They are making strides to bring equity.
그들은 평등을 이루는 데 장족의 발전을 이루고 있다.

 592

데이터 플랫폼들이 메드테크 혁신을 촉진하는 방법

accelerate 가속화하다, 속도를 높이다, 촉진하다

 593

메드테크 기업들은 AI에 대한 점검을 하려고 한다.

overhaul (기계 시스템을) 점검하다; 점검
ex We gotta have a thorough overhaul of the machine.
우리는 기계를 아주 철저히 점검해야 한다.

 594

바이오테크업계는 현재 5G 허가에 대해 제대로
이해하라는 압박을 받고 있다.

pressured 압력[압박]을 받는 **wrap someone's head around something** ~을 이해하다
ex It's quite hard to wrap my head around the current phenomenon.
현재 일어나는 현상들에 대해 나는 이해하기가 너무 어려워.

 595

바이오테크 기업은 (다른 기업을 인수할)
가장 좋은 인수 시기를 위해 준비중이다.

gear up for ~을 위해 준비를 갖추다 **vintage acquisition year** 가장 좋은 매입 시기[연도]
ex The opera is vintage Wagner. 그 오페라는 바그너의 최고 작품이다.

596

Private equity makes another biotech *grab.*

private equity는 '사모펀드'를 뜻합니다. grab은 '붙잡다, 움켜잡다; 잡아채기'라는 뜻으로 make another biotech grab은 '또 다른 바이오테크 기업을 낚아채다[인수하다]'라고 해석할 수 있습니다.

597

Pharmaceutical businesses *forge alliances* in biotech sector.

forge는 '구축하다, 세우다'라는 뜻이고 alliance는 '동맹, 연합'이라는 뜻이므로 forge alliances는 '동맹 관계를 구축하다'라고 해석할 수 있습니다.

598

Biotech funding surges with *early-stage* deals.

early-stage는 '초기 단계의'라는 뜻이고 deal이 '거래'라는 뜻이므로 early-stage deal은 '초기 단계 거래'를 말합니다.

599

Merger *madness*: MedTech M&A poised to be *robust* in 2022.

madness는 '정신 이상, 광기'라는 뜻으로 merger madness는 '미친 듯이 많이 일어나는 인수합병'을 표현한 것입니다. robust는 '원기 왕성한, 팔팔한, 튼튼한'이라는 뜻으로 poised to be robust는 '활발할 태세를 갖춘'이라는 의미입니다.

600

Biotech and MedTech *hot to trot* for M&A this year.

hot to trot은 '(성욕·소유욕 따위가) 안달이 난, 좀이 쑤신, 열의에 찬'이라는 뜻으로 여기서는 바이오테크와 메드테크 기업들의 인수합병이 그만큼 뜨겁다는 것을 표현하고 있습니다.

596

사모펀드가 또 다른 바이오테크 기업을 인수하다.

private equity 사모펀드 **grab** 붙잡다, 움켜잡다; 집아채기

597

제약사들은 바이오테크 섹터 안에서
동맹 관계를 구축하다.

pharmaceutical 제약의, 약학의 **forge** 구축하다, 세우다 **alliance** 동맹, 연합
ex **They forged economic alliances.** 그들은 경제적 동맹을 구축했다.

598

바이오테크 펀딩이 초기 단계 거래들과 함께 급증하다.

early-stage 초기 단계의
ex **middle-stage** 중간 단계의 **later-stage** 후기 단계의

599

인수합병 광기: 메드테크 인수합병은 2022년에
아주 활발할 것으로 보인다.

madness 정신 이상, 광기 **robust** 원기 왕성한, 팔팔한, 튼튼한 s **vibrant, strong, solid**

600

바이오테크와 메드테크는 올해 M&A
열기가 아주 뜨겁다.

hot to trot (성욕·소유욕 따위가) 안달이 난, 좀이 쑤신, 열의에 찬

복습   복습

01 money-savvy `501` | 16 revenge travel `542`

02 retirement savings `503` | 17 declare bankrupt `544`

03 individual investor `504` | 18 fraud victim `549`

04 capital gains tax `508` | 19 industry oversight `550`

05 social security `513` | 20 colossal disappointment `555`

06 grapple with lack of diversity `515` | 21 make record investment `567`

07 tax extension deadline `516` | 22 tighten the fintech ecosystem `575`

08 quarantine-free `522` | 23 relentless focus `576`

09 hit complications `525` | 24 opportunity-filled `578`

10 widespread flight cancelations `530` | 25 bounce back from economic slowdown `582`

11 easing of restrictions `531` | 26 competitiveness support `585`

12 aviation emission `532` | 27 make stellar debut `586`

13 consolidate a foundation `534` | 28 vintage acquisition year `595`

14 pandemic-travel curbs `538` | 29 private equity `596`

15 international travel cap `540` | 30 forge alliances `597`

정답 **01** 돈에 관련된 지식이 있는 **02** 은퇴 자금 **03** 개인 투자자 **04** 자본 이득세, 양도소득세 **05** 사회 보장 (제도) **06** 다양성 부족 문제와 씨름하다 **07** 세금 납부 연기 기한 **08** 격리가 면제되는 **09** 복잡한 상태를 만들다, 혼란을 야기하다 **10** 광범위한 항공기 운항 취소 **11** 규제 완화 **12** 항공기에서 나오는 배출물 **13** 기반을 강화하다 **14** 팬데믹으로 인한 여행 제한 **15** 국제선 여행 한도 **16** 보복 여행 **17** 파산 선언을 하다 **18** 사기 피해자 **19** 산업에 대한 감독 **20** 엄청난 실망 **21** 기록적인 투자를 하다 **22** 핀테크 생태계를 조이다 **23** 끈질긴 집념 **24** 기회에 찬 **25** 경기 둔화를 딛고 다시 일어서다 **26** 경쟁력 증대를 위한 지원 **27** 멋지게 데뷔하다 **28** 가장 좋은 매입 시기 **29** 사모펀드 **30** 동맹 관계를 구축하다

Business

601

2021 has already *shattered* yearly records for *venture capital* funding.

venture capital(벤처캐피털)은 '벤처기업에 주식 투자 형식으로 투자하는 기업이나 기업의 자본'을 말합니다. shatter는 '산산조각 나다; 산산조각 내다'라는 뜻으로 완벽하게 깨뜨리거나 깨진 것을 나타냅니다.

602

Chinese venture capitalists need record-breaking *IPOs* to *clear their own decks*.

IPO는 '(주식의) 신규 상장'을 뜻합니다. deck은 '(배의) 갑판'을 뜻하는데 clear the deck이라고 하면 '갑판 위를 정리하여 전투 준비를 하다'에서 유래하여 '본격적인 활동을 위해 준비하다[터를 닦다]'라는 뜻이 있습니다.

603

VCs are *chasing* industrial tech start-ups as supply shocks *widen*.

VC는 venture capitalist의 줄임말이고 chase는 '뒤쫓다; (돈·성공 등을) 좇다'라는 뜻입니다. widen은 '넓히다, (범위가) 커지다'라는 뜻으로 여기서는 공급 쇼크가 '확대된다'는 의미로 쓰였습니다.

604

High-priced venture capital tech deals increase *overheating* fears.

high-priced는 '고가의'라는 뜻으로 반대어는 low-priced(저가의)입니다. overheating은 '과열되다, 과열하다'라는 동사 overheat의 형용사형으로 '과열된'이라는 뜻이고 '과열'이라는 명사로도 쓰입니다.

605

The *resurgence* of *clean tech* VC funding is different this time.

resurgence는 '(어떤 활동의) 부활, 재기, 재유행'을 뜻하고, clean tech(클린테크)는 '친환경 기술을 개발하는 산업 분야'를 가리킵니다.

해석을 확인해 보고
표현도 정리해 보세요.

601

2021년은 벤처캐피털 펀딩의 연간 기록을 이미 돌파했다.

shatter 산산조각 내다; 산산조각 나다 ⑤ break, smash, destroy, crack **venture capital** 벤처캐피털
⑥ The glass door was shattered by the soccer ball.
축구공 때문에 유리 문이 산산조각 났다.

602

중국 벤처 투자가들은 본격적인 활동의 터를 닦기 위해 기록적인 IPO가 필요하다.

deck (배의) 갑판 **clear the deck** 본격적인 활동을 위해 준비하다[터를 닦다]
⑥ Stop what you are doing and clear the decks. We have an important client coming.
하던 일 그만두고 준비해. 지금 중요한 클라이언트가 오고 있어.

603

공급 쇼크가 확대되자 VC들은 제조 기술 스타트업들을 쫓아다니고 있다.

chase 뒤쫓다; (돈·성공 등을) 좇다 ⑤ pursue, trace, track, run after **widen** 넓히다, (범위가) 커지다
⑥ The police chased the suspect. 경찰들은 용의자를 쫓아갔다.

604

고가의 벤처캐피털 테크 기업 거래들이 과열 우려를 고조시킨다.

high-priced 고가의 ⑤ costly, expensive ↔ low-priced
⑥ My car engine keeps overheating. 내 차의 엔진이 계속 과열된다.

605

클린테크 VC 펀딩의 재유행은 이전과는 다르다.

resurgence (어떤 활동의) 부활, 재기, 재유행 **clean tech** 클린테크(친환경 기술을 개발하는 산업 분야)
⑥ the resurgence of the pandemic 팬데믹의 재유행
The market fears a resurgence of inflation next year.
시장은 내년에 인플레이션이 되살아날까 봐 우려한다.

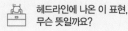

606

Venture fund to *unleash* the power of female capital in the fintech space.

unleash는 '(강력한 반응·감정 등을) 촉발시키다, 불러일으키다'라는 뜻으로 unleash the power는 '힘을 분출하다[폭발하다]'라는 의미입니다.

607

Venture capital *spurs risk-averse* investors.

spur는 '자극하다, 원동력이 되다'라는 뜻입니다. risk-averse는 '위험'을 뜻하는 risk와 '~을 싫어하는'이라는 뜻의 averse가 만나 '리스크를 회피하려 하는'이라는 뜻을 갖습니다.

608

The *venture bull market* follows shortly after a supply shock.

bull market은 '호황, 강세 시장'을 뜻하지요. 앞에 venture가 붙으면 '벤처 시장의 호황'이라고 해석할 수 있습니다.

609

Equity *indices* trade flat; global cues *dent* sentiments.

경제 뉴스에서 자주 보이는 indices는 index의 복수형으로 '지수, 지표'를 뜻합니다. dent는 '(단단한 표면을) 움푹 들어가게 만들다, 찌그러뜨리다, 훼손하다'라는 뜻입니다.

610

10 women *shaping* the venture capital scene.

'모양'이라는 뜻의 shape은 동사로 '모양을 잡다, (어떤) 모양으로 만들다'라는 뜻이 있습니다. 여기서는 '만들어가다, 형성해가다'라고 해석할 수 있습니다.

606

벤처 펀드는 핀테크 영역에서 여성 자본의 힘을 분출시킬 것이다.

unleash (강력한 반응 · 감정 등을) 촉발시키다, 불러일으키다
ex **unleash an attack** 공격을 개시하다

607

벤처캐피털은 리스크를 회피하려는 투자자들을 자극하다.

spur 자극하다, 원동력이 되다 **risk-averse** 리스크를 회피하려 하는

608

벤처 시장의 호황이 공급 쇼크 직후에 나타나다.

the venture bull market 벤처 시장의 호황 **shortly after** 직후에

609

주가 지수는 횡보 장세; 글로벌 신호들로 투자 심리에 금이 가다.

indices (물가 · 임금 등의) 지수, 지표 **cue** (무엇을 알리는) 신호
dent (단단한 표면을) 움푹 들어가게 만들다, 찌그러뜨리다, 훼손하다
ex **He accidentally dented my car.** 그는 실수로 내 차를 움푹 들어가게 만들었다.

610

벤처캐피털업계를 만들어가는 10명의 여성들

shape 모양을 잡다, (어떤) 모양으로 만들다
ex **Policies that shape the Fintech ecosystem.**
핀테크 생태계를 만들어가는 정책들.

611

First-time VC tips for *breaking into* the industry.

break into는 '침입하다, 진입하다, 억지로 열다'라는 뜻으로 break into the industry는 '그 산업에 (처음
으로) 진입하다'라고 해석할 수 있습니다.

612

A *"perfect storm"* is *brewing* in investment scene in Korea.

perfect storm은 '더할 수 없이 나쁜 상황'이라는 뜻으로 '한꺼번에 여러 가지 안 좋은 일이 겹친 상황'을 뜻
합니다. brew는 '(맥주를) 양조하다, (커피 · 차를) 끓이다'라는 뜻 외에 '(굉장히 좋지 않은 상황이) 일어나려고
하다'라는 뜻도 있습니다.

613

University *endowments mint* billions in golden era of venture capital.

endowment는 '(학교 등의 기관에 주는) 기부(금)'이라는 뜻으로 University endowments는 '대학교에
주는 기부금'을 말합니다. mint는 '박하, 민트'라는 뜻 외에 '(화폐를) 주조하다'라는 뜻도 있습니다.

614

Fueling *entrepreneurial* potential through venture capital.

entrepreneurial은 '기업가의, 기업가적인, 사업가적인'이라는 뜻으로 특히나 '모험적인 사업가의 성질'을 표
현합니다.

615

Solo capitalists are shaking up the *venture game*.

solo capitalist는 어디에 소속되어 있지 않고 홀로 일하는 벤처캐피털리스트로 '단독으로 활동하는 자본가'
를 가리킵니다. 여기서 venture game은 '벤처캐피털리스트들이 활동하는 판' 정도로 해석할 수 있습니다.

611

초보 VC들이 벤처캐피털 산업에 진입하는 방법들

first-time (무엇을) 처음으로 해보는 **break into** 침입하다, 진입하다, 억지로 열다
ex **How can I break into the broadcasting industry?**
어떻게 하면 방송 산업에 들어갈 수 있을까요?

612

한국의 투자 현장에 '퍼펙트 스톰'이 닥치고 있다.

perfect storm (한꺼번에 여러 가지 안 좋은 일이 겹쳐) 더할 수 없이 나쁜 상황
brew (맥주를) 양조하다, (커피·차를) 끓이다; (굉장히 좋지 않은 상황이) 일어나려고 하다
ex **I can make you a fresh brew.** 차 한잔을 새로 만들어줄 수 있어.

613

대학 기부금은 벤처캐피털의 황금기를 맞아
수십억 달러를 만들어내다.

endowment (학교 등의 기관에 주는) 기부(금) **mint** 박하, 민트; (화폐를) 주조하다
ex **Generous endowment was given to the university.** 그 대학에 후한 기부금이 주어졌다.

614

벤처캐피털을 통해 사업가적 잠재력을 북돋다.

entrepreneurial 기업가의, 기업가적인, 사업가적인 **potential** 잠재력; 잠재적인
ex **entrepreneurial skills** 사업 수완
He has a great entrepreneurial, creative spirit. 그는 창의적이고 기업가적인 기질이 대단해.

615

1인 캐피털리스트들이 벤처캐피털업계의
판을 흔들고 있다.

solo capitalist 단독으로 활동하는 자본가
ex **How 'solo VCs' are transforming the venture scene.**
'1인 벤처캐피털리스트들'이 벤처 현장을 어떻게 바꾸고 있는가.

The health tech and MedTech investment *landscape* changes.

landscape는 앞에서 본 scene, ecosystem과 비슷한 단어로 '풍경'이라는 뜻을 갖고 있습니다. investment landscape는 '투자 환경'이라고 해석할 수 있습니다.

VC salary hikes amid historic *quitting spree.*

spree는 '흥청망청하기, 한바탕 저지르기'라는 뜻으로 quitting spree는 '많은 사람들이 한꺼번에 줄줄이 퇴사하는 것'을 뜻합니다.

Rumors of the *demise* of American *enterprise.*

enterprise는 '대규모 사업' 또는 '기업'을 뜻합니다. venture는 주로 '모험성을 동반한 사업'을 뜻하고 enterprise는 주로 '대기업, 큰 회사'를 뜻합니다. demise는 '종말, 사망'이라는 뜻으로 여기서는 '미국 기업의 종말[몰락, 쇠퇴]' 정도로 해석할 수 있습니다.

Social enterprises *tapping* into hidden *labor pool.*

tap into는 '~에 접근하다, 다가가다, ~을 활용하다'라는 뜻이고 labor pool은 '노동력 풀, 인력 풀' 등 노동력이 모여 있는 집단을 가리킵니다.

VC fund tackling societal and ecological change *smashes* expectations.

최근 ESG(Environmental, Social and Governance)는 기업에 대한 투자 지속 가능성과 사회적 영향을 측정하는 중요한 척도가 되었지요. smash는 '강타하다, 박살내다'라는 뜻으로 smash expectations 하면 '기대를 훌쩍 뛰어넘다'라는 의미입니다.

616

헬스테크와 메드테크 투자 환경이 바뀌다.

landscape 풍경 ▣ **scene, ecosystem**

617

VC들의 퇴사가 줄줄이 이어지는 가는데 연봉이 급등하다.

spree 흥청망청하기, 한바탕 저지르기 **quitting spree** 많은 사람들이 한꺼번에 줄줄이 퇴사하는 것
▣ **shopping spree** 돈을 흥청망청 쓰는 쇼핑, 한꺼번에 엄청 사들임
They went on an eating spree until late. 그들은 늦게까지 먹자판을 벌였다.

618

미국 기업의 몰락에 대한 소문들

enterprise 대규모 사업, 기업 **demise** 종말, 사망
▣ **enterprise zone** 기업 유치 지구 **private enterprise** 사기업, 민영 기업

619

사회적 기업들은 숨겨진 인력 풀을 활용하고 있다.

tap into ~에 접근하다, 다가가다, ~을 활용하다 **labor pool** 노동력 풀, 인력 풀
▣ **tap into reserves** 준비금[비축품]을 이용하다

620

사회적 · 환경 변화에 대처하기 위한 VC 펀드는
기대를 완전히 뛰어넘다.

societal 사회의 **ecological** 생태계의 **smash** 강타하다, 박살내다
▣ **ESG fund is a new buzzword.** ESG 펀드는 (투자 세계에서) 새로운 유행어다.

621

Airlines set to fire nearly 500 workers for *defying* vaccine *mandate*.

defy는 '(권위 · 법률 · 규칙 등에) 반항하다, 거역하다'라는 뜻이고 mandate는 '명령, 지시'라는 뜻이므로
defy mandate는 '명령[지시]에 따르지 않다'라는 뜻입니다.

622

EU airline stocks *nosedive* after Portugal is removed from the *travel-free* list.

nosedive는 '급강하다, 급락하다'라는 뜻으로 collapse, plunge, plummet과 같은 뜻입니다. 여기서
travel-free는 '여행이 자유로운, 여행 제한이 없는'이라는 의미입니다.

623

US firm *nears takeover* of UK aerospace supplier.

여기서 near는 '가까운'이 아니라 '가까워지다'라는 동사로 쓰였습니다. take over는 '(기업 등을) 인수하다,
인계받다'라는 뜻의 동사인데, takeover라고 붙여서 쓰면 '(기업 등의) 인수, 인계'라는 명사가 됩니다.

624

Travel shares hit by summer '*washout*' fears from tighter pandemic restrictions.

washout은 '(특히 비로 인한 행사 등의) 대실패'라는 뜻으로 failure, fall through, miscarry 등의 유의어
가 있습니다.

625

Luxury carmaker Rolls-Royce to *switch* to all electric vehicles by 2030.

switch는 '~으로 전환하다, 바꾸다'라는 뜻으로 switch to all electric vehicles는 '전부 전기 자동차로 바
꾸다[전환하다]'라는 뜻입니다.

621

항공사들은 백신 접종 지시를 거부한 500여 명의
직원들을 해고하는 절차에 착수하다.

set to 시작하다, 착수하다　**defy** (권위·법률·규칙 등에) 반항하다, 거역하다　**mandate** 명령, 지시
🔳 a royal mandate 국왕의 칙령

622

포르투갈이 여행 허용 리스트에서 배제되자
EU 항공주들이 급락하다.

nosedive 급강하다, 급락하다 🔄 collapse, plunge, plummet
travel-free 여행이 자유로운, 여행 제한이 없는
🔳 go into a nosedive (건강·경제 상태 등이) 급격히 쇠하다

623

미국의 한 기업은 영국의 우주항공부품 공급회사
인수에 근접하다.

near 가까워지다　**takeover** (기업 등의) 인수, 인계　**aerospace** 항공우주산업　**supplier** 공급자, 공급회사

624

팬데믹 규제 강화로 인한 여름 '대실패' 우려로
여행주 주가가 타격을 받다.

washout (특히 비로 인한 행사 등의) 대실패 🔄 failure, fall through, miscarry
🔳 The birthday party was unfortunately a complete washout.
그 생일 파티는 애석하게도 완전히 실패였다.

625

고급 자동차 제조사인 롤스로이스는 2030년까지
전부 전기차로 바꾸려고 한다.

switch ~으로 전환하다, 바꾸다　**electric vehicle** 전기 자동차

626

GM-backed Cruise *gets the green light* to give driverless rides to passengers in US.

the green light는 '청신호'라는 뜻으로 get the green light은 '(업무 등을 진행하도록) 허가를 받다, 승인이 되다'라는 뜻입니다. give somebody the green light은 '~에게 허가를 내주다'라는 의미가 됩니다.

 627

Autonomous vehicle strategies by Tesla stun many.

autonomous는 '자주적인, 자율적인'이라는 뜻으로 autonomous vehicle은 '자율주행 자동차'를 의미합니다. 운전자 없이 주행하는 자동차이므로 driverless vehicle(무인 자동차)이라고도 합니다.

 628

Toyota buys software firm to *accelerate self-driving.*

accelerate는 '촉진시키다, 가속화하다'라는 뜻이고 self-driving은 '자율주행'이라는 뜻이므로 accelerate self-driving은 '자율주행을 가속화하다'라는 의미입니다.

 629

Hot new technology is *radar thanks to* autonomous vehicles.

radar는 말 그대로 '레이더, 전파 탐지기'를 뜻하는데 자율주행차에 들어가는 핵심 부품들 중 하나입니다. thanks to는 '~ 덕분에'라는 의미입니다.

 630

Barriers fall, *unleashing* self-driving cars in 2025.

barrier는 '(통행을 막고 있는) 장벽, 장애물' 등을 뜻하고 unleash는 '촉발하다, 해방하다'라는 의미입니다.

해석을 확인해 보고
표현도 정리해 보세요.

626

GM이 후원하는 크루즈는 미국에서 운전자 없이 승객들을 태우는 승인을 받다.

get the green light (업무 등을 진행하도록) 허가를 받다, 승인이 되다 **driverless** 운전자가 없는
ex **The government gave the green light to the businesses.** 정부는 기업들에게 승인을 해줬다.

627

테슬라의 자율주행 자동차 전략들은 많은 이들을 놀라게 한다.

autonomous 자주적인, 자율적인 ⊜ **self-regulating, self-governing**
ex **An autonomous state has the ability to take care of its domestic affairs.**
자치 국가는 국내 문제들을 처리할 수 있는 능력이 있다.

628

토요타는 자율주행의 속도를 내기 위해 소프트웨어 기업을 사들이다.

accelerate 촉진시키다, 가속화하다 **self-driving** 자율 주행
ex **Self-driving vehicles and smart cities are a new governmental agenda.**
자율주행차와 스마트 시티는 정부의 새로운 어젠다이다.

629

자율주행차 덕분에 레이더가 핫한 신기술이다.

radar 레이더, 전파 탐지기 **thanks to** ~ 덕분에
ex **Two core components of self-driving vehicles are LIDAR and RADAR.**
자율주행 자동차에 쓰이는 두 개의 핵심 부품에는 라이더와 레이더가 있다.

630

2025년 장애물들이 사라지며 자율주행 자동차가 해방되다.

barrier (통행을 막고 있는) 장벽, 장애물 ⊜ **barricade, bar, obstacle** **unleash** 촉발하다, 해방하다
ex **crash barrier** (고속도로 등의) 중앙 분리대 **language barrier** 언어 장벽

Self-driving shuttle service *poised to* launch in U.S.

be poised to는 set to와 비슷한 뜻으로 '~할 태세를 갖추고 있다, ~할 준비가 되다'라는 의미입니다. be poised to launch는 '시작할 태세를 갖추다, 출시할 준비가 되다'라고 해석할 수 있습니다.

Commercialization of autonomous vehicle discussed by government.

commercial은 '상업의, 상업적인'이라는 뜻의 형용사이고, commercialize는 '상업화하다'라는 동사입니다. 여기에 쓰인 commercialization은 '상업화, 영리화, 기업화'라는 뜻의 명사입니다.

Are self-driving trucks a *long-term* solution to driver shortages?

long-term은 '장기적인'이라는 뜻으로 long-term solution은 '장기적 관점에서의 문제 해결책'이라는 의미입니다. 반대로 '단기 해결책'은 short-term solution이라고 합니다.

Self-driving vehicles *plague* San Francisco dead ends.

plague는 명사로는 '전염병, 골칫거리'라는 뜻인데 동사로는 '괴롭히다, 성가시게 하다'라는 뜻도 있습니다. 이 문장에서는 시험 운행을 하던 많은 자율주행차들이 샌프란시스코 도로의 막다른 길에 다다라 스스로 빠져나오지 못하고 우왕좌왕한 것을 plague로 표현했습니다.

Honeywell raises outlook for *business jet deliveries* as demand rises.

business jet는 '비즈니스 제트기'를 뜻하고, 여기서 delivery는 상품을 생산하여 '인도'하는 것을 의미합니다. 따라서 business jet deliveries는 '비즈니스 제트기를 생산하여 인도하는 일'을 말합니다.

해석을 확인해 보고
표현도 정리해 보세요.

631

자율주행 셔틀버스 서비스가 미국에서 출시될 준비가 되다.

be poised to ~할 태세를 갖추고 있다, ~할 준비가 되다 ⓢ **set to**
ⓔⓧ **His children were poised to surprise their mother.**
그의 아이들은 엄마를 놀랠 준비가 되어 있었다.

632

자율주행차의 상용화가 정부 단계에서 논의되다.

commercialization 상업화, 영리화, 기업화
ⓔⓧ **commercialization of robots** 로봇의 상업화
He was determined to commercialize his ideas. 그는 자신의 아이디어들을 상업화하기로 마음을 먹었다.

633

자율주행 트럭이 운전자 부족 문제에 대한
장기적인 해결책이 될 것인가?

long-term 장기적인 ⓐ **short-term**
ⓔⓧ **long-term loan** 장기 대출　**short-term aid** 단기적 지원책

634

(시험 운행을 하던) 자율주행차들이 샌프란시스코의
막다른 길들을 막아버리다.

plague 전염병, 골칫거리; 괴롭히다, 성가시게 하다　**dead end** 막다른 길
ⓔⓧ **plague-ridden countries** 전염병에 시달리는 나라들
That work is the plague of my life. 그 일은 내 인생의 골칫거리다.

635

허니웰은 수요가 증가하자 비즈니스 제트기
인도에 대한 전망을 높이다.

business jet 비즈니스 제트기　**delivery** (상품의) 배달, 인도
ⓔⓧ **Tesla begins Model X deliveries.** 테슬라가 모델 X 인도를 시작하다.

Hydrogen success must overcome transportation challenges.

hydrogen은 '수소'를 뜻합니다. overcome은 '이겨내다, 극복하다'라는 뜻이고 transportation은 '수송, 운송'이라는 뜻이므로 overcome transportation challenges는 '수송 관련 문제들을 극복하다'라는 의미입니다.

New guide for creating urban mobility roadmap.

urban은 '도시의, 도회지의'라는 뜻으로 반대어로는 '시골의, 전원적인'이라는 뜻을 가진 rural이 있습니다.

How different will transportation and mobility sectors look post-Covid?

transportation은 '많은 사람이나 화물을 옮기는 수송'을 뜻하고, mobility는 '개인의 이동을 편리하게 해주는 서비스나 이동수단'을 가리킵니다. 예를 들어 e-mobility는 '전기 구동방식의 개인용 이동수단'을 뜻합니다.

New mobility startup launches new intracity mobility program in Africa.

intra-와 inter-는 개념이 살짝 다릅니다. inter-는 '상호간의, ~사이의'를 뜻하고 intra-는 '안에, 내부에 있는'이라는 뜻으로 intracity는 '도시 내의'라는 의미입니다.

Urban mobility must change: 'substantively' and 'fast.'

substantive는 '실질적인'이라는 뜻의 형용사이고 -ly가 붙은 substantively는 '사실상, 실질적으로'라는 뜻의 부사입니다.

636

수소 경제가 성공하려면 수송 문제를 극복해야 한다.

hydrogen 수소 **overcome** 이겨내다, 극복하다 **transportation** 수송, 운송
ex **How were you able to overcome your injury?** 넌 부상을 어떻게 극복할 수 있었어?

637

도시 모빌리티 로드맵 제작에 대한 새로운 가이드

urban 도시의, 도회지의 ex **rural**
ex **urban lifestyle** 도시의 라이프스타일
Urban development requires careful planning. 도시 개발은 세심한 계획이 필요하다.

638

수송 및 모빌리티 부문은 포스트코로나 시대에
어떻게 달라질 것인가?

transportation 수송, 운송 **mobility** 모빌리티(개인의 이동을 편리하게 해주는 서비스나 이동 수단)
ex **a blueprint for the future of transportation** 미래 운송을 위한 청사진

639

새로운 모빌리티 스타트업이 아프리카에서 도시 내
모빌리티 프로그램을 론칭하다.

intracity 도시 내의
ex **intradepartmental** 부서 내의 **interdepartmental** 부서 사이의

640

도시 모빌리티는 '실질적으로' 그리고 '빠르게'
변해야 한다.

substantively 사실상, 실질적으로
ex **I blame the company substantively.** 나는 사실상 그 기업을 비난한다.

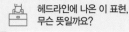

641

Hydrogen-powered aircraft help *meet* the climate *challenge*.

hydrogen-powered는 '수소를 동력으로 하는'이라는 뜻으로 hydrogen-powered aircraft는 '수소로 움직이는 항공기'를 말합니다. meet a challenge는 '도전에 응하다, 문제 해결에 나서다'라는 뜻입니다.

642

US aerospace firms *commit* to *net zero* emissions by 2050.

commit는 '(범죄를) 저지르다'라는 뜻도 있지만 여기서는 '약속하다'라는 뜻으로 쓰였습니다. net zero emissions는 '순배출 제로'라는 뜻으로 탄소 배출량을 줄이고 대기 중 이산화탄소를 흡수하는 방법을 통해 인간의 활동에 의해 발생하는 온실가스의 양을 0으로 만들자는 목표를 나타냅니다.

643

Virgin Galactic postpones first *commercial space flight* due to safety concerns.

commercial은 '상업적인'이라는 뜻이고 space flight는 '우주 비행'이라는 뜻이므로 commercial space flight는 '상업용 우주 비행'을 의미합니다.

644

FAA permits Virgin Galactic to *resume* launches.

FAA는 Federal Aviation Administration의 약자로 미국 내 설치된 항공기재, 공항, 항공의학을 감독하는 '미국 연방 항공청'을 뜻합니다. resume은 '다시 하다, 재개하다'라는 뜻으로 resume launches는 '(우주선) 발사를 재개하다'라고 해석할 수 있습니다.

645

Aerospace firms *taking another leap* toward space tourism.

take a leap은 '도약하다'라는 뜻으로 take another leap은 '또 다른 도약을 하다'라고 해석할 수 있습니다.

해석을 확인해 보고
표현도 정리해 보세요.

641

수소로 움직이는 항공기들이 기후 문제
대처에 도움이 되다.

hydrogen-powered 수소를 동력으로 하는 **aircraft** 항공기
ⓔⓧ **how to kick start the hydrogen economy** 수소 경제를 시작하는 방법

642

미국 항공우주 기업들은 2050년까지
탄소 순배출 제로를 약속하다.

aerospace 항공우주산업 **commit** 약속하다; (범죄를) 저지르다 **net zero emissions** 순배출 제로
ⓔⓧ **commit a crime** 범행을 저지르다
I am committed to work for social justice. 나는 사회 정의를 위해 일하고자 한다.

643

버진갤럭틱은 첫 상업용 우주 비행을 안전
문제로 인해 연기하다.

commercial 상업적인 **space flight** 우주 비행
ⓔⓧ **I wonder if we can go on a space flight.** 나는 우리가 우주 비행을 갈 수 있을지 궁금하다.

644

미국 연방 항공청은 버진갤럭틱의 우주선
발사 재개를 허가하다.

FAA(Federal Aviation Administration의 약자) 미국 연방 항공청 **resume** 다시 하다, 재개하다

645

우주 관광을 향해 또 다시 도약하는 항공우주 기업들

take a leap 도약하다 **space tourism** 우주 관광
ⓔⓧ **Don't take a leap in the dark.** 무모한 일 하지 마.

646

Falling crime *is related to* pandemic *lockdowns*.

be related to는 '~과 연관이 있다, 관계가 있다'라는 뜻입니다. lockdown은 '(움직임·행동에 대한) 제재'
라는 뜻으로 pandemic lockdowns는 '팬데믹 확산을 막기 위한 봉쇄 조치'를 말합니다.

647

Nastier than ever: Have Covid lockdowns provoked online hate?

nasty는 '아주 끔찍한, 형편없는, 못된, 험악한' 등 아주 부정적인 뜻을 갖고 있습니다. 비교급을 쓴 nastier
than ever는 '그 어느 때보다도 더 끔찍한'이라는 뜻으로 부정적인 상황을 강조하고 있습니다.

648

Pandemic-related *scams* are soaring.

scam은 '신용 사기'를 뜻합니다. 팬데믹으로 인해 일상의 많은 부분이 온라인화되면서 온라인상에서 증가하
는 교묘한 사기 행각들에 대한 뉴스 헤드라인입니다.

649

The *scale* of Covid *hate crimes* against Asians in U.K. rises 50% in two years.

scale은 '규모, 범위, 등급'이라는 뜻의 명사이기도 하고 '증가하다, 오르다'라는 뜻의 동사이기도 합니다.
hate crime은 '증오[혐오] 범죄'를 말합니다.

650

Fired for refusing a Covid vaccine? What happens to *unemployment benefits*?

unemployment는 '실업'이라는 뜻이고 benefit은 '이익, 수당'이라는 뜻으로 unemployment benefits
는 '실업 수당[급여]'를 말합니다.

해석을 확인해 보고
표현도 정리해 보세요.

646

범죄 감소는 팬데믹 봉쇄 조치와 관련이 있다.

crime 범죄, 범행 **be related to** ~과 연관이 있다, 관계가 있다 **lockdown** (움직임·행동에 대한) 제재

ex **war crime** 전쟁 범죄 **hate crime** 증오 범죄

647

그 어느 때보다 흉측해지다: 코로나 봉쇄 조치가 온라인 혐오를 유발했나?

nasty 아주 끔찍한, 형편없는, 못된, 험악한 ⊜ disgusting, repulsive **provoke** 유발하다, 화나게 하다

ex **nasty crime** 아주 끔찍한 범죄 **This food is nasty!** 이 음식은 정말 형편없다!

648

팬데믹과 관련된 신용 사기가 판을 치고 있다.

scam 신용 사기 ⊜ fraud, swindle, con

ex **Don't click on any links sent via text message.**
문자로 오는 링크들은 절대 클릭하지 마.

649

영국 내 코로나로 인한 아시아인 상대 혐오 범죄 규모가 2년 동안 50% 증가하다.

scale 규모, 범위, 등급; 증가하다, 오르다 **hate crime** 증오[혐오] 범죄

ex **The research was a small-scale study.** 그 연구는 범위가 작았다.

650

코로나 백신 거부로 해고? 실업 수당은 어떻게 되나?

unemployment 실업 **benefit** 이익, 수당 **unemployment benefits** 실업 수당[급여]

ex **Everyone should be entitled to claim unemployment benefits.**
모든 사람들은 실업 수당을 신청할 자격이 있어야 한다.

651

Underage victims of *grooming cases* substantially rise during the pandemic.

groom은 '동물의 털을 다듬대[손질하다]'이고 명사형 grooming은 '(동물의) 털 손질, 몸단장'이라는 뜻입니다. 여기서 말하는 grooming case는 '그루밍 성범죄', 즉 '가해자가 피해자와 돈독한 관계를 형성해 심리적으로 지배해 성범죄를 저지르는 것'을 뜻합니다.

652

Report says, Covid pushed 30 million into *extreme poverty.*

extreme은 '극도의, 극도로'라는 뜻이고 poverty는 '가난, 빈곤'이라는 뜻으로 extreme poverty는 '극도의 빈곤 상태, 극빈'을 뜻합니다.

653

New vaccine *mandates*: What you need to know.

mandate는 '(주로 정부나 국가에서 내리는) 명령, 지시, 지령'이라는 뜻으로 vaccine mandates는 '백신 접종 의무화'를 의미합니다. 2021년 가을 미국에서 백신 접종 명령이 내려지면서 미국 기업들뿐만 아니라 전 사회에 큰 이슈가 되었습니다.

654

WHO says delta remains the most *concerning* variant.

concern은 '우려하게 하다, 걱정을 끼치다'라는 뜻으로 the most concerning variant는 '가장 우려스러운 변이 (바이러스)'라고 해석할 수 있습니다.

655

Universities *mandate* vaccines for staff and *reinstitute* mask rules following recent outbreaks.

여기에서 mandate는 '명령하다, 지시하다'라는 동사로 쓰였습니다. institute는 '도입하다, 시작하다'라는 동사인데 앞에 re-가 붙으면 '재도입하다, 다시 시작하다'라는 뜻이 됩니다.

651

그루밍 성범죄의 미성년 피해 건수가 팬데믹 동안 상당히 증가하다.

underage 미성년의 **grooming case** 그루밍 성범죄 **substantially** 상당히, 많이, 대체로
ⓔⓧ **What he said was substantially true.** 그가 말한 것은 대체로 사실이었다.

652

리포트에 따르면 코로나는 3,000만 명을 극심한 빈곤 상태로 몰아넣었다.

extreme 극도의, 극도로 **poverty** 가난, 빈곤 🔁 **destitution**
ⓔⓧ **We must work to eradicate extreme poverty and hunger.**
우리는 극심한 빈곤과 기아 퇴치를 위해 일해야 한다.

653

새로운 백신 접종 의무화: 알아야 할 것들

mandate (정부·국가의) 명령, 지시, 지령; 권한; 명령하다, 지시하다
ⓔⓧ **The UN mandate is legitimate.** UN의 권한은 합법적이다.

654

세계보건기구는 델타 변이가 가장 우려스러운 변이로 남아있다고 말한다.

WHO(World Health Organization의 약자) 세계보건기구 **remain** 남다, 남아있다
concern 우려하게 하다, 걱정을 끼치다

655

최근의 코로나 재유행 이후 대학들은 직원들의 백신 접종을 의무화하고 마스크 규정을 재도입하다.

institute 도입하다, 시작하다 **reinstitute** 재도입하다, 다시 시작하다
ⓔⓧ **At the company level, we instituted a number of changes.**
기업 차원에서 우리는 많은 변화들을 도입했다.

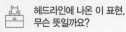

656

Lottery jackpots not enough to increase vaccination rates.

lottery는 '복권'이라는 뜻이고 jackpot은 '(도박·복권 등에서의) 거액의 상금, 대박'을 뜻합니다. 미국은 백신 접종 장려를 위해 긁는 복권까지 나눠줬는데 그에 대한 뉴스 헤드라인입니다.

657

Businesses *brace* for Biden vaccine mandate as *GOP* threatens lawsuits.

brace는 '준비하다, 대비하다'라는 뜻으로 여기서는 '기업들이 바이든 대통령의 백신 접종 의무화에 대비하다'라고 해석할 수 있습니다. GOP는 Grand Old Party의 약자로 '미국의 공화당'을 가리킵니다.

658

Age, *underlying* health condition are '*double blow.*'

underlie는 '(생각·의도 등이) 깔리다, 기저를 이루다'라는 뜻으로 형용사형인 underlying은 '기저가 되는'이라는 뜻입니다. 따라서 underlying health condition은 '기저질환'을 나타냅니다. double blow는 '이중 타격[강타]'라는 뜻으로 '엎친 데 덮친 격'이라는 의미로도 쓰입니다.

659

Covid early *response* worst *public health* failure ever.

response는 '대답, 대응, 반응'이라는 뜻으로 early response는 '초기 대응'이라는 의미입니다. public health는 '공중 보건, 공중위생'이라는 뜻입니다.

660

Industrial chicken production *breeds* the next pandemic.

breed는 '사육하다, 재배하다' 또는 '야기하다, 불러오다'라는 뜻으로 breed the next pandemic은 '다음 팬데믹을 야기하다'라고 해석할 수 있습니다.

656

거액의 복권 당첨금은 백신 접종률을 높이기에 충분치 않다.

lottery 복권 **jackpot** (도박·복권 등에서의) 거액의 상금, 대박
🅔 **He won the jackpot.** 그는 거액의 당첨금을 받았다. **We hit the jackpot!** 우리가 당첨되었다!

657

바이든 대통령의 백신 접종 의무화에 대해 미 공화당이 기소할 거라고 위협하는 가운데 기업들은 이에 대비하다.

brace 준비하다, 대비하다 **GOP**(Grand Old Party의 약자) 미국의 공화당
lawsuit 소송, 고소

658

연령과 기저질환이 '이중 타격'으로 작용하다.

underlying health condition 기저질환 **double blow** 이중 타격[강타], 엎친 데 덮친 격
🅔 **The summer hurricane was a double blow to farmers in rural areas.**
여름 허리케인은 시골 지역 농부들에게 엎친 데 덮친 격이었다.

659

코로나 초기 대응은 최악의 공중 보건 실패 사례다.

early response 초기 대응 **public health** 공중 보건, 공중위생
🅔 **America is facing a huge crisis in public health.**
미국은 공중 보건과 관련해 큰 위기를 맞고 있다.

660

닭고기 제조 산업이 다음 팬데믹을 야기하다.

breed 사육하다, 재배하다; 야기하다, 불러오다
🅔 **The farmers breed bigger sheep.** 그 농부들은 더 큰 품종의 양을 사육한다.

661

Covid cases *dip* below 150,000 a day in the US as the country faces colder weather.

dip은 '(액체에) 살짝 담그다, 적시다' 또는 '(아래로) 내려가다, 떨어지다'라는 뜻입니다. dip below 150,000 a day는 '하루에 150,000건 아래로 내려가다'라고 해석할 수 있습니다.

662

CDC director says the *pandemic's end date* depends on citizen behaviors.

CDC는 Centers for Disease Control의 약자로 '미국 질병관리센터'를 뜻합니다. pandemic's end date는 '팬데믹이 끝나는 날짜', 즉 '팬데믹 종식일'을 뜻합니다.

663

UK *slipping on immunity* as almost 5 million yet to receive booster shot, study finds.

slip on은 '~에서 미끄러지다'라는 뜻인데 '~에서 떨어지다, 감소하다'라는 뜻으로도 쓰입니다. immunity는 '면역력'이라는 뜻이므로 slip on immunity는 '(백신 접종자들의) 면역력이 떨어지다'라고 해석할 수 있습니다.

664

Covid made the dream of cheaper Paris *come true*.

come true는 '(바람·소망 등이) 이루어지다, 실현되다'라는 뜻으로 make one's dream come true는 '~의 꿈을 실현시키다'라는 의미입니다. 여기서는 '더 저렴한 파리'라는 꿈을 실현시켰다는 의미로 쓰였습니다.

665

Pace of vaccine booster *rollout* too slow.

pace는 '속도'를 뜻하고 rollout은 '출시, 개시, 출범'이라는 뜻입니다. 백신 부스터샷 관련 뉴스는 경제 Health & Science 면에서 자주 볼 수 있습니다.

해석을 확인해 보고
표현도 정리해 보세요.

661

미국은 날씨가 점차 추워지며 코로나 확진자 수가 하루 150,000건 아래로 떨어지다.

dip (액체에) 살짝 담그다, 적시다; (아래로) 내려가다, 떨어지다
🔲 **Covid cases dip further to 300 in Brazil and India.** 브라질과 인도에서 코로나 확진 건이 300으로 더 줄다.

662

미국 질병관리센터장은 팬데믹 종식일은 국민들의 행동에 달렸다고 말한다.

CDC(Centers for Disease Control의 약자) 미국 질병관리센터
Pandemic's end date 팬데믹이 끝나는 날짜, 팬데믹 종식일

663

거의 5백만 명이 아직 부스터샷을 맞아야 하는 가운데 영국인들의 면역력이 떨어지고 있다는 연구가 나오다.

slip on ~에서 미끄러지다; 떨어지다, 감소하다 **immunity** 면역력 **booster** (약의 효능) 촉진제

664

코로나가 '더 저렴한 파리'라는 꿈을 이루었다.

come true (바람·소망 등이) 이루어지다, 실현되다 **make one's dream come true** ~의 꿈을 실현시키다
🔲 **If I become a doctor, it will be a dream come true.**
만약에 내가 의사가 된다면, 그것은 내 꿈이 실현되는 것이다.

665

백신 부스터샷의 개시 속도가 너무 느리다.

pace 속도 **rollout** 출시, 개시, 출범
🔲 **roll out something** (상품을) 출시하다; (계획·조치 등을) 펼치다

666

Millions waiting to receive *jab* amid fears of rising COVID cases.

jab은 '쿡 찌르다; 쿡 찌르기'라는 뜻인데 '예방 주사'라는 의미도 갖고 있습니다. 뉴스에서 자주 보이는 Covid jab은 '코로나 백신 주사'를 가리킵니다.

667

Covid *thrusts* hospitals to *brink* with patients forced to wait 48 hours for beds.

thrust는 '(거칠게) 밀다, 밀치다'라는 뜻이고 brink는 '(어떤 상황이 발생하기 바로) 직전, (벼랑 · 물가의) 가장자리'를 뜻합니다. 따라서 thrust hospitals to brink는 '병원을 벼랑 끝으로 내몰다'라는 의미입니다.

668

To *curb infections* surge, UK permits Covid jab for teenagers.

curb는 '억제하다, 제한하다'라는 뜻이고 infection은 '감염'이라는 뜻으로 curb infections surge는 '감염 증가를 억제하다'라는 의미입니다.

669

US to *lift* travel *ban* for *fully jabbed* passengers on November 8.

lift는 '들어 올리다; (규제를) 풀다'라는 뜻이고 ban은 '금지하다; 금지'라는 뜻이므로 lift travel ban은 '여행 제한을 풀다'라는 의미입니다. jab은 '예방 주사; 주사를 맞다'라는 뜻이므로 fully jabbed는 '접종을 모두 마친'이라고 해석하면 됩니다.

670

'*Post-vax* Covid' is a new pandemic.

vaccinate는 '예방 접종을 하다'라는 뜻으로 vaccinated는 '예방 접종을 한'이라는 뜻입니다. vax는 vaccinated를 줄인 표현으로 Post-vax Covid는 '백신 접종 후에도 걸리는 코로나'를 뜻합니다. 작은 따옴표를 사용해 그 의미를 강조하고 있습니다.

666

증가하는 코로나 확진 건수로 인한 우려 속에 수많은
사람들이 백신 접종을 받기 위해 기다리고 있다.

jab 쿡 찌르다; 쿡 찌르기; 예방 주사 **ex I had a Covid jab last week.** 나 지난주에 코로나 백신 주사 맞았어.
I gave her a jab when she could not stop laughing. 그녀가 웃는 것을 참지 못하자 내가 그녀를 쿡 찔렀다.

667

코로나로 인해 병원들은 환자들이 병상을 48시간이나
기다려야 하는 상황까지 내몰리다.

thrust (거칠게) 밀다, 밀치다 **brink** (어떤 상황이 발생하기 바로) 직전, (벼랑 · 물가의) 가장자리
ex The company is on the brink of failure. 그 기업은 파산 직전이다.

668

감염 증가를 막기 위해 영국 정부는 청소년들에게
코로나 백신 주사를 허가하다.

curb 억제하다, 제한하다 **infection** 감염
ex curb free speech 언론의 자유를 탄압하다[억제하다]

669

미국은 11월 8일 백신 2차 접종을 완료한
승객들에게 여행 제한 규제를 풀기로 하다.

lift 들어 올리다; (규제를) 풀다 **fully jabbed** 접종을 모두 마친 = **fully vaccinated**

670

'백신 접종 후에도 걸리는 코로나'야말로
새로운 팬데믹이다.

vax(vaccinated의 약자) 예방 접종을 한
ex I'm fully vaxed. 나는 2차 접종까지 다 마쳤어. **anti-vax protestors** 백신에 반대하는 시위자들

671

Energy commodities have been the *best-performing* assets against inflation.

best-performing은 '가장 좋은 실적[수익]을 내는'이라는 뜻으로 반대어는 worst-performing이라고 할 수 있습니다.

672

Energy Crisis: three more US suppliers *toppled* by gas price surge.

topple은 '(사람·사물 등을) 넘어뜨리다, 쓰러뜨리다; (정권 등을) 실각시키다'라는 뜻입니다. 여기서는 be toppled by(~에 의해 쓰러지다)라는 수동태로 쓰였는데 be동사가 생략된 형태입니다.

673

Fuel shortages: This crisis requires better *management*.

fuel은 석탄, 기름, 장작 등의 '연료'를 의미하므로 fuel shortages는 '연료 부족'이라는 말입니다. management는 '(사업체·조직의) 경영, 운영, 관리'를 뜻합니다.

674

Surge in US *wholesale* gas prices *fuels* winter energy crisis concern.

wholesale은 '도매의, 대량의, 대규모의'라는 뜻으로 '소량의, 소매의'라는 뜻의 retail과 대비되는 개념입니다. 여기서 fuel은 동사로 쓰여 '자극하다, 부채질하다'라는 의미입니다.

675

Energy crisis threatens *lengthy disruption* to global supply chain.

length는 '길이'라는 뜻이고 형용사형인 lengthy는 '긴, 장기의'라는 뜻입니다. disruption은 '붕괴, 혼란'이라는 뜻이므로 lengthy disruption은 '장기적인 붕괴[혼란]'이라는 의미입니다.

해석을 확인해 보고
표현도 정리해 보세요.

671

에너지 관련 상품들이 인플레이션 대비 가장 좋은 수익을 내는 자산이었다.

best-performing 가장 좋은 실적[수익]을 내는 📵 **worst-performing**

672

에너지 위기: 추가로 미국 에너지 공급사 세 곳이 치솟은 천연가스 가격으로 인해 쓰러지다.

topple (사람·사물 등을) 넘어뜨리다, 쓰러뜨리다; (정권 등을) 실각시키다 📵 **knock down, blow down, bring down**
📵 **topple to the ground** 땅에 넘어지다 **a plot to topple the national leader** 국가 리더를 실각시키려는 음모

673

연료 부족: 이 위기는 더 나은 운영이 필요하다.

fuel 연료 **management** (사업체·조직의) 경영, 운영, 관리
📵 **Fuel shortage has always been predicted.** 연료 부족은 항상 예견돼 왔다.

674

미국 천연가스 도매가 급등이 겨울철 에너지 위기 우려를 키우다.

wholesale 도매의, 대량의, 대규모의 📵 **retail** **fuel** 연료를 공급하다; 자극하다, 부채질하다
📵 **They buy wholesale and sell at retail.** 그들은 도매로 사서 소매로 판다.

675

에너지 위기는 글로벌 공급망에 장기적인 혼란을 위협한다.

lengthy 긴, 장기의 **disruption** 붕괴, 혼란
📵 **lengthy disruptions to rail services** 철도 운행에 주는 장기적인 지장
Environmental disruption is a serious problem in the 21st century. 환경 파괴는 21세기의 심각한 문제다.

Southeast Asia offers opportunities to scale up *renewable* green energy.

renew는 '다시 살리다, 재개하다, 재생하다'라는 뜻으로 renewable은 '재생 가능한, 갱신 가능한'이라는 뜻입니다. 따라서 renewable green energy는 '재생 가능한 친환경 에너지'를 뜻합니다.

The energy *crunch* is *roiling* markets.

crunch는 '중대 상황'이라는 뜻으로 crisis와 비슷한 뜻이라고 볼 수 있습니다. 여기서 energy crunch는 '에너지 중대 상황', 즉 '에너지 위기'를 의미합니다. roil은 '(액체를) 휘젓다, 흐리게 하다, 혼란스럽게 하다'라는 뜻의 동사입니다.

Britain's *'petrol panic'* could push *car-reliant* doctors to live in hotels.

petrol panic은 말 그대로 '휘발유 패닉', 즉 '휘발유 대란'을 뜻합니다. car-reliant는 rely(의지하다, 기대다)의 형용사 reliant(의존하는)와 car가 만난 합성어로 '자동차에 의존하는'이라는 뜻입니다.

Majority of US teens don't *buy* businesses alone to fix climate change.

majority of는 '다수의'라는 뜻입니다. 여기서 buy는 '사다'라는 뜻이 아닌 '(곧이곧대로) 믿다'라는 뜻으로 쓰였습니다.

China's energy crisis along with inflation and public *discontent* deepens potentially fatal *consequences*.

discontent는 '불만, 불만족'을 뜻합니다. consequence는 '결과, (앞서 발생한 일의) 다음 상황'을 뜻하는데 fatal consequences는 '치명적인 결과'라고 해석할 수 있습니다.

676

동남아시아는 재생 가능한 친환경 에너지
규모를 확대할 기회를 제공한다.

scale up (크기·규모를) 확대하다, 늘리다 **renewable** 재생 가능한, 갱신 가능한
🔳 Oil is not a renewable green energy source. 석유는 재생 가능한 친환경 에너지원이 아니다.
My library card is not renewable. 내 도서관 ID는 갱신이 안 된다.

677

에너지 위기가 시장을 뒤흔들고 있다.

crunch 중대 상황 **roil** (액체를) 휘젓다, 흐리게 하다, 혼란스럽게 하다
🔳 The FOMC meeting roils financial markets. FOMC 회의가 금융 시장을 뒤흔들어놓다.

678

영국의 '휘발유 대란'은 자차로 출근하는 의사들을
호텔에 지내게 만들 수도 있다.

petrol panic 휘발유 대란 **reliant** 의존하는, 의지하는 ➕ dependent ➖ independent
🔳 The business is reliant upon online orders. 그 사업은 온라인 주문에 의존한다.

679

대다수의 미국 청소년들은 기업들 단독으로
기후 변화를 해결할 거라고 믿지 않는다.

majority of 다수의 **buy** 사다; (곧이곧대로) 믿다
🔳 I don't buy what he says. I'm not that gullible. 나는 그 사람 말을 안 믿어. 난 그렇게 잘 속는 사람이 아니야.

680

중국의 에너지 위기는 인플레이션 및 대중의 불만과 함께
잠재적으로 치명적인 결과를 더 악화시킨다.

discontent 불만, 불만족 ➕ dissatisfaction, complaint
fatal 치명적인, 돌이킬 수 없는 **consequence** 결과, (앞서 발생한 일의) 다음 상황

305

681

Returning to *coal consumption* amid energy shortage: Coal becomes 'king.'

에너지 부족 현상으로 인해 다시 석탄 소비가 늘어나는 상황에 대한 뉴스 헤드라인입니다. coal은 '석탄'이고 consumption은 '소비'이므로 coal consumption은 '석탄 소비'를 의미합니다.

682

Can *clean energy* funds really clean up the environment?

clean energy(클린에너지)는 '태양열이나 전기처럼 대기를 오염시키지 않는 에너지'를 말합니다.

683

Green energy stocks drop amid *biomass* doubts.

연료 부족 현상으로 인해 생물 연료를 찾는 이들이 많아지면서 생물 연료에 대한 의구심을 지적하는 기사의 헤드라인입니다. biomass는 '에너지원으로 이용되는 식물 및 동물 자원'을 가리킵니다.

684

Solar shares climb despite risk to the U.S. clean energy *initiative*.

solar는 '태양의, 태양에 의한'이라는 뜻으로 solar shares는 '태양광 관련 주식들'을 뜻합니다. initiative는 '(특정한 문제 해결·목적 달성을 위한 새로운) 계획'이라는 뜻으로 clean energy initiative는 '클린에너지 계획'이라는 의미입니다.

685

Coal prices are *roaring back* as the world competes for coal.

roar는 '으르렁거리다, 고함치다, 울부짖다'라는 뜻인데 여기서 roar back은 '다시 살아나다[들썩이다]'라고 해석할 수 있습니다.

681

에너지가 부족한 가운데 석탄 소비로 돌아가다: '왕'이 된 석탄

return 돌아가다 **coal** 석탄 **consumption** 소비

ex We may have little choice but to ramp up coal consumption.
우리는 석탄 소비를 늘리는 것 외에 선택권이 거의 없을지도 모른다.

682

클린에너지 펀드는 환경을 정말 깨끗하게 할 수 있는가?

clean energy 클린에너지(태양열이나 전기처럼 대기를 오염시키지 않는 에너지)

ex The lack of investment rigor risks creating an energy fund bubble.
투자 활기가 부족하면 에너지 펀드의 버블이 형성될 위험이 있다.

683

친환경 에너지 기업들의 주가는 바이오매스에 대한 의구심 속에 하락하다.

biomass 에너지원으로 이용되는 식물 및 동물 자원

ex Biomass is a renewable energy source which can be derived from organisms.
바이오매스는 유기체로부터 얻을 수 있는 재생 가능 에너지원이다.

684

태양광 관련주들은 미국의 클린에너지 계획에 대한 리스크에도 불구하고 상승하다.

solar 태양의, 태양에 의한 **initiative** (특정한 문제 해결·목적 달성을 위한 새로운) 계획

ex Solar shares jumped 20% today. 태양광 관련주들이 오늘 20%나 급등했다.

685

세계가 석탄 확보를 위해 경쟁하자 석탄 가격이 다시 들썩이고 있다.

roar 으르렁거리다, 고함치다, 울부짖다 **roar back** 다시 살아나다[들썩이다]

ex The virus could roar back in the winter. 바이러스는 겨울에 되살아날 수도 있다.
The markets should roar back to life next year. 증시는 내년이 되면 다시 살아날 것이다.

686

Energy crisis adds new hurdle for the goal of *eradicating* coal.

eradicate는 '없애버리다, 근절하다, 뿌리 뽑다'라는 뜻으로 the goal of eradicating coal은 '석탄 사용을 근절하려는 목표'라고 해석할 수 있습니다.

687

Some businesses *put* shareholders *above* the long-term future of humanity.

put A above B는 'A를 B 위에 두다', 즉 'B보다 A를 우선시하다'라는 의미입니다. 여기서는 '인류의 미래보다 주주들을 먼저 챙기다[주주들의 이익을 먼저 생각하다]'라고 해석할 수 있습니다.

688

Stock market could *be 'toast'* if oil prices keep surging, says Jim Cramer.

be toast는 비격식적인 표현으로 '큰 문제에 휩싸이다, 성공하지 못하다, 무너지다'라는 뜻입니다. 즉, be in a lot of trouble 또는 be completely ruined의 의미를 갖습니다.

689

The Arctic could be Russia and Europe's next *flashpoint* amid the gas shortage.

the Arctic은 '북극'을 뜻하고 flashpoint는 '일촉즉발의 상황, 폭발점, 발화점, 인화점'이라는 뜻입니다.

690

Government to introduce new *levies* on gas in green energy initiative.

levy는 '(세금의) 추가 부담금, 세금 부과'라는 뜻이며 동사로는 '(세금 등을) 부과하다'라는 뜻으로 쓰입니다.

686

에너지 위기는 석탄 사용 근절이라는 목표에
새로운 장애물이 되다.

hurdle 허들, 장애물 **eradicate** 없애버리다, 근절하다, 뿌리 뽑다
🔵 **eradicate corruption** 부패를 뿌리 뽑다 **eradicate racism** 인종차별주의를 뿌리 뽑다

687

일부 기업들은 인류의 장기적인 미래보다
주주들을 먼저 챙긴다.

put A above B B보다 A를 우선시하다 **shareholder** 주주 **humanity** 인류, 인간
🔵 **Don't put your interests over his.** 그의 이익보다 너의 이익을 우선시하지 마.

688

짐 크레이머는 유가가 계속 오르면 주식 시장이
'큰 문제에 휩싸일' 수 있다고 말한다.

be toast 큰 문제에 휩싸이다, 성공하지 못하다, 무너지다 🔵 **be in a lot of trouble, be completely ruined**
🔵 **I'm toast. I completely forgot to do my homework.** 나 죽었다. 숙제 하는 거 완전히 깜빡했어.

689

천연가스가 부족한 가운데 북극은 러시아와 유럽의
다음 발화점이 될 수도 있다.

the Arctic 북극 **flashpoint** 일촉즉발의 상황, 폭발점, 발화점, 인화점
🔵 **The tension in the country was reaching a flashpoint.**
국가 내의 긴장이 일촉즉발의 상황으로 치닫고 있었다.

690

정부는 친환경 에너지 계획에 천연가스에 세금을
새로 부과하는 방안을 도입하려 한다.

levy (세금의) 추가 부담금, 세금 부과; (세금 등을) 부과하다
🔵 **Public parking levies and highway charges are just another tax.**
공공장소 주차비와 고속도로 통행료는 또 다른 세금일 뿐이다.

691

Energy crisis sparks a *boomlet* in alternatives like solar ETFs.

boomlet은 '작은 붐, 작은 경기 호황'을 뜻합니다. 같은 뜻으로 a small boom, a minor boom이라고도 합니다.

692

Clean energy transition: *capitalizing* from the global megatrend.

capitalize는 '대문자로 쓰다'라는 뜻도 있지만 경제 뉴스에서는 주로 '자본화하다' 또는 '출자하다'라는 뜻으로 쓰입니다. 위 문장에서는 '글로벌 메가트렌드를 이용해 자본화하다'라고 해석할 수 있습니다.

693

China coal and natural gas *imports skyrocket* as energy shortage worsens.

import는 여기서처럼 '수입(품)'이라는 명사로도 쓰이고 '수입하다'라는 동사로도 쓰입니다. skyrocket은 '급등하다, 급증하다'라는 의미입니다.

694

An *'alarming* decline' in US solar panel imports.

alarm은 명사로는 '알람, 주의'라는 뜻이고 형용사형인 alarming은 '걱정스러운, 두려운, 놀라운'이라는 뜻입니다. an alarming decline은 '불안한 하락[감소]' 정도로 해석할 수 있습니다.

695

Aluminum's surge is really an energy crisis *in disguise.*

disguise는 '변장, 위장' 또는 '변장하다, 위장하다'라는 뜻으로 in disguise는 '가장하여, 변장해서'라는 의미입니다. an energy crisis in disguise는 '위장한 에너지 위기', 즉 '에너지 위기가 위장한 것'이라고 해석할 수 있습니다.

691

에너지 위기가 태양광 ETF 같은 대체 상품에 작은 붐을 일으키다.

boomlet 작은 붐, 작은 경기 호황 **ex pre-election boomlet** 선거 전 작은 경기 호황
Obama-generated boomlet 오바마 정권이 만든 작은 경기 호황

692

클린에너지로의 전환: 글로벌 메가트렌드를 이용한 자본화

transition 변환, 이동, 변화 **capitalize** 자본화하다, 출자하다; 대문자로 쓰다
ex The company succeed in capitalizing the resources. 그 기업은 자원들을 자본화하는 데 성공하다.

693

에너지 부족이 악화되자 중국산 석탄과 천연가스 수입이 급증하다.

import 수입(품); 수입하다 **skyrocket** 급등하다, 급증하다

694

미국의 태양광 패널 수입의 '불안한 하락세'

alarming 걱정스러운, 두려운, 놀라운 **solar panel** 태양 전지판
ex It is alarming that the child is too precocious. 아이가 너무 어른스러워서 걱정이다.

695

알루미늄 가격의 급등은 사실 에너지 위기를 나타내는 증거다.

disguise 변장, 위장; 변장하다, 위장하다 **in disguise** 가장하여, 변장해서
ex He is a master of disguise. 그는 변장의 달인이다. **a blessing in disguise** 뜻밖의 좋은 결과[이득]

696

Korea's economy *under pressure* as industrial growth slows in Q2.

under pressure는 '압박을 받는, 스트레스를 받는'이라는 뜻으로 경제 뉴스 헤드라인에서 상당히 자주 볼 수 있는 표현입니다.

697

Country receives *game-changing* industrial investment.

game-changing은 '게임을 바꾸는', 즉 '판도를 뒤집는, 대세를 바꾸는, 획기적인'이라는 뜻으로 사용됩니다.

698

Steel industry calls for state support to avoid "*full-blown* energy threat."

steel industry는 '철강 산업, 제강업'으로 보통 iron and steel industry라고 쓸 때가 많습니다. call for는 '(공식적으로) 요청하다, 요구하다'라는 뜻이고 full-blown은 '활짝 핀, 무르익은, 본격적인'이라는 뜻입니다.

699

To *reverse* industrial decline, France pushes *nuclear power* plan.

reverse는 '(정반대로) 뒤바꾸다, 역전시키다, 뒤집다; 정반대'라는 뜻을 갖고 있습니다. nuclear power는 '원자력'을 말합니다.

700

New *carbon neutral* industrial cluster roadmap unveiled.

neutral은 '중립적인, 무효화된'이라는 뜻으로 carbon neutral은 '탄소 중립적인'이라는 의미입니다. 최근 기후 변화와 관련하여 환경 보호를 위해 자주 사용되는 표현입니다.

해석을 확인해 보고
표현도 정리해 보세요.

696

2분기 제조업 성장이 둔화되며 한국 경제는 압박을 받고 있다.

under pressure 압박을 받는, 스트레스를 받는
🔵 She rarely gets ruffled when under pressure. 그녀는 스트레스를 받을 때에도 거의 흐트러지지 않는다.

697

국가는 판도를 뒤집을 만한 제조업 투자를 받다.

game-changing 게임을 바꾸는, 판도를 뒤집는, 대세를 바꾸는, 획기적인
🔵 Your idea is not so game changing. 너의 아이디어는 그리 획기적이지 않아.

698

철강 산업은 '본격적인 에너지 위기'를 피하기 위해 국가의 지원을 요청하다.

steel industry 철강 산업, 제강업 **call for** (공식적으로) 요청[요구]하다 **full blown** 활짝 핀, 무르익은, 본격적인
🔵 **full-blown agenda** 무르익은 안건 **a full-blown party** 본격적인 파티

699

제조업의 쇠퇴를 역전시키기 위해 프랑스는 원자력 계획을 밀어붙이다.

reverse (정반대로) 뒤바꾸다, 역전시키다, 뒤집다; 정반대 **nuclear power** 원자력
🔵 **in reverse** 반대로, 거꾸로 **reverse-charge** 수신자 부담 통화 요금

700

새로운 탄소 중립 제조 클러스터의 로드맵이 베일을 벗다.

neutral 중립적인, 무효화된 **carbon neutral** 탄소 중립적인 **cluster** 무리, 군중, 클러스터
🔵 Switzerland tends to have a neutral stance. 스위스는 중립적인 입장을 지키는 편이다.

⑤ Industrial 1

New industrial policy *poised to boost* South Korean economy.

be poised to는 set to와 같은 의미로 '~할 태세가 완료되다, ~할 준비가 되다'라는 뜻입니다. boost는 '밀어 올리다, (경기를) 부양하다'라는 의미입니다.

China's magnesium shortage *jolt* global car industry.

jolt는 '갑자기 거칠게 움직이다, 충격을 주다, 덜커덩거리게 하다'라는 뜻의 동사로 '심한 요동, 정신적 충격'이라는 명사로도 쓰입니다.

Brexit rules *dent* UK car industry *competitiveness*.

dent는 '움푹 들어가게 하다, 훼손하다'라는 뜻이고 competitiveness는 '경쟁력'이라는 뜻이므로 dent competitiveness는 '경쟁력을 훼손하다'라는 의미입니다. 반대로 increase one's competitiveness는 '~의 경쟁력을 높이다'라는 뜻이 됩니다.

Soaring energy price risks *deterring* car industry investors.

deter는 '단념시키다, 그만두게 하다'라는 뜻으로 from과 함께 쓰일 때가 많습니다.

A *troubled* road lies ahead for global automakers.

troubled는 '문제가 되는, 심란한, 어려운'이라는 뜻이므로 troubled road는 '어려운 길, 험난한 길'이라고 해석할 수 있습니다.

701

새로운 산업 정책은 한국 경제를 살릴 준비를 끝내다.

be poised to ~할 태세가 완료되다, ~할 준비가 되다 圓 **set to**
boost 밀어 올리다, (경기를) 부양하다
ⓔ **The market is posed to grow.** 시장은 성장할 준비가 끝나다.

702

중국의 마그네슘 부족이 글로벌 자동차 산업에 충격을 주다.

jolt 갑자기 거칠게 움직이다, 충격을 주다, 덜커덩거리게 하다; 심한 요동, 정신적 충격
ⓔ **a jolt of dismay** 가슴이 덜컹하는 경악감

703

브렉시트 규정들이 영국 자동차 산업의 경쟁력을 훼손하다.

dent 움푹 들어가게 하다, 훼손하다 **competitiveness** 경쟁력
ⓔ **The company shows unrivaled competitiveness.**
그 기업은 독보적인 경쟁력을 보여준다.

704

치솟는 에너지 가격 리스크가 자동차 산업 투자자들을 단념시키다.

deter 단념시키다, 그만두게 하다 ⓔ **deter crime** 범죄를 막다
The high cost of the service deterred students from using the gym.
비싼 서비스 비용은 학생들이 체육관을 사용하지 못하게 만들었다.

705

글로벌 자동차 제조사들 앞에 험난한 길이 놓이다.

troubled 문제가 되는, 심란한, 어려운 **lie ahead** (위험 등이) 앞에 놓여 있다
ⓔ **She is entering a troubled road.** 그녀는 험난한 길로 들어서고 있다.

706

Supply *constraints* to *stretch* into *2023,* says German automobile CEO.

constrain은 '제약하다, 제한하다, 통제하다'라는 동사이고 constraint는 '제약이 되는 것, 제한, 통제'라는 명사입니다. stretch는 '늘어나다' 외에 '(어떤 기간에 걸쳐) 이어지다, 계속되다'라는 뜻도 있습니다.

707

Germany economy to hit *speedbump* as automobile industry '*critical.*'

speedbump는 '(도로 위의) 과속방지턱'으로, 여기서는 경제가 과속방지턱을 만나 성장이 더뎌진 모습을 표현했습니다. critical은 '비판적인, 비난하는'이라는 뜻도 있지만 여기서는 '위태로운'이라는 뜻으로 사용되었습니다.

708

Foxconn bullish on electric vehicle *prospects.*

prospect는 '조망'이라는 뜻도 있지만 경제 뉴스에서는 주로 outlook처럼 '전망, 가망, 예상, 장래'라는 뜻으로 쓰입니다.

709

Automobile manufacturers *accused* of 'dirty tricks' to *derail* EU emissions standards.

accuse는 '고발하다, 기소하다, 비난하다'라는 뜻인데 여기서는 수동의 의미로 쓰였습니다. derail은 rail(레일) 앞에 de-가 붙은 것으로 '탈선하다'라는 뜻입니다.

710

Mercedes-Benz stock *hammered* as European car sales plummet.

'망치'라는 뜻의 hammer는 '망치로 치다, 쾅쾅 두드리다'라는 동사로도 쓰입니다. hammered는 '두들겨 맞은'이라는 수동의 의미입니다. 자동차 판매량이 급락하면서 주가가 두들겨 맞았다고 표현한 것입니다.

해석을 확인해 보고
표현도 정리해 보세요.

706

독일 자동차회사 CEO는 공급 제한이 2023년까지 이어질 것이라고 말한다.

constraint 제약이 되는 것, 제한, 통제 ⓢ **restriction, limitation, restraint**
stretch 늘어나다; (어떤 기간에 걸쳐) 이어지다, 계속되다
ⓔⓧ **free from constraints** 제한이 없는 **impose constraints on** ~에 제약을 가하다

707

독일은 자동차 산업이 '위태로운' 가운데 경제 성장이 더뎌질 것이다.

speedbump (도로 위의) 과속방지턱 **critical** 비판적인, 비난하는; 위태로운
ⓔⓧ **Failure is just a speedbump.** 실패는 그저 과속방지턱일 뿐이야.
a critical point in one's life 삶의 고비

708

폭스콘은 전기차 전망에 대해 긍정적이다.

prospect 전망, 가망, 예상, 장래
ⓔⓧ **The country is facing the grim prospect of low economic growth.**
그 나라는 저성장이라는 암울한 전망에 직면해 있다.

709

자동차 제조사들은 EU의 배출 기준을 벗어나기 위해 '더러운 속임수'를 쓴 것에 대해 비난받다.

accuse 고발하다, 기소하다, 비난하다 **trick** 속임수 **derail** 탈선하다, 탈선시키다
ⓔⓧ **The latest bilateral talks between the U.S. and China could derail the peace process.**
최근 열린 미중 양자회담은 평화 정착 과정을 훼손시킬 수도 있다.

710

메르세데스 벤츠 주식은 유럽 자동차 판매량이 급락하면서 두들겨 맞다.

hammer 망치; 망치로 치다, 쾅쾅 두드리다 **plummet** 곤두박질치다, 급락하다
ⓔⓧ **be hammered on the stock exchange** 주식 시장에서 제명되다

711

Steel will be *vital* to the green economy revolution.

vital은 '필수적인, 아주 중대한, 생명 유지와 관련된'이라는 뜻으로, '중요한'이라는 의미의 important, main, essential, critical과 유사합니다.

712

US car shortage hits people from dealers to *junkyards*.

junkyard는 '쓰레기, (더 이상 쓰지 못하는) 고물'을 뜻하는 junk에서 비롯된 말로 '고물상, 폐차장'을 뜻합니다.

713

Iran's steel industry still booming despite *sanctions*.

sanction은 '제재, 허가, 승인'이라는 뜻인데 보통 국제 뉴스에 나오는 sanction은 특정 국가에 가하는 '제재'를 뜻합니다.

714

Moody's upgrades China Steel Corporation to AA.

3대 신용 평가사에는 Moody's(무디스), S&P(스탠더드앤드푸어스), Fitch(피치)가 있습니다. 여기서 upgrade는 '등급을 올리다'라는 뜻입니다. 반대로 '등급을 내린다' downgrade를 씁니다.

715

State takeover of railway company will *amplify* calls for rail reform.

amplify는 '증폭시키다, 확대하다'라는 뜻으로 amplify calls for rail reform은 '철도 개혁에 대한 요구를 증폭시키다'라는 의미입니다.

711

철강은 녹색 경제 혁신에 필수적인 산업이 될 것이다.

vital 필수적인, 아주 중대한, 생명 유지와 관련된 ⓢ **important, main, essential, critical**
ⓔ **Exercising is vital for keeping us fit.** 운동을 하는 것은 우리 몸을 건강하게 유지하는 데 필수적이다.

712

미국의 자동차 부족 현상은 판매업자부터 폐차장 직원에게까지 영향을 미치다.

dealer (특정 물품을 사고파는) 딜러, 중개인, 판매업자 **junkyard** 고물상, 폐차장
ⓔ **old cars in the junkyard** 폐차장에 있는 낡은 차들

713

이란의 철강 산업은 제재에도 불구하고 여전히 호황을 이루고 있다.

sanction 제재, 허가, 승인
ⓔ **economic sanction** 경제 제재 **countersanction** 대응제재, 역제재

714

무디스는 중국의 철강 회사를 더블A 등급으로 올리다.

Moody's 무디스(3대 신용평가사 중 하나) **upgrade** 업그레이드하다, 등급을 올리다 ⓐ **downgrade**
ⓔ **the outlook downgrade by Fitch** 피치사로부터 하향 조정된 전망

715

국가의 철도 회사 인수는 철도 개혁을 요구하는 목소리에 힘을 실어줄 것이다.

takeover 기업[경영권] 인수 **amplify** 증폭시키다, 확대하다 ⓢ **expand call** 요구, 요청
ⓔ **This is going to amplify sound.** 이것은 소리를 증폭시킬 것이다.

716

Sears is closing its last store in Illinois, its *home state*.

팬데믹으로 인해 많은 거래가 온라인화되어 문을 닫는 소매업체들이 많아지면서 소매업의 상징이었던 Sears 도 폐점하게 됐다는 뉴스 헤드라인입니다. home state는 '국적 국가, 고향 주'라는 뜻으로 Sears가 처음 탄생한 주가 Illinois여서 이렇게 표현한 것입니다.

717

Record profits in the retail market demonstrate a boom in the economy.

앞에서 주가 관련하여 record highs(신고가), record lows(신저가)라는 표현을 살펴봤었는데, record profits는 '기록적인 매출'이라는 의미입니다.

718

Brief *queues* but mostly smooth with different *entry* measures at shopping centers.

queue는 '줄, 대기 행렬; 줄을 서서 기다리다'라는 뜻입니다. entry는 '입장, 등장'이라는 뜻으로 entry measures는 '입장 정책[규정]'이라는 의미입니다.

719

UK poultry sector faces *imminent* supply threat from *CO2 shortages*.

imminent는 '당장 눈앞에 닥친, 임박한, 일촉즉발의'라는 뜻으로 절박함이 담긴 단어입니다. 여기서 CO2 shortages는 '탄소 배출권 부족'을 가리킵니다.

720

Battle for retail workers this Christmas holiday.

battle은 '전투' 외에도 '(경쟁자들의) 투쟁, 다툼'이라는 뜻이 있습니다. battle for는 '~을 얻기 위한 전투[투쟁, 다툼]'이라는 의미입니다. 노동력 부족으로 인해 소매업 종사자들을 찾기 어려운 상황을 설명하는 뉴스 헤드라인입니다.

해석을 확인해 보고
표현도 정리해 보세요.

716

씨어스는 홈그라운드인 일리노이주에 자리한
마지막 상점의 문을 닫는다.

home state 국적 국가, 고향 주
🔳 **Retailers to shut U.S. stores in the coming years.** 다가오는 몇 년 동안 미국 매장들의 문을 닫는 소매업체들.

717

소매 시장의 기록적인 매출은 경제가 호황임을 방증한다.

record profits 기록적인 매출[수익] **demonstrate** 입증하다, 증명하다

718

쇼핑센터들의 달라진 입장 규정들로 인해
짧은 대기 줄이 있었지만 대체로 매끄러웠다.

queue 줄, 대기 행렬; 줄을 서서 기다리다 🟰 **line up, form a line   entry** 입장, 등장
🔳 **form a queue** 한 줄로 서다 **Are you in the queue?** 지금 줄 서 계신 건가요?

719

영국의 가금류업계는 탄소 배출권 부족으로
임박한 공급 위기에 직면하다.

poultry 가금류   **imminent** 당장 눈앞에 닥친, 임박한, 일촉즉발의
🔳 **His father's death is imminent.** 그의 아버지는 사망이 임박하다.

720

이번 크리스마스 시즌에 소매업 종사자들을
구하기 위한 전쟁

battle 전투; (경쟁자들의) 투쟁, 다툼
🔳 ***Squid Game* is a battle for money and survival.** '오징어 게임'은 돈과 생존을 위한 투쟁이다.

721

Greenwashing: the fiery row over the '*climate-controlled* cow.'

greenwashing은 '친환경 세탁, 위장환경주의'라는 뜻으로 친환경 경영을 내세우는 기업들이 실제로는 친환경적이지 않은 상품을 만드는 것을 꼬집는 신조어입니다. climate-controlled는 '기후가 통제되는' 또는 '냉난방이 되는' 환경을 뜻합니다.

722

Shoe brand to launch its own clothing *range*.

range는 '범위, 영역'이라는 뜻인데 여기서 clothing range는 clothing line과 같은 뜻으로 '의류 라인'이라고 해석할 수 있습니다.

723

US Christmas retail *crush* comes early as supply chains bite.

crush는 '으스러뜨리다, 뭉개다, 쑤셔 넣다'라는 뜻의 동사인데 여기서는 명사로 쓰였습니다. retail crush는 '소매업의 파괴[타격]' 정도로 해석할 수 있습니다.

724

How Amazon's *aggressive* R&D made it an E-commerce *behemoth*.

aggressive는 '공격적인'이라는 뜻이고, behemoth는 '거대 기업, 거대 조직체'를 뜻합니다.

725

The following E-commerce stocks are '*Amazon-proof*.'

'증거'라는 뜻의 proof는 '견딜 수 있는, 막을 수 있는'이라는 형용사로도 쓰입니다. 명사 뒤에 붙어서 waterproof(방수), windproof(방풍)와 같은 합성어를 만듭니다. 이처럼 Amazon-proof는 이커머스 시장의 막대 강자인 '아마존으로부터 영향을 안 받는' 것을 표현한 신조어입니다.

721

위장환경주의: '냉난방이 되는 곳에서 자란 소'에 대한 뜨거운 논쟁

greenwashing 친환경 세탁, 위장환경주의 **fiery** 불같은, 맹렬한 **row** 심각한 의견 대립, 말다툼, 언쟁
climate-controlled 기후가 통제되는, 냉난방이 되는

722

신발 브랜드는 자체 의류 라인도 론칭할 것이다.

launch 출시하다, 개시하다 **range** 범위, 영역
🔲 **Walmart's new clothing range** 월마트의 새로운 의류 라인

723

공급망 문제의 영향을 받아 미국 크리스마스 시즌 소매업계의 타격이 일찍 찾아오다.

crush 으스러뜨리다, 뭉개다, 쑤셔 넣다; 분쇄, 으깨기, 압착 **bite** 물다; 악영향이 나타나다
🔲 **Retail giant says it is not crushing its rivals.** 대형 유통업체는 경쟁업체들을 무너뜨리는 게 아니라고 말한다.

724

공격적인 R&D가 아마존을 이커머스 시장의 거대 기업으로 만든 방법

aggressive 공격적인 **behemoth** 거대 기업, 거대 조직체
🔲 **Apple, Facebook, and Microsoft are IT behemoths.** 애플, 페이스북, 마이크로소프트는 IT 거대 기업들이다.

725

다음 이커머스 주식들은 '아마존의 영향을 안 받는' 것들이다.

proof 견딜 수 있는, 막을 수 있는 **Amazon-proof** 아마존의 영향을 안 받는

726

E-commerce becoming *preferred* channel for *SEA* consumers.

prefer는 '더 좋아하다, 선호하다'라는 뜻이므로 preferred channel은 '선호하는 채널[플랫폼]'으로 해석할 수 있습니다. SEA는 Southeast Asia(동남아시아)의 줄임말입니다.

727

Rapid growth in *e-tailing* puts it *hot on the heels of* traditional stores.

e-tailing은 '인터넷상에서 물건을 사고파는 것', 즉 '전자상거래'를 뜻합니다. hot on someone's/ something's heels는 '~을 바짝 뒤따라'라는 뜻입니다.

728

How to boost social commerce to create true brand *advocates*.

advocate는 '지지하다, 옹호하다'라는 동사뿐만 아니라 '옹호자, 지지자'라는 명사로도 쓰입니다. 그래서 brand advocates는 '브랜드 지지자들'을 뜻합니다.

729

Despite social commerce advocates, social platforms are not *friction-free*.

friction은 '마찰, 저항'이라는 뜻으로 friction-free는 '마찰이 없는, 문제가 없는'이라는 뜻입니다.

730

Pinterest *beefs up* its shopping *features* as social commerce *takes off*.

beef up은 '강화하다, 보강하다'이고, feature는 '특색, 특징, 특성'이므로 beef up its shopping features 는 '자사의 쇼핑 특색을 강화하다'라는 의미입니다. take off은 원래 '(비행기가) 이륙하다'라는 뜻인데 여기서 처럼 '급격히 인기를 얻다'라는 의미로도 쓰입니다.

726

이커머스는 동남아 소비자들이 선호하는 채널이 되고 있다.

prefer 더 좋아하다, 선호하다 **channel** 채널, 경로, 루트 **SEA**(Southeast Asia의 약자) 동남아시아
ex **There are more business opportunities in SEA.** 동남아시아에 더 많은 비즈니스 기회가 있다.

727

전자상거래의 급격한 성장은 전통 소매업계를 바짝 뒤따르다.

e-tailing 전자상거래 **hot on someone's/something's heels** ~을 바짝 뒤따라
ex **They are hot on my heels.** 그들이 내 뒤를 바짝 쫓아오고 있다.

728

진정한 브랜드 지지자들을 만들기 위해 소셜커머스를 신장시키는 방법

advocate 지지하다, 옹호하다; 옹호자, 지지자
ex **staunch advocates** 확실한 지지자들 **advocates of the green economy** 그린 경제 지지자들

729

소셜커머스 지지자들이 많음에도 불구하고, 소셜플랫폼들이 문제가 없는 것은 아니다.

friction-free 마찰이 없는, 문제가 없는
ex **I tend to avoid all social frictions as possible.** 나는 가능하면 사회적 마찰을 피하고자 하는 편이다.

730

핀터레스트는 소셜커머스가 성행을 이루자 자사의 쇼핑 특색을 강화하다.

beef up 강화하다, 보강하다 **feature** 특색, 특징, 특성 **take off** (비행기가) 이륙하다; 급격히 인기를 얻다

731

Southeast Asia sees *exhilarating* surge in social commerce.

exhilarate는 '아주 기쁘게[신나게] 만들다, 기분을 돋우다'라는 뜻으로 형용사 exhilarating은 '아주 기쁜[신나는]'이라는 뜻입니다.

732

Why new entrepreneurs are riding the rising social commerce *wave*.

wave는 '파도, 물결'이라는 뜻으로 '(특정한 활동의) 급증'을 나타내기도 합니다. ride the wave는 '그 물결[시류]에 올라타다'라고 해석할 수 있습니다.

733

New clothing range "*slammed*" by parents for *outdated* gender roles.

slam에는 '문을 쾅 닫다'라는 뜻 외에 '맹비난하다'라는 뜻도 있습니다. 여기서는 수동태로 쓰였으므로 '맹비난을 받다'라는 의미입니다. outdated는 '구식인, 구식의'라는 뜻으로 outdated gender roles는 '구시대적 성 역할' 정도로 해석할 수 있습니다.

734

How to leverage social commerce to power customer *reach*.

reach는 '닿다, 도달하다'라는 동사 외에 '(닿을 수 있는) 거리, 범위'라는 명사 뜻도 있어서 customer reach는 '소비자 범위'라는 의미입니다. power customer reach는 '소비자 범위를 강화하다[확대하다]'라고 해석할 수 있습니다. 같은 의미로 expand customer reach, widen customer reach라고도 쓸 수 있습니다.

735

Homeware brands *drive* profit growth through social commerce.

위에서 power라는 단어를 쓴 것처럼 drive도 '동력을 공급하다, 추진하다'라는 뜻이 있어요. 그래서 drive profit growth는 '매출 성장의 동력을 제공하다, 매출 성장을 추진하다'라고 해석할 수 있습니다.

731

동남아시아는 소셜커머스 수요가
아주 신나게 급증하다.

exhilarating 아주 기쁜[신나는]
ex The students were exhilarated by a sense of purpose. 학생들은 목적이 생겼다는 것에 굉장히 기뻐했다.

732

새로운 기업가들이 떠오르는 소셜커머스 물결에
올라타는 이유

wave 파도, 물결; (특정한 활동의) 급증
ex chances for riding the Korean Wave for a longer time 한류를 더 오랫동안 탈 수 있는 기회들

733

새로운 의류 라인은 구시대적 성 역할에 맞춰져
부모들로부터 '맹비난을 받다.'

slam 문을 쾅 닫다; 맹비난하다 **outdated** 구식인, 구식의 **gender** 성, 성별

734

소셜커머스를 지렛대 삼아 소비자 범위를
확대하는 방법

leverage 지렛대로 사용하다 **reach** 닿다, 도달하다; (닿을 수 있는) 거리, 범위
customer reach 소비자 범위 **power** 동력을 공급하다; 강화하다

735

홈웨어 브랜드들은 소셜커머스를 통해
매출 성장을 도모하다.

drive 동력을 공급하다, 추진하다

복습   복습

01 overheating fears `604`

02 risk-averse `607`

03 university endowments `613`

04 quitting spree `617`

05 switch to all electric vehicles `625`

06 be poised to launch `631`

07 overcome transportation challenges `636`

08 hydrogen-powered `641`

09 net zero emissions `642`

10 take another leap `645`

11 pandemic lockdowns `646`

12 hate crime `649`

13 grooming case `651`

14 extreme poverty `652`

15 vaccine mandates `653`

16 the most concerning variant `654`

17 underlying health condition `658`

18 slip on immunity `663`

19 covid jab `666`

20 curb infections surge `668`

21 lengthy disruption `675`

22 renewable green energy `676`

23 energy crunch `677`

24 fatal consequences `680`

25 the goal of eradicating coal `686`

26 alarming decline `694`

27 game-changing industrial investment `697`

28 full-blown energy threat `698`

29 electric vehicle prospects `708`

30 amplify calls for rail reform `715`

정답   01 과열 우려   02 리스크를 회피하려 하는   03 대학교에 주는 기부금   04 다수가 한꺼번에 줄줄이 퇴사하는 것   05 전부 전기 자동차로 바꾸다   06 출시될 준비가 되다   07 수송 관련 문제들을 극복하다   08 수소를 동력으로 하는   09 순배출 제로   10 또 다른 도약을 하다   11 팬데믹 확산을 막기 위한 봉쇄 조치   12 증오[혐오] 범죄   13 그루밍 성범죄   14 극도의 빈곤 상태   15 백신 접종 의무화   16 가장 우려스러운 변이 (바이러스)   17 기저질환   18 면역력이 떨어지다   19 코로나 백신 주사   20 감염 증가를 억제하다   21 장기적인 붕괴[혼란]   22 재생 가능한 친환경 에너지   23 에너지 위기   24 치명적인 결과   25 석탄 사용을 근절하려는 목표   26 불안한 하락[감소]   27 판도를 뒤집는 제조업 투자   28 본격적인 에너지 위기   29 전기차 전망   30 철도 개혁에 대한 요구를 증폭시키다

Tech

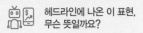
 736

Why the world needs a *Bill of Rights* on AI.

Bill of Rights는 '권리 장전'이라는 뜻으로 1791년 미국 헌법에 부가된 10개조의 수정을 뜻합니다. 최근 AI로 인한 편견, 프라이버시, 데이터 보호 등 사회적 이슈들이 커지면서 AI 윤리와 관련한 법적, 사회적 규정이 필요하다는 내용을 담은 뉴스 헤드라인입니다.

 737

EU publishes 10-year plan to become 'AI superpower' *seeking* to rival US and China.

seek은 '~을 찾다, 추구하다'라는 뜻으로 seeking to rival US and China는 '미국 및 중국과의 경쟁을 겨냥해서[염두해서]'라고 의역할 수 있습니다.

 738

AI is necessary for intelligent enterprise, but it requires a *holistic* approach.

holistic은 '전체론적의, 전체론의'라는 뜻으로 holistic approach는 '전체론적[총체적] 접근'이라는 뜻이 됩니다.

 739

Robotexts are *flooding* our phones, says the FCC.

robotext는 사람이 아닌 로봇이나 프로그램 등이 보내는 문자메시지로 문자 사기가 증가하면서 이슈가 되고 있는 용어입니다. flood는 '범람하다, 침수되다, 홍수가 나다'라는 뜻인데, 여기서는 로보텍스트가 '범람하다'라는 의미로 쓰였습니다.

 740

Facebook to hire 10,000 more to build its vision for a '*metaverse*.'

metaverse는 페이스북 CEO인 마크 저커버그가 이야기하면서 buzzword(유행어)가 된 단어로 '사이버공간, 가상공간'을 뜻합니다.

해석을 확인해 보고
표현도 정리해 보세요.

736

세계에 AI 관련 권리 장전이 필요한 이유

Bill of Rights 권리 장전 **AI**(artificial intelligence의 약자) 인공 지능
ex consumer privacy bill of rights 소비자 개인정보 보호 권리 장전
The Bill of Rights is part of the U.S. constitution. 권리 장전은 미국 헌법의 일부이다.

737

미국 및 중국과의 경쟁을 염두하며 EU는 'AI 초강대국'이 되기 위한 10년 계획을 발표하다.

superpower 초강대국 **seek** ~을 찾다, 추구하다 **rival** 경쟁하다; 경쟁자
ex seeking new jobs 새로운 일을 찾으러 seeking to discover the meaning of life 삶의 의미를 찾으러

738

AI는 지능형 기업에 꼭 필요하지만 (AI 기술 이행을 위해서는) 전체론적 접근이 요구된다.

intelligent enterprise 지능형 기업 **holistic** 전체론적의, 전체론의
ex holistic education 전인교육
a holistic approach to evaluate students 학생들을 평가하는 총체적 방법

739

미국 연방통신위원회는 로보텍스트가 우리의 핸드폰을 도배하고 있다고 말한다.

robotext 사람이 아닌 로봇이나 프로그램 등이 보내는 문자메시지 **flood** 범람하다, 침수되다, 홍수가 나다
FCC(Federal Communications Commission의 약자) 연방통신위원회
ex The issue flooded papers the next morning. 그 이슈는 다음 날 아침 신문을 도배했다.

740

페이스북은 '메타버스' 비전을 확립하기 위해 1만 명을 더 채용하려 한다.

metaverse 사이버공간, 가상공간 ≡ cyberspace
ex Facebook plans to focus on the metaverse. 페이스북은 메타버스에 집중할 계획이다.

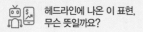

Countries are pouring everything into the race for AI *supremacy.*

supremacy는 '패권, 우위, 지상주의'를 뜻합니다. 예를 들어 white supremacy는 '백인 우월주의'를 뜻합니다. 여기서 AI supremacy는 'AI 패권'을 의미합니다.

Can AI's *voracious* appetite be tamed?

voracious는 '(먹는 것을) 매우 탐하는, (음식에 대해) 게걸스러운'이라는 뜻으로 voracious appetite는 '왕성한 식욕'이라는 의미입니다. 여기서는 AI가 데이터를 가리지 않고 모조리 수집하는 것을 가리키고 있습니다.

Skepticism abounds for AI in high-level decisions.

skepticism은 '회의, 회의론, 무신론'이라는 뜻인데 '아주 많다, 풍부하다'라는 뜻의 동사 abound와 함께 쓰이며 '의구심이 많아지다, 회의론이 높아지다'라는 의미가 되었습니다.

AI in hospitals tackling *access* troubles.

access는 '(장소로의) 입장, 접근'이라는 뜻이 있습니다. 따라서 access trouble은 '접근 문제'라는 의미입니다.

Building a case for *decentralized* AI ethical guidelines.

centralized는 '중앙 집중적인'이라는 뜻이고 앞에 de-가 붙은 decentralized는 '탈중심적인, 분산적인'이라는 뜻입니다.

해석을 확인해 보고
표현도 정리해 보세요.

741

국가들은 AI 패권을 향한 레이스에
모든 것을 쏟아붓고 있다.

supremacy 패권, 우위, 지상주의 ㉰ **hold supremacy** 패권을 쥐다
㉕ **Countries fight for world supremacy.** 세계 최고 자리를 두고 국가들이 경쟁하다.

742

AI의 왕성한 식욕을 길들일 수 있을까?

voracious (먹는 것을) 매우 탐하는, (음식에 대해) 게걸스러운 ㉰ **greedy, gluttonous appetite** 식욕
tame 길들이다, 다스리다 ㉰ **domesticate, train**
㉕ **I have a voracious appetite for reading.** 나는 책을 읽는 것을 매우 좋아해.

743

AI가 높은 수준의 결정을 내리는 것에
의구심이 많아지다.

skepticism 회의, 회의론, 무신론 **abound** 아주 많다, 풍부하다
㉕ **There is a great amount of skepticism among scholars.** 학자들 사이에 큰 회의론이 있다.

744

병원에서 쓰이는 AI는 접근 문제를 해결하기
위해 씨름하고 있다.

tackle (힘든 문제·상황과) 씨름하다, 따지다 **access** (장소로의) 접근, 입장
㉕ **tackle chores** 허드렛일들을 잘 처리하다 **tackle environmental challenges** 환경 문제에 대처하다

745

탈중심적 AI 윤리 가이드라인을 위해 케이스를 만들다.

decentralized 탈중심적인, 분산적인 **ethical** 윤리적인
㉕ **decentralized administration** 지방 분권 정치 **decentralized system** 분권적 시스템

헤드라인에 나온 이 표현,
무슨 뜻일까요?

746~750.mp3

Where can *enterprise* really apply *big data*?

enterprise는 '대규모 사업, 기업, 회사'를 뜻합니다. big data(빅데이터)는 많은 IT 회사들에게 새로운 기회이자 윤리적으로 문제가 되어 양면의 검과 같은 디지털 도구입니다.

Who *is most likely to prosper* from big data?

likely는 '~할 것 같은'이라는 뜻으로 be most likely to는 '가장 ~할 것 같다'라는 의미입니다. prosper는 '번영하다, 번성하다, 번창하다'라는 뜻으로 flourish, thrive와 같은 뜻입니다.

AI is booming now that big data has become *accessible*.

accessible은 '접근[입장/이용] 가능한'이라는 뜻으로 '접촉, 입장, 접근권'이라는 뜻인 access의 형용사형입니다.

Big Tech + Big Data = Big Problems.

이 헤드라인은 테크놀로지 리서처들의 연구 내용을 담은 뉴스인데 빅테크 기업들이 빅데이터를 사용하면서 발생하는 중요한 이슈들을 꼬집으면서 이를 수학 등식(equation)으로 표현한 것입니다.

Experts say, *mitigate AI bias* rather than remove it.

mitigate는 '(고통·정도를) 완화시키다'라는 뜻으로 alleviate와 같은 뜻입니다. bias는 '편견, 편향'이라는 뜻으로 AI bias는 '알고리즘에서 나오는 편견[편향]'을 나타냅니다. 알고리즘 편견으로 인해 발생되는 불평등, 인간 기본권 침해와 같은 윤리적 문제에 대한 뉴스입니다.

746

기업이 실제로 빅데이터를 적용할 수 있는 곳은 어디일까?

enterprise 대규모 사업, 기업, 회사 **apply** 적용하다; 신청하다
ex **innovation-led enterprise environment** 혁신 주도의 기업 환경

747

누가 빅데이터를 통해 번창할 가능성이 가장 높은가?

likely ~할 것 같은 **prosper** 번영하다, 번성하다, 번창하다 s **flourish, thrive**
ex **The civilization prospered for centuries.** 문명은 몇 백년 동안 번영했다.

748

빅데이터가 사용하기 쉬워지면서 AI가 현재 붐을 이루고 있다.

accessible 접근[입장/이용] 가능한
ex **These documents are not accessible to us.** 이 서류들은 우리에게는 열람권이 없다.

749

빅테크 + 빅데이터 = 큰 문제들

equation 등식
ex **You can express the current social phenomenon in the equation above.**
현 사회 현상을 위와 같은 등식으로 표현할 수 있다.

750

전문가들은 AI 편향을 완전히 제거하기보다는 완화시켜야 한다고 말한다.

mitigate (고통·정도를) 완화시키다 s **alleviate** **bias** 편견, 편향

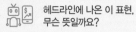
 751

Don't *buy* the big data *hype,* says an insider of big data business.

여기서 buy는 '사다'가 아니라 '믿다'라는 뜻이고, hype는 '(대대적이고 과장된) 광고, 선전' 또는 '그런 선전을 하다, 광고하다'라는 의미입니다.

 752

Will AI and big data *disrupt* pharmaceutical industry?

disrupt는 '방해하다, 지장을 주다, 파괴하다'라는 뜻으로 새롭게 부상한 산업이 이전에 존재하던 산업을 없애버리거나 교란시킬 때 이 표현을 씁니다. 명사형은 disruption(붕괴, 분열)입니다.

 753

The wrong way to think about *cloud computing*: how data is *stored*.

Cloud computing은 '인터넷상의 서버를 통하여 IT 관련 서비스를 한 번에 사용할 수 있는 컴퓨팅 환경'을 말합니다. 여기서 store는 '(컴퓨터 등에) 저장하다, 보관하다'라는 뜻으로 쓰였습니다.

 754

Banks *depend on* only a few cloud computing giants.

depend on[upon]은 '~에 의존하다, 의지하다, 신뢰하다'라는 뜻으로 명사형은 dependence(의존, 의지)입니다.

 755

Alibaba unveils new server *'breakthrough'* chip to boost its cloud business.

breakthrough는 '돌파구' 또는 '(과학 등의) 비약적인 발전'이라는 뜻의 명사로 breakthrough chip은 '비약적인 발전을 이룬 칩', 즉 '혁신적인 칩'이라고 해석할 수 있습니다.

751

빅데이터업계의 내부자는 빅데이터 관련 과대 광고를 믿지 말라고 말한다.

buy 사다; 믿다 **hype** (대대적이고 과장된) 광고, 선전; 과장 광고를 하다 **S** propaganda, propagate
insider (조직·단체의) 내부자 **ex** **media hype** (기업·후보자 등의) 집중적 홍보, 미디어 동원 홍보

752

AI와 빅데이터가 제약업계를 교란시킬까?

disrupt 방해하다, 지장을 주다, 파괴하다 **pharmaceutical industry** 제약 산업
ex **Uber disrupts taxi industries.** 우버가 택시업계에 지장을 주다.
Air B&B disrupts hospitality sector. 에어비앤비가 숙박업계를 흔들어놓다.

753

클라우드 컴퓨터에 대해 잘못 생각하는 것: 데이터가 어떻게 저장되는가.

cloud computing 클라우드 컴퓨팅 **store** (컴퓨터 등에) 저장하다, 보관하다
ex **This computer can store huge amounts of information.** 이 컴퓨터는 엄청난 양의 정보를 저장할 수 있다.

754

은행들은 클라우드 컴퓨터 거대 기업 몇 곳에만 의존한다.

depend on[upon] ~에 의존하다, 의지하다, 신뢰하다 **S** hinge on

755

알리바바는 자사 클라우드 비즈니스를 증진시킬 수 있는 새로운 서버용 '혁신적인' 칩을 소개하다.

breakthrough 돌파구; (과학 등의) 비약적인 발전 **ex** **breakthrough innovation** 엄청난 혁신
a major breakthrough in cancer treatment 암 치료에 있어서의 엄청난 발전

756

Covid-19 can *entrench* educational inequality or *spur* changes.

entrench는 '(변경이 어렵도록) 단단히 자리 잡게 하다, 견고히 하다'라는 뜻입니다. spur는 '박차; 박차를 가하다, 자극하다'라는 뜻이므로 spur changes는 '변화를 야기하다'라고 해석할 수 있습니다.

757

Covid-19 exposed a *decade* of *neglect* in primary education.

decade는 '10년'을 가리키고 neglect는 '방치하다, 등한시하다' 또는 '방치, 소홀'이라는 뜻입니다. 따라서 a decade of neglect는 '10년간의 무관심[방치]'라고 해석할 수 있습니다.

758

Big *squeeze*: UK university applicants facing *stiffest* competition in years.

squeeze는 '압착하다'라는 뜻 외에 '압박'이라는 뜻도 있습니다. 여기에 쓰인 big squeeze는 '큰 압박'이라는 의미입니다. stiff는 '뻣뻣한, 뻑뻑한' 또는 '심한, 힘든'이라는 뜻인데 stiffest competition은 '가장 극심한 경쟁'이라고 해석할 수 있습니다.

759

Education secretary *pledges to* tackle persistent *absenteeism* of children.

pledge to는 '~하기로 약속하다[맹세하다]'라는 뜻이에요. absenteeism은 absent(부재한, 결석한)의 명사형으로 '(합당한 사유가 없는) 잦은 결석, 상습적 무단결근'을 의미합니다.

760

AI in education: *Safety measures* must be taken in schools.

safety measures는 '안전 조치, 안전 대책'을 뜻합니다. '조치[대책]를 취하다'라고 할 때는 보통 동사 take가 함께 쓰입니다.

756

코로나19는 교육 불평등을 고착시키거나
변화를 야기할 수 있다.

entrench (변경이 어렵도록) 단단히 자리 잡게 하다, 견고히 하다   **spur** 박차; 박차를 가하다, 자극하다
ex **The policy is to entrench the status quo.** 이 정책은 현재의 상황을 견고하게 하기 위한 것이다.

757

코로나19는 지난 10년 동안 초등 교육에
무관심했다는 것을 드러냈다.

expose 드러내다, 폭로하다   **decade** 10년   **neglect** 방치하다, 등한시하다; 방치, 소홀
ex **a few decades of a professional career** 몇십 년 동안 이어진 전문 커리어

758

큰 압박: 영국 대학 지원자들은 수년 만에
가장 극심한 경쟁을 치르고 있다.

squeeze 압착하다; 압박   **stiff** 뻣뻣한, 뻑뻑한; 심한, 힘든
ex **There is a big squeeze on making more profits.** 더 많은 수익을 내는 것에 대한 압박이 크다.

759

교육부장관은 어린이들의 잦은 결석이 지속되는 것을
해결하겠다고 선언하다.

pledge to ~하기로 약속하다[맹세하다]   **persistent** 끊임없이 지속[반복]되는
absenteeism (합당한 사유가 없는) 잦은 결석, 상습적 무단결근
ex **mass absenteeism** 집단 결석   **repeated absenteeism** 반복되는 결근

760

교육 현장의 AI: 학교 내 (AI 관련) 안전 조치를
반드시 취해야 한다.

safety measures 안전 조치, 안전 대책
ex **We must take proper safety measures.** 우리는 반드시 적절한 안전 조치를 취해야 합니다.

761

EdTech market expected to *reach* \$5bn this year.

EdTech(에듀테크)는 Education(교육)과 Technology(기술)의 합성어로 '교육과 정보통신기술을 결합한 산업'을 말합니다. reach는 '다다르다, 이르다, 도달하다'라는 뜻으로 be expected to reach는 '다다를 것으로 예상되다[기대되다]'라는 의미입니다.

762

Edtech companies *shape* the future of learning.

shape는 '형태, 모양'이라는 명사뿐만 아니라 '(형태를) 만들다, 형성하다'라는 동사로도 쓰입니다. shape the future of learning은 '미래 교육을 만들어가다'로 해석할 수 있습니다.

763

Zoom edtech chief: Universities face digital *disruption*.

disruption은 '붕괴, 분열, 중단, 혼란'이라는 뜻을 갖고 있는데, 여기서 digital disruption은 팬데믹으로 인해 온라인 강의와 교육이 지속되는 가운데 온라인상에서 나타나는 중단 및 두절 문제를 가리킵니다.

764

Is *personalization* really key to the future of education?

personalization은 '개인화, 개인 맞춤화'라는 뜻으로 최근 tech trend에서 자주 등장합니다. 디지털 마케팅에 중점을 두는 IT기업들에게는 personalization이 중요한 성장 도구이지만 AI가 알고리즘으로 내리는 결정이 진정 소비자에게 편향 없는 서비스와 도움을 주지 못한다는 취약점을 지적하는 뉴스 헤드라인입니다.

765

New learning education platform *realizes* major *fundraising* challenges.

여기서 realize는 '깨닫다, 알아차리다, 인식하다'라는 뜻으로 쓰였고, fundraising은 '자금 조달'을 뜻합니다. fundraising challenges는 '자금 조달의 문제'라고 해석할 수 있습니다.

해석을 확인해 보고
표현도 정리해 보세요.

761

에듀테크 시장은 올해 50억 달러에 이를 것으로 예상된다.

EdTech 에듀테크 **reach** 다다르다, 이르다, 도달하다
ex **We are expected to reach our goal later this quarter.**
우리는 이번 분기 말에 목표를 이룰 것으로 기대한다.

762

에듀테크 기업들은 미래 교육을 만들어간다.

shape 형태, 모양; (형태를) 만들다, 형성하다 = **form, mold, outline**
ex **Education is bound to shape children's world views.**
교육은 아이들의 세계관을 필연적으로 형성하게 된다.

763

줌 에듀테크 최고위자: 대학들은 디지털 (교육) 중단의 혼란에 직면하다.

disruption 붕괴, 분열, 중단, 혼란
ex **environmental disruption** 환경 파괴 **job disruption** 업무 중단

764

개인 맞춤화가 진정으로 미래 교육의 해답인가?

personalization 개인화, 개인 맞춤화 **key** 열쇠; 비결, 실마리, 해답

765

새로운 교육 플랫폼은 자금 조달이라는 중대 문제를 인식하다.

realize 깨닫다, 알아차리다, 인식하다 **fundraising** 자금 조달
ex **fundraising efforts** 자금 조달을 위한 노력 **political fundraising** 정치 자금 모금

❷ Education / EdTech 2

341

766

Award-winning EdTech company welcomes new teachers.

award는 '상'이라는 뜻이므로 award-winning은 '상을 받은'이라는 의미입니다. award-winning company는 '수상 업체', award-winning journalists는 '상을 받은 언론인'이라고 해석하면 됩니다.

767

Expansion efforts by EdTech startups.

expansion은 expand(확대하다, 팽창하다)의 명사형으로 '확대, 확장, 팽창'이라는 뜻입니다. effort는 '노력'이라는 뜻이므로 expansion efforts는 '확장하려는 노력'이라는 의미입니다. expand, expansion 모두 경제 뉴스에서 자주 볼 수 있는 단어입니다.

768

Asynchronous learning gains popularity following pandemic.

asynchronous는 '동시에 발생하는, 동시에 존재하는'이라는 뜻의 synchronous의 반대어로 '동시에 발생하지 않는'이라는 뜻을 갖고 있습니다. 팬데믹으로 인해 강의나 수업을 동시에 라이브로 진행하는 것이 어려워지자 녹화 수업이 진행되는 것을 다룬 뉴스입니다.

769

Five start-ups making students *job-ready*.

job-ready는 '일자리'란 뜻을 가진 job과 '준비된'의 ready가 만난 합성어로 '일자리를 얻을 준비가 된, 취업 준비가 된'이라는 뜻입니다.

770

Inside the major venture capitals' *EdTech-powered returns*.

return에는 '돌아오다; 돌아옴'이라는 뜻 외에 '수익'이라는 뜻도 있습니다. EdTech-powered는 '에듀테크로부터 동력을 얻는'이라는 뜻이므로 EdTech-powered returns는 '에듀테크에서 나오는 매출[수익]'이라고 해석할 수 있습니다.

766

상을 받은 에듀테크 기업은 새로운 선생님들을
(직원으로) 환영한다.

award 상 **award-winning** 상을 받은
ex That is a Golden Globe award-winning film. 그것은 골든글러브를 수상한 영화야.

767

에듀테크 스타트업들의 비즈니스를 확장하려는 노력

expansion 확대, 확장, 팽창 ⊟ enlargement, extension, growth **effort** 노력, 수고
ex a short period of economic expansion 짧은 기간의 경제 팽창

768

비동기 학습 방식이 팬데믹 이후 인기를 끌다.

asynchronous 동시에 발생하지 않는, 비동기의 ↔ synchronous
ex asynchronous communication 비동기 커뮤니케이션
We have to use asynchronous processing. 우리는 비동기 프로세싱을 사용해야 한다.

769

학생들에게 취업 준비를 시켜주는 5개의 스타트업들

job-ready 일자리를 얻을 준비가 된, 취업 준비가 된
ex This is a lecture for students who want to be job ready.
이것은 취업 준비를 하고 싶은 학생들을 위한 강의다.

770

주요 벤처캐피털들의 에듀테크에서 나오는
매출 들여다보기

EdTech-powered 에듀테크로부터 동력을 얻는 **return** 돌아오다; 돌아옴; 수익
ex The company seeks to improve returns from its online business.
그 기업은 온라인 비즈니스에서 나오는 수익을 개선하고자 한다.

343

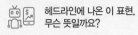

Increasing *demand* for *distance* learning.

demand는 '수요'를 뜻하므로 increasing demand는 '커지는 수요'라는 의미입니다. distance는 '(공간 상·시간상으로 떨어진) 거리'를 뜻하므로 distance learning은 '원격 학습'을 가리킵니다.

Following startups are working hard to *plug holes* in the EdTech sector.

plug는 '(구멍을 마개 같은 것으로) 막다, 틀어막다'라는 뜻이므로 plug a hole은 '구멍을 막대[메우다]'라는 뜻입니다. 참고로 plughole은 '(욕조·싱크대 등의 마개를 막게 되어 있는) 구멍, 배수구'를 일컫습니다.

Drawing a post-pandemic map for *B2B* EdTech businesses.

B2B는 business-to-business를 짧게 표현한 말로 '기업 대 기업, 회사 대 회사'를 일컫습니다. 여기에 대비되는 B2C는 business-to-consumer(기업 대 고객)를 짧게 표현한 말입니다.

EdTech *flops* offer *lessons* for future success.

flop은 동사로는 '(너무 지쳐서) 털썩 주저앉다; 완전히 실패하다'라는 뜻이고 명사로는 '실패작, 실패'라는 뜻입니다. lesson에는 '수업' 외에 '교훈'이라는 뜻이 있으므로 offer lessons는 '교훈을 주다'라는 의미가 됩니다.

EdTech *unicorns* in Asia are getting bigger.

경제 뉴스에서 unicorn(유니콘)은 '10억 달러 이상의 가치가 있는 신생 기업이나 스타트업'을 뜻합니다.

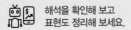

771

원격 학습에 대해 커지는 수요

demand 수요　**distance** (공간상·시간상으로 떨어진) 거리　**distance learning** 원격 학습

ex I find distance learning both annoying and beneficial.
나는 원격 수업에 대한 불만도 있지만 좋은 점도 느껴.

772

다음 스타트업들은 에듀테크 섹터의 구멍을 메우고자 열심히 움직이고 있다.

plug (구멍을 마개 같은 것으로) 막다, 틀어막다　**plug a hole** 구멍을 막다[메우다]

773

B2B 에듀테크 비즈니스를 위한 포스트 팬데믹 로드맵을 그리다.

B2B(business-to-business의 약자) 기업 대 기업, 회사 대 회사
ex Is your business idea B2B or B2C? 너의 비즈니스 아이디어는 B2B야, B2C야?

774

에듀테크업계의 실패는 미래 성공을 위한 교훈을 준다.

flop (너무 지쳐서) 털썩 주저앉다; 완전히 실패하다; 실패작, 실패　**⑤ failure, disaster, fiasco**　**lesson** 수업; 교훈

ex The movie became a total flop despite the big investment.
대규모 투자에도 불구하고 그 영화는 완전 실패작이 되었다.

775

아시아의 에듀테크 유니콘 기업들은 점점 몸집이 커지고 있다.

unicorn 유니콘(10억 달러 이상의 가치가 있는 신생 기업이나 스타트업)

ex Most Asian startups become unicorns. 대부분의 아시아계 스타트업들은 유니콘 기업들이 되다.

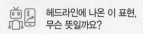

Tech *stampede* as investors hunt Asian EdTech unicorns.

stampede는 '우르르 몰리다, 쇄도하다'라는 동사로도 쓰이고 '우르르 몰림, 경쟁, 쇄도'라는 명사로도 쓰입니다.

Facial recognition cameras implemented in Scottish school *canteens*.

스코틀랜드의 몇몇 초등학교에서 학생들의 점심 배식 시간을 줄이기 위해 안면 인식 기술을 도입한 데에 따른 윤리 문제를 제기한 기사입니다. facial recognition은 '안면 인식'을 뜻하고, canteens는 영국에서 쓰이는 단어로 '학교 내 구내식당'을 뜻합니다.

ICO to *step in* after schools use facial recognition to speed up lunch payments.

ICO는 Information Commissioner's Office의 줄임말로 '영국의 정보위원회'를 일컫습니다. step in은 '(문제 해결을 위해) 개입하다, 돕고 나서다'라는 뜻입니다.

U.K.'s surveillance commissioner warns of "ethically *fraught*" facial recognition tech concerns.

fraught는 '(좋지 않은 것들이) 가득한, 투성이의; 걱정스러운, 걱정하는'이라는 형용사로 ethically fraught는 '윤리적으로 문제가 있는'이라는 뜻이 됩니다.

Unregulated use of facial recognition spurs *human rights* activists.

unregulated는 '규제하다'라는 뜻의 regulate에서 파생된 단어로 '규제되지 않는, 통제되지 않는'이라는 형용사입니다. human rights는 '인권'을 뜻하므로 human rights activist는 '인권 운동가'를 가리킵니다.

776

투자자들이 아시아 에듀테크 유니콘 기업 사냥에
나서자 테크계 경쟁이 쇄도하다.

stampede 우르르 몰리다, 쇄도하다; 우르르 몰림, 경쟁, 쇄도
📵 **A stampede breaks out when the department store opens.** 백화점 문이 열리자 사람들이 우르르 몰리다.

777

안면 인식 카메라가 스코틀랜드 학교
구내식당에 도입되다.

facial recognition 안면 인식 **implement** 시행하다; 도구를 주다
canteen (영국) 학교 내 구내식당 🔁 cafeteria

778

ICO는 방과후 학교가 점심 비용 결제 속도를 높이기
위해 안면 인식 기술을 사용하는 것에 개입하려 한다.

ICO(Information Commissioner's Office의 약자) 영국의 정보위원회
step in (문제 해결을 위해) 개입하다, 돕고 나서다

779

영국의 감시 위원은 '윤리적으로 걱정스러운' 안면
인식 기술과 관련된 우려에 대해 경고한다.

surveillance 감시 **commissioner** (위원회의) 의원, 위원 **ethically** 윤리적으로
fraught (좋지 않은 것들이) 가득한, 투성이의; 걱정스러운, 걱정하는
📵 **business fraught with risks** 리스크가 많은 사업

780

규제 없는 안면 인식 기술 사용이
인권 운동가들을 자극하다.

unregulated 규제되지 않는, 통제되지 않는 **human rights** 인권 **activist** (정치·사회 운동) 운동가, 활동가
📵 **Unregulated land development can lead to severe environmental destruction.**
규제 없는 토지 개발은 극심한 환경 파괴로 이어질 수 있다.

781

Privacy fears rise as schools *install* facial recognition.

install은 '(장비·가구·프로그램 등을) 설치하다, 설비하다'라는 뜻으로 명사로는 installment를 씁니다.

782

NY schools *banned* facial recognition. Will other schools *follow*?

ban은 '금하다, 금지하다'라는 뜻이고 follow는 '따르다, 따라가다'라는 의미입니다.

783

Facial recognition: School ID checks lead to *GDPR* fine.

GDPR은 General Data Protection Regulation의 약자로 2016년 EU에서 공표한 '일반 개인정보 보호법'입니다. 예를 들어 GDPR에서는 인터넷 웹사이트에서 데이터와 쿠키를 수집할 때 사용자의 동의를 꼭 받도록 규정하고 있습니다.

784

Is facial recognition ready for the *mainstream*?

mainstream은 '주류 문화; 주류에 편입시키다'라는 뜻인데, 이 문장에서는 앞에서 언급된 기술이 일상생활에서 '상용화되는 것'으로 의역할 수 있습니다.

785

Ethnic minorities in higher education more likely to receive lower *pay*.

ethnic은 '민족의, 민족 전통적인'이라는 뜻으로 ethnic minority는 '소수 민족 집단'을 뜻합니다. 여기서 pay는 '보수, 임금'이라는 명사로 쓰여 lower pay는 '더 적은 임금'을 뜻합니다.

781

학교들이 안면 인식기를 설치하자 사생활 침해
우려가 커지다.

install (장비·가구·프로그램 등을) 설치하다, 설비하다
This printer was easy to install. 이 프린터는 설치하는 게 쉬웠다.

782

뉴욕의 학교들은 안면 인식기를 금지했다.
다른 학교들도 이에 따를까?

ban 금하다, 금지하다 **follow** 따르다, 따라가다
Having a gun in public spaces is banned. 공공장소에서 총을 소지하는 것은 금지된다.

783

안면 인식: 학생증 체크는 GDPR 벌금 부과로 이어지다.

School ID 학생증 **lead to** ~으로 이어지다 **fine** 벌금 **GDPR** 일반 개인정보 보호법
The biggest American newspaper still does not adhere to GDPR.
미국의 가장 큰 신문사는 아직도 GDPR을 따르지 않고 있다.

784

안면 인식 기술은 상용화될 준비가 되었나?

mainstream 주류 문화; 주류에 편입시키다
She is anti-mainstream. 그녀는 주류 문화를 싫어한다.
K-wave has become mainstream. 한류는 주류가 되었다.

785

고등(대학) 교육을 받은(또는 받고 있는) 소수 민족들은
더 적은 임금을 받을 확률이 높다.

ethnic 민족의, 민족 전통적인 **ethnic minority** 소수 민족 집단 **pay** 보수, 임금; 지불하다
Ethnic minorities are likely to experience more severe discrimination.
소수 민족들은 더 심한 차별을 받을 확률이 높다.

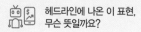

Social media *abuse* becomes the next problem to tackle.

abuse는 '남용, 오용'뿐만 아니라 '학대'라는 뜻도 있습니다. social media abuse는 '소셜미디어에서 이루어지는 학대'를 말합니다.

Why these 4 *meme stocks* were falling today.

meme stock(밈 주식)은 온라인에서 입소문을 타 개인 투자자들이 뜨겁게 몰리는 주식을 뜻합니다. 예를 들어 게임업계의 AMC나 게임스탑 같은 종목들이 밈 주식에 해당됩니다.

Social media firms *serve as gateway* for *scammers*.

serve as는 '~의 역할을 하다'라는 뜻이고, gateway는 '들어가는 입구, 관문, ~에 이르는 수단'이라는 뜻을 갖습니다. scammer는 scam(신용 사기)에서 파생된 말로 '(신용) 사기꾼'을 가리킵니다.

Social media stocks were *stomped* today.

stomp는 원래 '쿵쿵거리며 걷다'라는 뜻인데 '짓밟다'라는 의미로도 쓰입니다. 여기서는 수동태인 were stomped로 쓰여 '짓밟혔다', 즉 '크게 하락했다'는 의미가 되었습니다. stomp 대신 비슷한 의미로 squish를 쓸 수도 있습니다.

YouTube bans *high-profile* anti-vaccine accounts due to the spread of vaccine misinformation.

high-profile은 '세간의 이목을 끄는, 눈에 띄는'이라는 의미입니다.

해석을 확인해 보고
표현도 정리해 보세요.

786

소셜미디어상의 학대는 해결해야 할 다음 문제가 되다.

abuse 남용, 오용; 학대　**tackle** (힘든 문제 상황과) 씨름하다
ㄸ **child abuse** 아동 학대　**domestic abuse charge** 가정 폭력죄
drug and alcohol abuse 약물 및 알코올 남용

787

다음 4가지 밈 주식들이 오늘 하락한 이유

meme stock 밈 주식(온라인에서 입소문을 타 개인 투자자들이 뜨겁게 몰리는 주식)
ㄸ **meme stock craze** 밈 주식 광풍　**Why meme stocks are trending** 밈 주식들이 유행하는 이유

788

소셜미디어 기업들이 사기꾼들의 통로 역할을 하다.

serve as ~의 역할을 하다　**gateway** 들어가는 입구, 관문, ~에 이르는 수단　**scammer** (신용) 사기꾼
ㄸ **A good education is the gateway to social mobility.**
좋은 교육은 사회적 지위 이동을 위한 관문이다.

789

소셜미디어 주식들이 오늘 타격을 받으며 크게 하락했다.

stomp 쿵쿵거리며 걷다; 짓밟다　ㅇ **squish**
ㄸ **Tech stocks were squished today.** 기술주들이 오늘 큰 타격을 받아 하락했다.

790

유튜브는 백신 반대로 주목을 끈 계정들을
백신 관련 잘못된 정보를 확산했다는 이유로 금지하다.

high-profile 세간의 이목을 끄는, 눈에 띄는　**misinformation** 잘못된 정보
ㄸ **I interviewed high-profile figures.** 나는 세간의 이목을 끄는 사람들을 인터뷰했다.

791

The popularity of 'Squid Game' made South Korean Internet *provider sued over* the surge in traffic.

provider는 '제공회사, 공급업체'라는 뜻입니다. sue는 '고소하다'라는 뜻으로 sue over는 '~에 대해 고소하다'라는 의미입니다.

792

Social media and market power: The health of democracy *deteriorates*.

deteriorate는 '악화되다, 더 나빠지다'라는 뜻으로 exacerbate, worsen과 같은 유의어들이 있습니다.

793

A *watershed* moment for social media hate crimes.

watershed는 '(중요한 변화를 나타내는) 분수령'이라는 뜻으로 '전환점, 터닝포인트' 등으로도 해석할 수 있습니다. watershed moment는 '분수령이 된 순간'을 의미합니다.

794

Social media could be *hurting* your grades, study finds.

hurt는 '아프게 하다, 다치게 하다'라는 뜻인데, hurt your grades라고 하면 '점수를 다치게 하다', 즉 '점수에 안 좋은 영향을 끼치다'라고 해석할 수 있습니다.

795

Social media brings *antisemitic* ideas to new generation.

semitic은 '셈어의, 셈족의, (특히) 유대인의'라는 뜻으로, 여기에 '반대'라는 뜻의 anti-가 붙은 antisemitic은 '반유대주의의'라는 뜻입니다.

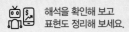

791

'오징어 게임'의 인기 때문에 한국의 인터넷 공급업체가
급증한 트래픽에 대해 고소당했다.

provider 제공회사, 공급업체 **sue over** ~에 대해 고소하다
🔟 **Internet service provider** 인터넷 서비스 제공업체

792

소셜미디어와 마켓 파워: 민주주의의 건전성이 흔들리다.

democracy 민주주의 **deteriorate** 악화되다, 더 나빠지다 🔢 **exacerbate, worsen**
🔟 **Hearing can deteriorate with age.** 나이가 들면서 청력이 떨어질 수 있다.

793

소셜미디어 혐오 범죄의 분수령이 된 순간

watershed (중요한 변화를 나타내는) 분수령 **hate crime** (타 인종 · 동성애자 등에 대한) 혐오[증오] 범죄
🔟 **Losing 10kg was a watershed moment in my life.** 살을 10kg 뺐던 것은 내 삶의 전환점이었다.

794

한 연구에 따르면 소셜미디어는 (학생들의) 성적에
안 좋은 영향을 미칠 수 있다.

hurt 아프게 하다, 다치게 하다 **grade** 성적, 학점
🔟 **Don't have friends who could hurt you.** 너를 해칠 수도 있는 친구들을 두지 마.

795

소셜미디어가 반유대주의 사상을
다음 세대에게 전하다.

antisemitic 반유대주의의 **generation** 세대
🔟 **Nazi anti-Semitism and the holocaust** 나치의 반유대주의와 홀로코스트

796

US president speaks about *"a non-cancelable community."*

cancel culture는 '철회 문화', 즉 '공인이나 기업이 잘못을 했을 때 그들을 철저히 배제하고 지원을 철회하는 불매운동'을 말합니다. 이는 소셜미디어 탄생 후 빈번하게 일어나며 사회적 이슈가 되고 있습니다. non-cancelable community(취소할 수 없는 사회), 즉 cancel culture가 없는 사회에 대한 내용입니다.

 797

Misogynistic, abusive content *pervade* social media, research finds.

misogyny는 '여성 혐오'라는 명사이고 예문의 misogynistic은 '여성 혐오증의'라는 형용사입니다. pervade는 '만연하다, (구석구석) 스며들다, 팽배하다'라는 뜻입니다.

 798

Florida state police software *'sucks up'* personal data from social media sites.

suck은 '빨다, 빨아 먹다'라는 뜻으로 suck up이라고 하면 '빨아올리다'라는 의미입니다. 여기서는 '(개인 정보들을) 빨아들이다'라는 뜻으로 쓰였습니다.

 799

Are you *doomscrolling*? Quit social media for digital detox.

doomscrolling은 '나쁜 상황에 대한 뉴스만을 강박적으로 확인하는 행위'를 뜻합니다. detox는 '(인체 유해 물질의) 해독'이라는 뜻입니다.

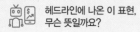 **800**

K-pop celebrities take strong action against *Internet trolls*.

troll은 '스칸디나비아 신화에 나오는 심술쟁이 거인이나 난쟁이들'을 뜻하는데 Internet troll은 '인터넷에서 남을 비방하고 악성댓글을 쓰는 사람들'을 일컫습니다.

796

미국 대통령은 '취소할 수 없는 사회'에 대해서 말하다.

cancel culture 철회 문화(공인이나 기업이 잘못을 했을 때 그들을 철저히 배제하고 지원을 철회하는 불매운동)
ex a victim of cancel culture 철회 문화의 희생양

797

조사에 따르면 여성 혐오적 · 학대적인 콘텐츠가 소셜미디어에 만연하다고 한다.

misogynistic 여성 혐오증의 **pervade** 만연하다, (구석구석) 스며들다, 팽배하다
ex This media account was creepily misogynistic. 이 미디어 계정은 오싹하게 여성 혐오적이었다.

798

플로리다주 경찰 소프트웨어는 소셜미디어 사이트에서 개인 정보들을 '빨아들인다.'

suck 빨다, 빨아 먹다 **suck up** 빨아올리다, 빨아들이다
ex He used to suck his thumb when he was young. 그는 어렸을 때 엄지를 빨곤 했다.

799

둠스크롤링을 하고 있나요? 디지털 디톡스를 위해 소셜미디어를 잠시 끊으세요.

doomscrolling 나쁜 상황에 대한 뉴스만을 강박적으로 확인하는 행위 **detox** (인체 유해 물질의) 해독
ex It is easy to doomscroll during your free time. 일하지 않는 시간에는 둠스크롤링을 하기가 쉽다.

800

K-pop 가수들이 악플러들에 대해 강경 대처를 하다.

Internet troll 인터넷에서 남을 비방하고 악성댓글을 쓰는 사람들
ex Celebrities are often targets of online trolls. 온라인 악플러들의 타겟은 보통 유명인들이다.

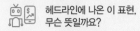

801

Internet trolls carry narcissism, *Machiavellianism*, and *Schadenfreude*, research finds.

Machiavellian은 '마키아벨리와 같은'이라는 뜻인데 여기에 -ism이 붙은 Machiavellianism은 '마키아벨리주의'라는 의미가 됩니다. Schadenfreude는 '남의 불행에 대해 갖는 기쁨이나 쾌감'을 뜻하는 독일어인데 영어권 사람들도 자주 사용하는 표현합니다.

802

Social media ad *splurge* concerns users.

splurge는 '돈을 물 쓰듯 쓰다, 과시하다, 허세를 부리다'라는 동사로도 쓰이고 '돈을 물 쓰듯 쓰기, 과시'라는 명사로도 쓰입니다. 여기서는 소셜미디어에 광고가 '넘쳐나는 현상'을 나타내고 있습니다.

803

Internet *sleuths* become *fascinated* with celebrity scandals.

sleuth는 '탐정, 형사'라는 뜻으로 an amateur sleuth는 '아마추어 탐정', a private sleuth는 '사설탐정'을 가리킵니다. fascinated는 '매료된'이라는 뜻으로 become fascinated는 '매료되다'라는 의미입니다.

804

Twitter algorithms amplify '*political right.*'

여기서 political right은 '(정치적) 우익, 우파'라는 뜻으로 쓰였습니다. '우익, 우파'는 보통 right-wing, rightist라고 표현합니다. 반대로 '좌익, 좌파'는 political left, left-wing, leftist라고 합니다.

805

Cuba's Internet *cutoff*: a *go-to tactic* to suppress protest.

cut off는 '자르다, 중단시키다, 잘라내다'라는 뜻으로 cutoff라고 붙여 쓰면 '잘라내기, 중단, 절단'이라는 명사가 됩니다. go-to는 '기댈 수 있는, 도움을 청할 수 있는'이라는 뜻이므로 go-to tactic은 '기댈[믿을] 만한 전략'이라는 의미입니다.

801

악플러들은 나르시시즘과 마키아벨리주의 특징이 있고 남의 불행에 쾌감을 갖는다는 연구가 나오다.

Machiavellianism 마키아벨리주의 **Schadenfreude** 남의 불행에 대해 갖는 기쁨이나 쾌감
정치 political schadenfreude 반대 정당이 어려움을 겪을 때 느끼는 기쁨

802

소셜미디어에 넘쳐나는 광고로 인해 사용자들이 우려하다.

splurge 돈을 물 쓰듯 쓰다, 과시하다, 허세를 부리다; 돈을 물 쓰듯 쓰기, 과시
EX She was ready to splurge after she got her first paycheck.
그녀는 첫 월급을 받고 난 다음 돈을 펑펑 쓸 준비가 되었다.

803

인터넷 탐정들은 유명인 스캔들에 매료된다.

sleuth 탐정, 형사 **fascinated** 매료된 **celebrity** 유명 인사
EX an amateur sleuth 아마추어 탐정 a private sleuth 사설탐정

804

트위터의 알고리즘이 '우파 관련 콘텐츠'를 증폭시킨다.

algorithm 알고리즘 **amplify** 증폭시키다
political right (정치적) 우익, 우파 **=** right-wing, rightist **↔** political left, left-wing, leftist
EX They are the right wing of the political party. 그들은 정당의 보수파다.

805

쿠바의 인터넷 중단: 시위를 진압하기 위한 믿을 만한 전략

cutoff 잘라내기, 중단, 절단 **go-to** 기댈 수 있는, 도움을 청할 수 있는
tactic 전략, 전술 **=** strategy, scheme, plan **suppress** 진압하다, 억누르다
EX We must try new tactics. 우리는 새로운 전략을 시도해야 한다.

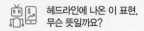

806

Why the country is *tightening its grip on* social media.

grip은 '꽉 붙잡음, 움켜쥠'뿐만 아니라 '통제, 지배'라는 뜻도 있습니다. tighten one's grip on은 '~에 대한 통제를 강화하다[장악하다]'라는 의미입니다.

807

Decolonizing Internet: Stop racial hate!

decolonize는 colonize(식민지화하다) 앞에 de-가 붙어 반대어가 된 것으로 '(식민지를) 비식민지화하다, (식민지에) 자치[독립]를 부여하다'라는 뜻입니다.

808

Police apologize for '*victim blaming*' social media post in response to *spiking* media reports.

victim은 '희생자'이고 blame은 '비난하다'라는 뜻이므로 victim blaming은 '피해자 비난, 피해자 책임 전가'라는 의미입니다. spike는 여기서 '급증하다'라는 뜻으로 쓰였습니다.

809

How to avoid software *glitches* on the Internet.

glitch는 '작은 문제'라는 뜻으로 주로 '(기계 등의) 사소한 결함[문제, 고장]'이라는 의미로 쓰입니다. software glitches는 '소프트웨어의 사소한 문제들'이라는 뜻입니다.

810

The government promises to increase *scrutiny* of independent online content creators.

scrutiny는 '정밀 조사, 철저한 검토'라는 뜻으로 동사형은 scrutinize입니다.

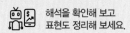
806

국가가 소셜미디어에 대한 통제를 강화하고 있는 이유

tighten 더 단단히 조이다, 더 엄격하게 하다 **grip** 꽉 붙잡음, 움켜쥠; 통제, 지배
tighten one's grip on ~에 대한 통제를 강화하다[장악하다]
ⓔ The authorities are tightening their grip on sanctions. 당국은 제재를 강화하고 있다.

807

인터넷 비식민지화하기: 인종 혐오 그만!

decolonize (식민지를) 비식민지화하다, (식민지에) 자치[독립]를 부여하다 ↔ **colonize**
ⓔ Many countries in Africa were decolonized in the late 1970s.
아프리카의 많은 국가들이 1970년대 말에 독립했다.

808

경찰은 급증한 미디어 보도에 대응하며 '피해자 책임 전가' 소셜미디어 포스트에 대해 사과하다.

victim blaming 피해자 비난, 피해자 책임 전가 **spike** 급증하다, 급등하다
ⓔ Our company rejects the victim-blaming approach. 우리 기업은 피해자를 비난하는 방식을 거부한다.

809

인터넷에서 소프트웨어의 사소한 문제들을 피하는 방법

glitch 작은 문제, (기계 등의) 사소한 결함[문제, 고장]
ⓔ There seems to be a small technical glitch. 기술적 문제가 조금 있는 것 같다.
Computer glitches can be annoying. 컴퓨터로 인한 소소한 장애들이 짜증스러울 수 있다.

810

정부는 독자적인 온라인 콘텐츠 크리에이터들에 대해 철저한 조사를 확대하기로 약속하다.

scrutiny 정밀 조사, 철저한 검토
ⓔ The case is under scrutiny. 그 사건은 조사받고 있다.

811

US *cybersecurity* office issues *dire* threat warning.

cybersecurity는 '사이버 보안'을 뜻하며, dire는 '대단히 심각한, 엄청난, 지독한'이라는 뜻으로 dire threat warning은 '아주 심각한 위협 경고'라고 해석할 수 있습니다.

 812

How to build *accountability* back into cybersecurity.

accountability는 '책임, 의무'라는 뜻으로 경제 뉴스에서는 주로 기업의 '(투명한) 책임'을 뜻합니다. build accountability는 '책임을 확립하다' 정도로 해석할 수 있습니다.

 813

Seed-stage cybersecurity firms see investment *slowdown*.

seed-stage는 말 그대로 '씨앗 단계의', 즉 '초기 단계의'라는 뜻입니다. slowdown은 '둔화'이므로 see investment slowdown은 '투자 둔화를 겪다'라는 의미입니다.

 814

Companies lack basic cybersecurity practices to *combat ransomware*.

combat은 '싸우다, 전투를 벌이다' 또는 '방지하다'라는 뜻입니다. ransomware(랜섬웨어)는 '컴퓨터의 작동이 중단되게 만든 뒤 재가동을 조건으로 금품을 요구하는 데 이용되는 악성 프로그램'을 말합니다.

 815

More than 80% of ransomware victims paid to have data *restored*.

restore는 '복구하다, 회복시키다'라는 뜻으로 have data restored는 '데이터를 복구시키다'라는 뜻이 됩니다.

811

미국 사이버 보안 기관은 심각한 위협에 대해 경고하다.

cybersecurity 사이버 보안 **dire** 대단히 심각한, 엄청난, 지독한
ex **living in dire poverty** 끔찍한 가난 속에서 살아가는 **It was a dire situation.** 그것은 아주 끔찍한 상황이었다.

812

사이버 보안의 책임을 다시 확립하는 방법

accountability 책임, 의무
ex **Transparency and accountability are the most talked-about elements in the business world.**
비즈니스 세계에서 투명성과 책임은 가장 많이 회자되는 요소이다.

813

초기 단계의 사이버 보안 기업들은 투자 둔화를 겪고 있다.

seed-stage 초기 단계의 **investment** 투자 **slowdown** 둔화
ex **Getting through the seed-stage is the key.** 초기 단계를 뛰어넘는 것이 관건이다.

814

기업들은 랜섬웨어를 방지하기 위한 기본적인 사이버 보안 연습이 부족하다.

practice 연습, 실천, 실행 **combat** 싸우다, 전투를 벌이다; 방지하다 = **battle, fight (for)**
ex **The president announced sterner measures to combat crime.**
대통령은 범죄 퇴치를 위해 더 엄중한 조치를 발표했다.

815

랜섬웨어 피해자들의 80% 이상이 데이터를 복구하기 위해 돈을 지불했다.

restore 복구하다, 회복시키다 = **rehabilitate, reinstate, put back, set back**
ex **I want you to restore your confidence.** 나는 네가 자신감을 회복하길 원해.

헤드라인에 나온 이 표현,
무슨 뜻일까요?

816~820.mp3

Banking industry see 1,320% *increase* in cyberattacks in 2021.

increase는 '증가; 증가하다'라는 뜻인데 앞에 %가 붙어 있으면 '~% 증가'라고 해석하면 됩니다.

817

How to counter the *fog of war* in cybersecurity.

fog에는 '안개'라는 의미에서 확장되어 '혼란, 혼미'라는 의미도 있습니다. fog of war는 '전장의 안개', 즉 '전투 중 혼란스러운 가운데 사상자나 부상자가 생기는 단계'를 뜻합니다. 비슷하게 생긴 tug of war는 '줄다리기, 주도권 다툼'이라는 뜻으로 외신 국제 정치면에서 자주 볼 수 있는 표현입니다.

818

Not cybersecurity, but cyber *resilience*?

resilience는 '(충격·부상 등에서의) 회복력, 탄력성, 탄성'을 뜻하므로 cyber resilience는 '사이버 공격이 들어왔을 때 빠르게 대응하며 복구할 수 있는 능력'을 뜻합니다.

819

Nontraditional cybersecurity career paths: how to break into the industry.

traditional은 '전통적인'이라는 뜻인데 앞에 non-이 붙으면 부정의 뜻을 담아 '비전통적인'이라는 뜻이 됩니다.

820

Calls for federal tech regulation and investments in cybersecurity.

call은 동사와 명사로 모두 쓰이므로 call for는 '~을 요구하다, 필요로 하다'일 수도 있고 '~에 대한 요구'일 수도 있습니다. 예문에서는 후자로 쓰였습니다.

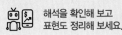

816

2021년 은행업계는 사이버 공격이 1,320% 증가하다.

increase 증가; 증가하다
ⓔ **a 30% increase in school tuition** 학교 등록금의 30% 증가

817

사이버 보안 전쟁 속 혼란에 대응하는 방법

counter (악영향에) 대응하다   **fog of war** 전장의 안개(전투 중 불확실한 상태)
ⓔ **Fog of war incidents happen in the heat or confusion of battle.**
Fog of war 사건들은 전투의 열기나 혼란 속에서 발생한다.

818

사이버 보안이 아니라 사이버 탄력성?

resilience (충격 · 부상 등에서의) 회복력, 탄력성, 탄성
ⓔ **prepare for cyber resilience** 사이버 탄력성을 준비하다

819

비전통적인 사이버 보안 커리어: 업계에 첫발을 들이는 방법

nontraditional 비전통적인   **career path** 진로
ⓔ **nonsmoking areas** 금연 구역   **non-dairy products** 유제품이 아닌 제품

820

연방정부의 기술 규제와 사이버 보안에 대한 투자 요구

call for ~을 요구하다, 필요로 하다; ~에 대한 요구
ⓔ **The country is calling for a peaceful settlement.**
그 국가는 평화로운 해결을 요구하고 있다.

821

Cybersecurity legislation is *waiting in the wings*.

wait in the wings는 '(지위를 계승하거나 남의 일을 받기 위해) 차례를 기다리다, (만반의 준비를 하고 곁에서) 대기하다'라는 뜻입니다.

822

Phone-scanning child safety features are '*intrusive*, ineffective, and dangerous.'

intrusive는 '거슬리는, 침입하는, 주제넘게 참견하는'이라는 뜻으로 intrude(자기 마음대로 가다[침범하다])의 형용사형입니다.

823

Reasons why the energy sector is so *vulnerable* to hacking.

vulnerable은 '~에 취약한, 연약한, 민감한, 영향 받기 쉬운'이라는 뜻으로 vulnerable to hacking은 '해킹에 취약한'으로 해석할 수 있습니다.

824

Cybersecurity agencies '*under resourced* and *overworked*.'

under resourced는 '자원이 충분히 제공되지 않는'이라는 뜻이고, overworked는 '과로하는, 혹사당하는'이라는 의미입니다.

825

The *simmering* cybersecurity concern of employee burnout.

simmer는 '부글부글 끓다'라는 뜻으로 화가 나서 속이 끓는 것도 표현합니다. 형용사형인 simmering은 '당장에라도 폭발할 것 같은, 부글부글 끓는'이라는 뜻입니다.

821

사이버 보안법은 (통과를) 대기 중이다.

wait in the wings (지위를 계승하거나 남의 일을 받기 위해) 차례를 기다리다, (만반의 준비를 하고 곁에서) 대기하다
ⓔ **Wait in the wings until you are called.** 너를 부를 때까지 대기해.

822

어린이 안전을 위한 폰 스캐닝 기능은 '사생활 침입이고, 효율적이지 않으며 위험하다.'

intrusive 거슬리는, 침입하는, 주제넘게 참견하는 ⓔ **interfering, meddlesome, obtrusive**
ⓔ **Asking whether you are married is an intrusive question.** 결혼했는지 묻는 것은 거슬리는 질문이다.

823

에너지 섹터가 해킹에 취약한 이유

vulnerable ~에 취약한, 연약한, 민감한, 영향 받기 쉬운
ⓔ **The most vulnerable people must receive governmental aid.**
가장 취약층에 있는 사람들은 정부의 도움을 받아야 한다.

824

사이버 보안 기관들은 '자원이 부족한 데다 과로 상태'이다.

under resourced 자원이 충분히 제공되지 않는 **overworked** 과로하는, 혹사당하는
ⓔ **The company was very under resourced.** 그 기업은 자원 제공이 많이 부족했다.

825

사이버 보안업계 종사자들의 번아웃은 당장에라도 폭발할 듯 우려스럽다.

simmering 당장에라도 폭발할 것 같은, 부글부글 끓는 **burnout** (신체적 또는 정신적인) 극도의 피로
ⓔ **The pot is simmering.** 냄비가 부글부글 끓고 있다. **simmering anger** 폭발 직전의 화

❹ Cybersecurity 3

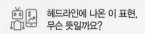

826

Cybersecurity gains *prominence* in biotech.

prominence는 '유명세, 명성, 중요성'을 뜻하므로 gain prominence는 '명성을 얻다', '중요성을 인정받다'라는 의미입니다.

827

Interpol launches online cybersecurity *awareness* campaign.

awareness는 '(무엇의 중요성에 대한) 의식, 인식, 관심'이라는 뜻으로 awareness campaign은 '인식 고취 캠페인'으로 해석할 수 있습니다.

828

Government *releases* roadmap for cybersecurity in *power sector* for first time.

release는 '풀어주다, 놓아주다, 석방하다'라는 뜻으로 여기서는 '로드맵을 공개하다'라고 해석할 수 있습니다. power sector는 '전력 부문, 전력업계'라는 뜻입니다.

829

How to become an *in-demand* cybersecurity expert

in demand는 '수요가 많은, 인기 있는'이라는 뜻으로 be in demand는 '수요가 많다, 인기가 있다'라는 뜻입니다. 여기서 in-demand는 뒤에 오는 cybersecurity expert를 수식하는 형용사로 쓰였기 때문에 중간에 하이픈(-)이 들어갔습니다.

830

Cybersecurity VC deals are 'less *bouncy*' in the second quarter.

bouncy는 '통통 튀는, 활기 넘치는'이라는 뜻이므로 less bouncy는 '덜 통통 튀는', '활기가 덜한'이라는 의미입니다. 좀처럼 상승하지 못한다는 아쉬움이 담긴 표현입니다.

826

사이버 보안은 바이오테크업계에서 중요성을 인정받다.

prominence 유명세, 명성, 중요성
ex The actress started gaining prominence in Hollywood.
그 여배우는 할리우드에서 명성을 얻기 시작했다.

827

인터폴은 온라인 사이버 보안 인식 고취
캠페인을 론칭하다.

Interpol 인터폴, 국제 경찰 **awareness** (무엇의 중요성에 대한) 의식, 인식, 관심
ex We need to raise public awareness on digital rights.
우리는 디지털 권리에 대한 대중의 인식을 높여야 한다.

828

정부는 전력업계의 사이버 보안에 대한 로드맵을
처음 공개하다.

release 풀어주다, 놓아주다, 석방하다 **power sector** 전력 부문, 전력업계
ex power sector reform 전력 부문 개혁

829

인기 있는 사이버 보안 전문가가 되는 법

in demand 수요가 많은, 인기 있는
ex Semiconductor chips are ever more in demand.
반도체 칩은 그 어느 때보다도 수요가 높다(성수기를 맞이하다).

830

사이버 보안 VC 거래가 2분기에는 '활력이 덜하다.'

bouncy 통통 튀는, 활기 넘치는

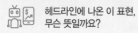

831

Biden signs *executive order* to *heighten* cybersecurity.

executive order는 '행정 명령, 대통령 집행 명령'이라는 뜻입니다. heighten은 '고조시키다, 높이다'라는 뜻으로 여기서는 사이버 보안을 '강화하다'라는 의미로 쓰였습니다.

832

The country needs a *civilian* cybersecurity *corps*.

civilian은 '민간인의'라는 뜻이고 corps는 '군단, 부대, 단체'라는 뜻이므로 civilian corps는 '민간 부대, 민간 단체'를 뜻합니다.

833

T-mobile customers data leaked through "*sophisticated* cyberattack."

sophisticated는 '세련된, 교양 있는' 또는 '정교한, 복잡한'이라는 뜻을 갖고 있습니다. sophisticated cyberattack은 '정교한 사이버 공격'이라고 해석할 수 있습니다.

834

Understanding cybersecurity is *no longer optional* for firms.

optional은 '선택적인, 마음대로 선택할 수 있는, 옵션의'라는 뜻입니다. no longer는 '더 이상 ~이 아닌'이라는 뜻으로 no longer optional은 '더 이상 선택적이지 않은', 즉 '이제는 필수적인'이라는 의미입니다.

835

Higher education warned to be *vigilant* against cybersecurity.

vigilant는 '바짝 경계하는, 조금도 방심하지 않는'이라는 뜻으로 보통 against와 함께 쓰입니다. 여기서는 사이버 보안에 대해 '방심하지 말라'는 의미로 사용되었습니다.

해석을 확인해 보고
표현도 정리해 보세요.

831

바이든 대통령은 사이버 보안을 강화하는 행정 명령에 서명하다.

executive order 행정 명령, 대통령 집행 명령 **heighten** 고조시키다, 높이다, 강화하다
⬛ The president has signed an executive order to increase federal funding for the research.
대통령은 연구를 위한 연방 자금을 늘리도록 행정 명령에 서명했다.

832

그 국가는 민간 사이버 보안 단체가 필요하다.

civilian 민간인의 **corps** 군단, 부대, 단체
⬛ civilian defense 민간 방위 civilian aviator 민간 비행사

833

T 모바일 고객들의 데이터가 '정교한 사이버 공격'을 통해 빠져나가다.

sophisticated 세련된, 교양 있는; 정교한, 복잡한
⬛ I had a sophisticated hairstyle. 나는 세련된 스타일의 머리를 했었다.
The writing was in a sophisticated style. 그 글은 스타일이 세련됐다.

834

사이버 보안을 이해하는 것은 기업들에게 더 이상 옵션이 아니다(필수다).

no longer 더 이상 ~이 아닌 **optional** 선택적인, 마음대로 선택할 수 있는, 옵션의
⬛ It is not an option for me. It's a must. 그것은 나에게 옵션이 아니다. 꼭 해야만 하는 것이다.

835

고등(대학) 교육 기관들은 사이버 보안에 대해 방심하지 말라고 경고받다.

vigilant 바짝 경계하는, 조금도 방심하지 않는
⬛ vigilant soldiers 불침번병 vigilant dog 파수 보는 개 remain vigilant 방심하지 않고 지속 경계하다

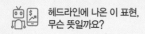

836

The entire chip sector is *sliding* due to *tumbling* of Applied Materials stock.

slide는 '미끄러지다; (가치가) 떨어지다'라는 뜻이고, tumble은 '굴러 떨어지다; (가격이) 폭락하다'라는 뜻으로 주가 하락 파트에서 살펴본 단어들이지요.

837

Semiconductor chip shortage could *extend* through 2023.

extend는 '더 길게 만들다, 연장하다'라는 뜻과 함께 '(시간이) 계속되다'라는 뜻도 있습니다. extend through 2023은 '2023년까지 계속 이어지다'라고 해석할 수 있습니다.

838

Chip stocks *slump* on *supply chain* concerns.

slump는 '슬럼프' 외에 '(가치·수량·가격 등이) 급감하다, 급락하다'라는 뜻도 있습니다. supply chain은 '공급망'이라는 뜻이므로 supply chain concerns는 '공급망 우려'라는 의미입니다.

839

Apple *reportedly* can't get enough chips for the new iPhone.

reportedly는 '전하는 바에 따르면, 소문에 의하면'이라는 뜻으로 뉴스 헤드라인에서 자주 볼 수 있는 표현입니다.

840

Apple to cut *production goals* due to chip shortages.

production goals는 '생산 목표'라는 뜻입니다. 여기에 cut을 붙이면 '생산 목표를 자르다', 즉 '생산 목표를 줄이다[하향 조정하다]'라고 해석할 수 있습니다.

836

어플라이드 머티리얼즈 주식의 급락으로
칩 섹터 전반이 하락하고 있다.

slide 미끄러지다; (가치가) 떨어지다 **tumble** 굴러 떨어지다; (가격이) 폭락하다

837

반도체 칩 부족은 2023년까지 이어질 수 있다.

semiconductor 반도체 **extend** 더 길게 만들다, 연장하다; (시간이) 계속되다
EX The deadline was extended through December. 데드라인이 12월까지 연장되었다.

838

칩 관련주가 공급망 우려로 급락하다.

slump (가치·수량·가격 등이) 급감하다, 급락하다; 슬럼프 **supply chain** 공급망
EX She hit some kind of slump. 그녀는 슬럼프에 빠졌다.

839

애플은 새로운 아이폰에 들어갈 칩 확보가
충분하지 않다고 전해진다.

reportedly 전하는 바에 따르면, 소문에 의하면
EX This year's college entrance exam was reportedly easier than the previous year's test.
올해의 대학 입학시험은 작년 시험보다 쉬웠던 것으로 전해졌다.

840

애플은 칩 부족으로 인해 생산 목표를 줄이려고 한다.

cut 자르다, 줄이다 **ᴇ decrease, slice, lower**
production goals 생산 목표

841

Sony reportedly considering *jointly* building a chip factory in Japan with US business.

joint는 '공동의, 합동의'라는 뜻의 형용사이고 jointly는 '공동으로, 연대하여'라는 뜻의 부사입니다. jointly build는 '합동하여 짓다', '공동으로 세우다'라고 해석할 수 있습니다.

842

Chip shortages *remain* biggest threats to sales growth.

remain은 '남기다, 남아있다'라는 뜻으로 유의어로는 stay, last, linger 등이 있습니다. remain biggest threats는 '가장 큰 위협으로 남아있다'라는 의미입니다.

843

Megachips or *decoupled* approach?

coupled는 '연결된, 연동하는'이라는 의미로, 여기에 부정의 뜻을 가진 de-가 붙은 decoupled는 '분리적인, 비결합적인, 비연계적인'이라는 뜻입니다.

844

Chip boom not great for chipmakers *either*, research finds.

either는 '(둘 중) 어느 하나의'라는 뜻인데 부정문에 쓰이면 부정의 의미를 강조하며 '어느 쪽의 ~도 아니다'라는 뜻이 됩니다.

845

Filing for capital raise amid chip shortage.

file for는 '~을 신청하다, 제기하다, 등록하다'라는 뜻으로 file for divorce는 '이혼 소송을 제기하다'라는 의미입니다. filing for capital raise는 '자금 조달 신청하기'라는 의미입니다.

해석을 확인해 보고
표현도 정리해 보세요.

841

소니는 미국 기업과 공동으로 일본에 칩 공장을 세우는 것을 고려중이라고 한다.

jointly 공동으로, 연대하여 **in cooperation with, in association with**

842

칩 부족은 매출 성장에 가장 큰 위협으로 남아있다.

remain 남기다, 남아있다 **stay, last, linger**
I must remain to finish this at the office.
나는 이것을 끝내기 위해 사무실에 남아있어야 해.

843

메가칩이냐, 분리적 접근이냐?

decoupled 분리적인, 비결합적인, 비연계적인
decoupled markets 비동조화 움직임을 보이는 시장들

844

칩 호황이 칩 제조사에게도 좋은 것이 아니라는 연구가 나오다.

not either 어느 쪽의 ~도 아니다 **chipmaker** 칩 제조사
I can't say no to him either. 나 또한 그에게 '안 돼'라고 말할 수 없다.

845

칩 부족 속에서 자금 조달을 신청하다.

file for ~을 신청하다, 제기하다, 등록하다 **claim, request, ask, demand**
The business filed for bankruptcy. 그 기업은 파산 신청을 했다.

Samsung's *next-gen* chip technology *delayed* until 2023.

next-gen은 next-generation의 줄임말로 '다음 세대의, 차세대의'를 뜻합니다. delay는 '연기하다, 미루다'라는 뜻인데 여기서는 수동태로 쓰였으므로 '연기되다'라는 의미입니다.

How semiconductors can be as *scarce* as gold.

scarce는 '부족한, 드문, 희귀한'이라는 뜻의 형용사로 as scarce as gold는 '금만큼 희귀한'이라는 의미입니다. 또한 scarce는 '겨우[간신히, 거의] ~하지 않다'라는 뜻의 부사로도 쓰입니다.

'Made in China' chip drive *falls far short of* 80% *self-sufficiency*.

fall short of는 '~에 못 미치다'라는 뜻으로 far가 들어간 fall far short of는 '~에 한참 못 미치다'라는 뜻이 됩니다. self-sufficiency는 '자족, 자급자족'이라는 뜻입니다.

For automakers, the chip *famine* will *persist*.

famine은 '기근'이라는 뜻으로 chip famine은 '칩 품귀 현상'을 나타내고 있습니다. persist는 '집요하게[끈질기게] 계속되다, 지속하다'라는 뜻의 동사입니다.

US administration *sounds the alarm* on the semiconductor crisis.

sound the alarm은 '경적[경종]을 울리다, 비상 신호를 울리다, 위급함을 알리다'라는 뜻입니다. 여기서 sound는 '(소리를) 내다, 울리다'라는 뜻의 동사입니다.

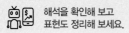

846

삼성의 차세대 칩 기술은 2023년까지 연기되다.

next-gen(next-generation의 약자) 다음 세대의, 차세대의 **delay** 연기하다, 미루다

ex to make headway in this "next-gen" race 이 '차세대' 경주에서 진척을 이루기 위해서는

847

반도체가 금만큼 희귀할 수 있는 이유

scarce 부족한, 드문, 희귀한; 겨우[간신히, 거의] ~하지 않다

ex Water is becoming scarce. 물이 부족해지고 있다. Money is scarce. 돈이 부족하다.

848

'메이드인 차이나' 칩 드라이브는 자급자족률이 80%나 못 미치다.

fall far short of ~에 한참 못 미치다 **self-sufficiency** 자족, 자급자족

ex The country requires self-sufficiency in national defense. 그 국가는 자주적 국가 방위를 필요로 하다.

849

자동차 제조사들에게 칩 품귀 현상은 계속될 것이다.

famine 기근 **persist** 집요하게[끈질기게] 계속되다, 지속하다 **≡** insist, stick to

ex He persisted in his ideas. 그는 자신의 생각을 계속 우겼다.

850

미국 행정부는 반도체 위기에 대해 경종을 울리다.

sound the alarm 경적[경종]을 울리다, 비상 신호를 울리다, 위급함을 알리다

ex When I saw a stranger, I sounded the alarm. 이상한 사람을 봤을 때 나는 경보음을 울렸다.

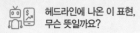

851

Ultrasound companies seek new strategies amid chip *oversupply*.

ultrasound는 '초음파'라는 뜻이고 oversupply는 '공급 과잉'을 뜻합니다. oversupply의 반대어는 undersupply, supply shortage라고 할 수 있습니다.

852

Frustrated carmakers *upend* industry after chip shortage shatters their faith in suppliers.

frustrated는 '절망적인, 불만스러운'이라는 뜻으로 공급 부족으로 어려움을 겪는 자동차 제조사들의 상태를 나타내고 있습니다. upend는 '거꾸로 하다, 위아래를 뒤집다'라는 뜻입니다.

853

Car companies *buckle up* for extended chip shortage.

buckle up은 '벨트의 버클을 채우다, 안전벨트를 매다'라는 뜻으로 여기서는 공급 부족에 대해 '대비를 하다'라는 의미로 쓰였습니다.

854

Experts *drill into* the motor industry's chip issues.

drill은 '드릴' 또는 '(드릴로) 구멍을 뚫다'라는 뜻입니다. 여기서 dill into는 '~ 속으로 구멍을 뚫다', 즉 '~ 속을 파헤치다, 뜯어보다'라고 해석할 수 있습니다. 한편 drill A into B는 'A를 B에게 주입시키다'라는 의미입니다.

855

Chip shortage *makes big dent* in automakers' US sales.

dent는 '(부딪치거나 눌러서) 움푹 들어간 곳'을 뜻하므로 make a dent는 '움푹 들어가게 하다, 감소시키다'라는 뜻이에요. 여기에 big을 넣으면 '움푹 많이 들어가게 하다, 큰 타격을 주다'라고 해석할 수 있습니다.

851

초음파 기업들은 칩 공급 과잉 속에 새로운 전략을 모색하다.

ultrasound 초음파 **oversupply** 공급 과잉 ▣ excessive supply, overstock, supply excess

▣ undersupply, supply shortage

852

어려움을 겪는 자동차 제조사들은 칩 부족으로 공급업체에 대한 믿음이 산산조각 나자 업계를 뒤집다.

frustrated 절망적인, 불만스러운 **upend** 거꾸로 하다, 위아래를 뒤집다 **shatter** 산산조각 내다[나다]

ex I was really frustrated that my package didn't arrive on time.

나는 택배가 제때 오지 않아서 너무 짜증이 났다.

853

자동차 회사들은 칩 부족 장기화에 대비하다.

buckle up 벨트의 버클을 채우다, 안전벨트를 매다

extended (보통 때나 예상보다) 길어진, 늘어난

854

전문가들은 자동차업계의 칩 문제를 파헤치다.

drill 드릴; (드릴로) 구멍을 뚫다 **drill into** ~ 속을 파헤치다, ~을 뜯어보다

ex drill the doctrine into the students 그 교리를 학생들에게 주입시키다

855

칩 부족은 자동차 제조사들의 미국 내 판매에 큰 타격을 주다.

dent (부딪치거나 눌려서) 움푹 들어간 곳 **make a big dent** 움푹 많이 들어가게 하다, 큰 타격을 주다

ex Toys will make a big dent in your wallet. 장난감들은 네 지갑에 큰 흠집을 낼 것이다.

856

Chip shortage: Some car dealers are *raking* it *in*.

rake in은 '긁어모으다'라는 뜻으로 rake in money는 '돈을 긁어모으다, 큰돈을 벌다'라는 뜻입니다.

857

Fake chips *slipping into* supply chain, industry insiders warn.

slip into는 '~ 속으로 슬그머니 들어가다, (눈치 채지 못하게) 슬쩍 들어가다'라는 뜻입니다. 따라서 slip into supply chain은 '공급망에 흘러 들어가다'라고 해석할 수 있습니다.

858

Just in time to fight chip crunch.

just in time은 '알맞은 때에, 겨우 시간에 맞춰' 또는 '때마침 좋은 때에'라는 뜻입니다.

859

Six-week delay on router orders shows *scale* of chip crisis.

six-week delay는 '6주 동안의 지연[지체]'로 해석할 수 있습니다. scale은 '규모, 범위'라는 뜻이므로 scale of chip crisis는 '칩 위기의 규모'라는 의미입니다.

860

Why a Silicon chip shortage has left automakers *in the slow lane*.

slow lane은 '서행 차선'을 말합니다. 따라서 in the slow lane은 '서행 차선에 있는', 즉 '발전[진전]이 더딘'이라는 의미가 됩니다.

해석을 확인해 보고
표현도 정리해 보세요.

⑤ Chip Sector 5

856

칩 부족: 몇몇 자동차 딜러들은 돈을 쓸어 담고 있다.

rake in (돈 등을) 긁어모으다

ex The company rakes in money by registering products. 그 기업은 제품을 등록하여 돈을 쓸어 담다.

857

가짜 칩들이 공급망에 흘러 들어가고 있다고 업계 내부인사들이 경고하다.

fake 가짜의, 모조의　**slip into** ~ 속으로 슬그머니 들어가다, (눈치 채지 못하게) 슬쩍 들어가다

ex slip into a slumber 스르르 잠이 들다

858

칩 부족 사태에 대처하는 절호의 타이밍

just in time 알맞은 때에, 겨우 시간에 맞춰, 때마침 좋은 때에　**crunch** 부족 사태; 중대 상황

ex You arrived just in time. 넌 딱 시간 맞춰 도착했어.

859

라우터 주문이 6주 지연되는 것은 칩 위기의 규모를 보여준다.

six-week delay 6주 동안의 지연[지체]　**scale** 규모, 범위

ex three-month delay 3개월 연기

860

실리콘 칩 부족이 자동차 제조사들의 발전을 더디게 한 이유

in the slow lane 발전[진전]이 더딘 　**in the fast lane** 아슬아슬하면서도 스릴 있는

ex Due to Brexit, Britain is stuck in the slow lane. 브렉시트로 인해 영국은 저속 경제에 갇혀 있다.

379

복습

01 holistic approach `738`

02 AI supremacy `741`

03 decentralized AI ethical guidelines `745`

04 a decade of neglect `757`

05 shape the future of learning `762`

06 fundraising challenges `765`

07 EdTech-powered returns `770`

08 distance learning `771`

09 facial recognition cameras `777`

10 ethically fraught `779`

11 human rights activist `780`

12 ethnic minority `785`

13 social media abuse `786`

14 watershed moment `793`

15 antisemitic ideas `795`

복습

16 social media ad splurge `802`

17 political right `804`

18 go-to tactic `805`

19 racial hate `807`

20 victim blaming `808`

21 software glitches `809`

22 dire threat warning `811`

23 build accountability `812`

24 seed-stage cybersecurity firms `813`

25 cyber resilience `818`

26 vulnerable to hacking `823`

27 sign executive order `831`

28 decoupled approach `843`

29 next-gen chip technology `846`

30 self-sufficiency `848`

정답 01 전체론적[총체적] 접근 02 AI 패권 03 탈중심적 AI 윤리 가이드라인 04 10년간의 무관심 05 미래 교육을 만들어 가다 06 자금 조달의 문제 07 에듀테크에서 나오는 매출 08 원격 학습 09 안면 인식 카메라 10 윤리적으로 걱정스러운 11 인권 운동가 12 소수 민족 집단 13 소셜미디어에서 이루어지는 학대 14 분수령이 된 순간 15 반유대주의 사상 16 소셜 미디어에 넘쳐나는 광고 17 (정치적) 우익, 우파 18 기댈 만한 전략 19 인종 혐오 20 피해자 비난[책임 전가] 21 소프트웨어의 사소한 문제들 22 아주 심각한 위협 경고 23 책임을 확립하다 24 초기 단계의 사이버 보안 기업들 25 사이버 공격에 대한 복구력[탄력성] 26 해킹에 취약한 27 행정 명령에 서명하다 28 분리적 접근 29 차세대 칩 기술 30 자족, 자급자족

Politics

861

Congress must raise or *suspend* debt limit by the end of the year.

Congress는 '(미국) 의회, 국회'라는 뜻입니다. suspend는 '유예하다, 유보하다, 연기하다'라는 뜻으로 명사형은 suspension(유예, 보류, 연기)입니다.

862

Congress is in *gridlock*.

gridlock은 '(도로상의 교통) 정체' 또는 '교착 상태'를 뜻하므로 be in gridlock이라고 하면 '정체[교착] 상태에 빠져 있다'라고 해석할 수 있습니다.

863

Lawmakers *mull over* bill that would prevent government shutdown.

mull은 '실수하다, 엉망으로 만들다' 또는 '숙고하다'라는 뜻이 있습니다. 여기서 쓰인 mull over는 '~에 대해 숙고하다, 곰곰이 생각하다'라는 의미입니다.

864

Aggressive *monetary* and *fiscal* policy will remain the *recipe* for US economy.

monetary는 '통화의, 돈과 관련된'이라는 뜻이고, fiscal은 '국가 재정상의, 회계의'라는 뜻입니다. recipe는 '요리법' 외에 '(특정 결과를 가져올 듯한) 방안, 비결'이라는 뜻도 있습니다. 따라서 remain the recipe는 '방안이 되다, 솔루션이 되다'라고 해석할 수 있습니다.

865

US president *touts* rising wages, lower *unemployment rate* as signs of progress.

tout는 '(사람들을 설득하기 위해) 장점을 내세우다, (제품 등을) 광고하다, 홍보하다'라는 뜻입니다. unemployment rate는 '실업률'을 가리킵니다.

861

미 의회는 올해 안으로 반드시 부채 한도를 인상하거나 유예해야 한다.

Congress (미국) 의회, 국회 **suspend** 유예하다, 유보하다, 연기하다
ex **The company has been ordered to suspend its business.** 그 기업은 영업 정지 명령을 받았다.
My credit card has been suspended. 내 신용카드는 정지당했다.

862

미 의회는 교착 상태에 빠져있다.

gridlock (도로상의 교통) 정체, 교착 상태 **be in gridlock** 정체[교착] 상태에 빠져 있다

863

국회의원들은 정부 셧다운을 막을 법안을 숙고하다.

lawmaker 입법자, 국회의원 **mull over** ~에 대해 숙고하다, 곰곰이 생각하다 = **consider, ponder**
shutdown (공장·사업체 등의) 폐쇄
ex **I was mulling over taking a break from work.**
나는 일을 잠시 그만두고 휴식을 갖는 것을 심사숙고하고 있었다.

864

공격적인 통화 재정 정책이 미국 경제를 위한 방안이 될 것이다.

monetary 통화의, 돈과 관련된 **fiscal** 국가 재정상의, 회계의 **recipe** 요리법; (특정 결과를 가져올 듯한) 방안, 비결
ex **fiscal crunch** 재정 위급 상황

865

미국 대통령은 임금 인상과 낮은 실업률을 경제 회복에 대한 신호로 내세우다.

tout (사람들을 설득하기 위해) 장점을 내세우다, (제품 등을) 광고하다, 홍보하다 **unemployment rate** 실업률
ex **tout for orders** 귀찮게 주문을 권유하다

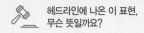

866

White House *prods* companies on chips information *request*.

prod는 '쿡 찌르다, 재촉하다, 들쑤시다'라는 뜻으로 동사, 명사로 모두 사용됩니다. request는 여기서처럼 '요청, 요구'라는 명사로도 쓰이고 '요청하다, 요구하다'라는 동사로도 쓰입니다.

867

Why the White House and the Democrats use $400,000 as the *threshold* for taxing '*the rich*.'

threshold는 '문지방, 한계점, 문턱, 출발점'이라는 뜻입니다. the rich는 '부유한 사람들, 부유층'을 나타내므로 the threshold for taxing the rich는 '부유층에 과세하는 시작점'이라고 해석할 수 있습니다.

868

House Democrats *propose* limit on popular tech industry *tax break*.

propose는 '제시하다, 제안하다'라는 뜻으로 propose limit은 '한계[한도]를 제시하다'라는 의미입니다. tax break는 '세금 우대' 또는 '감세 조치'를 뜻합니다.

869

House Democrats' plan would prohibit *IRAs* from holding private equity, hedge funds.

IRA는 Individual Retirement Account의 줄임말로 '개인 연금[퇴직금] 계좌'를 말합니다. 미국에서 세금 혜택을 받을 수 있는 비과세 투자 상품입니다.

870

White House *presses* U.S. airlines to quickly *mandate* vaccines for employees.

press는 '압박하다, 압력을 가하다'라는 뜻이라고 앞에서도 살펴봤습니다. mandate는 '명령하다, 지시하다'라는 뜻으로 mandate vaccines는 '백신 접종을 명령[지시]하다'라는 의미입니다.

866

백악관은 칩 정보를 요구하며 기업들을 들쑤시다.

prod 쿡 찌르다, 재촉하다, 들쑤시다 ▣ **instigate, incite, spur**
request 요청, 요구; 요청하다, 요구하다
▣ My mother gave me a sharp prod with her pen. 우리 엄마는 펜으로 나를 쿡 찔렀다.

867

백악관과 민주당원들이 '부유층'에 과세하는
시작점으로 40만 달러를 사용하는 이유

threshold 문지방, 한계점, 문턱, 출발점
▣ The company's earnings are just above the tax threshold. 그 기업의 이익은 과세 시작점을 겨우 넘어서다.

868

민주당 하원의원들은 인기 있는 테크 기업들의
세금 우대에 한도를 제시하다.

propose 제시하다, 제안하다   **tax break** 세금 우대, 감세 조치
▣ receive a tax break 세금 우대를 받다
A tax break for the upper-middle class has been announced. 상위 중산층에 대한 조세 감면 소식이 나왔다.

869

민주당 하원의원들의 계획은 IRA 계정으로는
사모펀드와 헤지펀드 보유를 금지하는 것이다.

IRA(Individual Retirement Account의 약자) 개인 연금[퇴직금] 계좌
private equity 사모펀드   **hedge fund** 헤지펀드

870

백악관은 미국 항공사들이 직원들에게 서둘러
백신 접종을 지시하도록 압박하다.

press 압박하다, 압력을 가하다 ▣ **pressure, demand**
mandate 명령하다, 지시하다

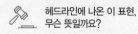

871

The Supreme Court will face a new challenge to Texas's *restrictive abortion law*.

restrictive는 '금지하는, 제한하는'이라는 형용사로 restrictive abortion law는 '낙태 금지법'이라고 해석할 수 있습니다. 2021년 10월 미국 텍사스는 낙태를 금지하는 법을 만들었고 미 법무부의 항소까지 가며 인권과 윤리 문제로 큰 이슈가 되었습니다.

872

Hedge funds sell *stakes* in Trump *SPAC* firm after *merger* news arose.

stake는 '지분'을 뜻하고 SPAC는 Special Purpose Acquisition Company의 약자로 '기업인수목적회사'를 말합니다. merger는 '(조직 · 사업체의) 합병'이라는 뜻으로 merger news는 '합병 소식'을 의미합니다.

873

Trump-*tied* SPAC *halted* multiple times as stock rose again in volatile session.

tie는 '묶다, 연관이 있다'라는 동사로 -tied는 '~과 연관이 있는'이라는 뜻입니다. 따라서 Trump-tied는 '트럼프와 연관이 있는'이라고 해석할 수 있습니다. Trump-tied SPAC 뒤에 stock이 생략된 형태입니다. halt는 '중단시키다, 세우다'라는 뜻입니다.

874

Biden's climate plan *at risk* as Democrats negotiate *budget bill*.

at risk는 '위기에 처한'이라는 뜻으로 경제 뉴스에서 자주 볼 수 있는 표현입니다. budget은 '예산'이고 bill은 '법안'이므로 budget bill은 '예산안'을 가리킵니다.

875

Biden pushes *progressive* and *centrist* Democrats closer to a deal on spending.

progressive는 '진보적인; 진보주의자'라는 뜻이고 centrist는 '중도주의적인; 중도파'라는 뜻입니다.

해석을 확인해 보고
표현도 정리해 보세요.

871

대법원은 텍사스의 낙태 금지법에 대한 새로운 도전에 직면할 것이다.

the Supreme Court 대법원 **restrictive** 금지하는, 제한하는 **restrictive abortion law** 낙태 금지법

ex **Texas abortion law to stay in place until Supreme Court decision in November.**
11월에 있을 대법원의 심리 전까지 텍사스의 낙태 금지법은 유효하다.

872

헤지펀드들은 합병 소식이 나오자 트럼프 전 미국 대통령의 SPAC 기업의 지분을 팔다.

stake 지분 **SPAC**(Special Purpose Acquisition Company의 약자) 기업인수목적회사
merger (조직 · 사업체의) 합병 **arise** 생기다, 발생하다

ex **Trump media SPAC stock doubles.** 트럼프의 미디어 SPAC 주식이 2배 뛰다.

873

트럼프와 관련된 SPAC 주식은 변동성이 큰 장세에서 다시 오르면서 거래 정지를 몇 번이나 당했다.

-tied ~과 연관이 있는 **halt** 중단시키다, 세우다

ex **trading halt** 거래 정지 **halt alert** 거래 정지 경고

874

민주당원들이 예산안 협상에 나서면서 바이든의 기후 관련 계획이 위기에 처하다.

at risk 위기에 처한 **budget bill** 예산안

ex **at risk of extinction** 멸종 위험에 처한 **at risk of losing everything** 모든 것을 잃을 위기에 있는

875

바이든은 진보파와 중도파 민주당원들을 국가 지출에 대한 합의를 이루도록 밀어붙이다.

progressive 진보적인; 진보주의자 **centrist** 중도주의적인; 중도파

ex **His art is progressive.** 그의 예술은 진보적이다. **centrist party** 중도파 정당

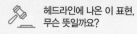

876

White House further postpones *release* of *JFK assassination* documents.

assassination은 '암살'이라는 뜻으로 JFK assassination은 '존 F. 케네디 전 대통령의 암살'을 일컫습니다. release는 '풀어주다, (대중에게) 공개하다'라는 동사와 '석방, (대중들에게) 공개'라는 명사로 모두 쓰이는데 여기서는 '공개'라는 뜻으로 쓰였습니다.

877

Biden gives strongest *signal* of ending Senate *filibuster*.

filibuster는 '(의회에서의) 의사 진행 방해'라는 뜻으로 Senate filibuster는 '(미국) 상원 의사 진행 방해'를 일컫습니다. signal은 '신호'이므로 give strongest signal은 '가장 강한 신호를 보내다'라고 해석하면 됩니다.

878

Biden *calls out Republicans* for opposing debt ceiling raise.

call out은 '~를 부르다, (콕 집어 ~를) 불러내다'라는 뜻입니다. Republican은 '공화당원'을 말합니다.

879

American elites no longer *agree on* China.

agree on은 '~에 대해 동의하다'라는 뜻이므로 agree on China는 '중국에 대해 동의하다[생각이 같다]'라는 뜻입니다. 여기에 no longer가 붙었으니 '더 이상 중국에 대해 생각이 같지 않다'라고 해석할 수 있습니다.

880

Republicans playing *"Russian roulette"* with U.S. economy over debt ceiling?

Russian roulette(러시안 룰렛)은 '회전식 권총에 총알을 하나만 넣고 여러 사람들이 돌아가면서 머리에 방아쇠를 당기는 목숨을 건 게임'으로 '무모한 모험[도전]'을 뜻합니다.

876

백악관은 JFK 암살 문건 공개를 추가로 연기하다.

release 석방, (대중들에게) 공개; 풀어주다, (대중에게) 공개하다　**assassination** 암살
🔟 plot JFK's assassination 존 F. 케네디 암살 음모를 꾸미다
in reprisal for the assassination 암살에 대한 보복으로

877

바이든 정부는 상원의 필리버스터를 끝내려는
가장 강한 신호를 보내다.

signal 신호　**the Senate** (미국의) 상원　**filibuster** (의회에서의) 의사 진행 방해
🔟 engage in a filibuster 의사 진행을 방해하다　They conducted a filibuster. 그들은 의사 진행을 방해했다.

878

바이든 대통령은 (연방정부의) 부채 한도 인상에
반대하는 공화당원들을 불러내다.

call out ~를 부르다, (콕 집어 ~를) 불러내다　**Republican** 공화당원　**debt ceiling** (연방정부의) 부채 한도
🔟 She called me out in front of everyone. 그녀는 모든 사람들 앞에 나를 콕 집어 불러냈다.

879

미국의 엘리트층들은 더 이상 중국에 대해
의견이 같지 않다.

elite 엘리트 계층　**agree on** ~에 대해 동의하다
🔟 Hong Kong's elite turned on democracy. 홍콩의 엘리트계층이 민주주의에 불을 붙였다.

880

공화당원들은 부채 한도를 둘러싸고 미국 경제로
'러시안 룰렛'을 하고 있나?

Russian roulette 러시안 룰렛
🔟 Don't play Russian roulette with investments. 투자를 러시안 룰렛처럼 하지 마.

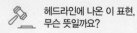

World leaders reach *landmark* deal on a global corporate tax rate.

landmark는 '주요 지형지물, 랜드마크'라는 뜻 외에 '획기적인 사건[발견]'이라는 뜻도 있습니다. 여기서 landmark deal은 '획기적인 합의', '한 획을 긋는 거래'라고 해석할 수 있습니다.

Biden Taiwan remarks *contradict* a *deliberately* ambiguous U.S. policy.

contradict는 '부정하다, 반박하다, 모순되다'라는 뜻이며 deliberately는 '고의의, 의도적인'의 뜻을 갖는 deliberate의 부사형으로 '고의적으로, 의도적으로'라는 의미입니다.

US caught in a foreign policy *triangle* over Taiwan.

'삼각형'을 뜻하는 triangle에는 '삼각관계'라는 의미도 있습니다. caught in a foreign policy triangle은 '외교 정책에 있어 삼각관계에 놓인'이라고 해석할 수 있습니다.

US *delegation* to meet Taliban in first talks since *pullout*.

delegation은 '대표단, 위임단'이라는 뜻입니다. pull out은 '빼내다, 철수시키다'라는 동사구인데 pullout이라고 붙여 쓰면 '철수; (자금의) 회수'라는 뜻의 명사가 됩니다. 여기서는 문맥상 '(미군의) 철수'를 의미합니다.

September jobs data signals at unemployment benefits' *muted* role in labor market.

muted는 '음소거된, 조용한, 소리를 죽인'이라는 뜻입니다. 따라서 muted role은 '영향력이 없는 역할', 즉 '역할을 제대로 못하는 것'을 나타냅니다.

881

세계 리더들은 글로벌 법인세율에 대해 획기적인 합의에 이르다.

landmark 주요 지형지물, 랜드마크; 획기적인 사건[발견] **corporate tax rate** 법인세율
ex **a landmark moment** 획기적인[기념비적인] 순간 **a landmark investigation** 기념비적인 연구

882

바이든 대통령의 대만 관련 언급은 의도적으로 애매모호한 미국 정책에 상충된다.

contradict 부정하다, 반박하다, 모순되다 **deliberately** 고의적으로, 의도적으로 **ambiguous** 애매모호한
ex **a deliberate act of expressing anger** 화를 표현하기 위한 고의적인 행동
He did that deliberately. 그는 고의적으로 그렇게 했다.

883

미국은 대만과 관련해 외교 정책 삼각관계에 놓이다.

foreign policy 외교 정책 **triangle** 삼각형, 삼각관계
ex **draw a love triangle** 사랑의 삼각관계를 그리다

884

미국 대표단은 미군 철수 이후 탈레반과 첫 회동을 갖기로 하다.

delegation 대표단, 위임단 **pullout** 철수; (자금의) 회수

885

9월 고용지표는 실업 수당이 고용 시장에서 제 역할을 못하는 것을 보여준다.

muted 음소거된, 조용한, 소리를 죽인 **unemployment benefits** 실업 급여[수당]

886

Democrats may *rein in* big *estates* without reforming the *estate tax*.

rein in은 '말의 고삐를 당기다'라는 뜻으로 '억제하다, 속도를 늦추다, 통제하다'라는 뜻으로 해석될 수 있습니다. estate는 법률상 '(개인의) 재산'이라는 뜻이며, estate tax는 '상속세, 유산세'를 의미합니다.

887

Wealth tax on table as Democrats compete to *salvage* Biden spending plan.

wealth tax는 '부유세, 부자세'라는 뜻이고 salvage는 '구조하다, 인양하다; (손상된 자존심 등을) 지키다, 회복하다'라는 뜻으로 쓰입니다.

888

China's *bludgeoning* of the *pro-democracy* movement in Hong Kong.

bludgeon은 '(몽둥이 같은 것으로) 패다, 강요하다'라는 뜻으로 명사형인 bludgeoning은 '구타, (아주 강경한) 강요'라는 뜻을 갖습니다. pro-democracy는 '민주주의를 지지하는'이라는 뜻이므로 pro-democracy movement는 '민주화 운동'을 가리킵니다.

889

Are U.S. and EU foreign policies too *hostile* to China?

hostile은 '적대적인, 강력히 반대하는, 어렵게 하는'이라는 뜻으로 명사형은 hostility(적대감, 적개심)입니다.

890

As Haiti *reels* from crisis, policy decisions are called into question.

reel은 '비틀거리다, 휘청거리다' 또는 '(충격을 받거나 화가 나서) 크게 동요하다'라는 뜻입니다. 그래서 reel from crisis는 '위기로 인해 휘청거리다'라는 의미입니다.

886

민주당원들은 상속세 개혁 없이
대규모 재산에 대해 통제할 가능성이 있다.

rein in 말의 고삐를 당기다; 억제하다, 속도를 늦추다, 통제하다
estate (법률상 개인의) 재산 **estate tax** 상속세, 유산세

887

바이든 대통령의 국가 지출 계획을 지키기 위해
민주당원들이 맞서면서 부자세가 논의되다.

wealth tax 부유세, 부자세 **salvage** 구조하다, 인양하다; (손상된 자존심 등을) 지키다, 회복하다
🔲 We have to salvage that ship. 우리는 그 배를 인양해야만 한다.

888

홍콩 내 민주화 운동에 대한 중국의 강경 대처

bludgeoning 구타, (아주 강경한) 강요 **pro-democracy** 민주주의를 지지하는
🔲 Son imprisoned for bludgeoning mother to death.
어머니를 폭행해 숨지게 한 아들이 수감되다.

889

미국과 EU의 외교 정책이 중국에 대해
너무 적대적인가?

hostile 적대적인, 강력히 반대하는, 어렵게 하는
🔲 Why are you so hostile toward me? 너는 나한테 왜 이렇게 적대적이야?
He gave me a hostile glare. 그는 나를 적대적인 눈으로 쏘아봤다.

890

아이티가 위기 사태로 휘청거리는 가운데
정책 결정들에 대한 의문이 제기되다.

reel 비틀거리다, 휘청거리다, (충격을 받거나 화가 나서) 크게 동요하다
call ~ into question ~에 의문을 제기하다
🔲 The circumstances made her senses reel. 주변 환경이 그녀의 감각을 혼란스럽게 만들었다.

891

House Democrats' tax proposal may *affect* life insurance.

the House는 미국에서는 '하원'을 가리키므로 House Democrat은 '민주당 하원의원'을 말합니다. affect 는 '영향을 미치다'라는 뜻으로 have an influence on이라고 쓸 수도 있습니다.

892

Whether new PM can *rekindle* economy is key to Japanese economy.

kindle은 '불을 붙이다, 점화하다'라는 뜻이고, 앞에 '다시'라는 뜻을 가진 re-가 붙은 rekindle은 '재점화하다, 다시 불붙이다, 다시 불러일으키다'라는 뜻입니다.

893

The country *crafts* a new economic plan.

craft는 '공예'라는 명사와 더불어 '공들여 만들다, (특히 손으로) 공예품을 만들다'라는 뜻의 동사로도 쓰입니 다. 여기서는 경제 계획을 '공들여 만든다'는 의미를 나타내고 있습니다.

894

Early Facebook investor *defends* the business, warning of *censorship* and free speech.

defend는 '방어하다, 옹호하다'라는 뜻이고, censorship은 '검열'이라는 뜻으로 특히 언론에 대한 검열을 말할 때 주로 쓰입니다.

895

House committee probing Capitol *riot* issues *subpoenas*.

riot은 '대혼란, 소동'이라는 뜻이고 subpoena는 '소환장; 소환하다'라는 뜻으로 probe Capitol riot issues subpoenas는 '미국 국회 의사당에서 있었던 소동 문제 소환장을 조사하다'라고 해석할 수 있습니다.

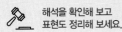
2 Policy 3

891

민주당 하원의원들의 세금 제안은 생명 보험에
영향을 끼칠 수 있다.

House Democrat 민주당 하원의원　**affect** 영향을 미치다　**⑤ have an influence on**
　㉮ affect the conditions of the economy 경제 상황에 영향을 미치다

892

새로운 총리가 경제를 되살릴 수 있을지는
일본 경제의 중대 사안이다.

PM(prime minister의 약자) 수상, 총리　**rekindle** 재점화하다, 다시 불붙이다, 다시 불러일으키다
　㉮ rekindle interest in the piano 피아노에 대한 흥미를 다시 불러일으키다

893

국가가 새로운 경제 계획을 공들여 만들다.

craft 공예; 공들여 만들다, (특히 손으로) 공예품을 만들다
　㉮ I like arts and crafts. 나는 미술 공예를 좋아한다.

894

초기 페이스북 투자자는 검열과 언론의 자유에 대해
경고하며 페이스북을 옹호하고 나서다.

defend 방어하다, 옹호하다　**censorship** 검열　**free speech** 언론의 자유
　㉮ news censorship 보도 관제　**media and press censorship** 미디어와 신문 검열

895

미 하원 위원회는 미국 국회의사당에서 있었던
소동 문제 소환장을 조사 중이다.

committee 위원회　**the Capitol** 미국 국회의사당　**riot** 대혼란, 소동　**subpoena** 소환장; 소환하다

896

US defends *expelling undocumented migrants* under health policy.

expel은 '쫓아내다, 추방하다, 퇴학시키다'라는 뜻입니다. undocumented는 '증거 자료가 없는, 허가증이 없는'이고 migrant는 '이주민'이므로 undocumented migrants는 '불법 이주민'을 뜻합니다.

897

DHS chief demands workplace immigration *raids* to halt.

DHS는 Department of Homeland Security의 약자로 '미국 국토안보부'를 뜻합니다. raid는 '급습, 습격; (경찰의) 불시 단속'이라는 뜻으로 용의자 체포나 마약 현장 단서 확보 등을 위해 불시에 들이닥치는 것을 일컫습니다.

898

Biden administration *falls short of* US refugee *admissions cap* for year 2021.

fall short of는 '(필요한 기준에) 못 미치다, 부족하다'라는 뜻입니다. admission은 '입장, 입학, 입국'이라는 뜻이고 여기서 cap은 '(액수의) 한도'를 뜻하므로 admission cap은 '입국자 수 한도'를 의미합니다.

899

Senate *passes* short-term increase to the debt limit.

여기서 pass는 '(안건을) 통과시키다'라는 뜻으로, 반대어로는 주로 fail이 쓰입니다.

900

Government *quashes* bill aiming to ban '*fire and rehire*.'

quash는 '(법원의 결정을) 파기하다, 각하하다' 또는 '(반란 등을) 진압하다, 억누르다'라는 뜻입니다. fire and rehire는 글자 그대로 '해고하고 다시 고용하는 것'을 의미합니다.

2 Policy 4

896

미국은 의료 정책 하에 불법 이주민들의 추방을 옹호하다.

undocumented 증거 자료가 없는, 허가증이 없는 **migrant** 이주민
expel 쫓아내다, 추방하다, 퇴학시키다

897

미국 국토안보부장은 작업장 이주민 불시 단속을 중지하라고 요구하다.

DHS(Department of Homeland Security의 약자) 미국 국토안보부
workplace 직장, 업무 현장 **immigration** 이주, 이민 **raid** 급습, 습격; (경찰의) 불시 단속
⒠ **Hundreds were killed in an air raid.** 수백 명이 공습으로 목숨을 잃었다.

898

바이든 행정부는 2021년도 미국 난민 입국 한도를 채우지 못하다.

fall short of (필요한 기준에) 못 미치다, 부족하다 **refugee** 난민, 망명자 **admission** 입장, 입학, 입국 **cap** (액수의) 한도
⒠ **Many things in life fall short of our expectations.** 삶에 있어 많은 것들은 우리의 기대에 미치지 못한다.

899

상원은 부채 한도를 단기적으로 인상하는 것을 통과시키다.

the Senate (미국의) 상원 **pass** 통과하다, 통과시키다 **debt limit** 부채 한도
⒠ **House Democrats urge Senate to pass voting rights bill.**
하원 민주당원들은 상원에게 투표권 관련 법안을 통과시키라고 촉구하다.

900

정부는 직원들을 '해고하고 다시 복직시키는 것'을 금하는 법안을 파기하다.

quash (법원의 결정을) 파기하다, 각하하다; (반란 등을) 진압하다, 억누르다 **ban** 금지하다 **rehire** 재고용하다
⒠ **Quash your anxiety.** 너의 불안을 억눌러. **quash a judgment decision** 판결을 파기하다

901

UK *forges* closer *security* partnership with EU.

forge는 '위조하다'라는 뜻 외에 '구축하다'라는 뜻도 있습니다. security는 '안보, 보안'이라는 뜻이므로 closer security partnership은 '더 밀접한 안보 파트너십'이라는 의미입니다.

902

Youth *unite behind* policy recommendations for climate change.

unite는 '연합하다, 통합하다, 결속시키다'라는 뜻이므로 unite behind는 '~가 일어나는 가운데 연합[결속]하다'라고 해석할 수 있습니다.

903

Government food strategy *'a basket case.'*

basket case는 '경제가 마비된 국가, 기능이 마비된 조직' 또는 '구제불능인 사람, 무능력자' 등을 뜻합니다. 형용사로는 basket-case라고 씁니다.

904

Why policy *impedes transition* to sustainable food future.

impede는 '지연시키다, 방해하다'라는 뜻이고 transition은 '변환, 전환, 변화'라는 뜻으로 impede transition은 '전환을 지연시키다'라는 의미입니다.

905

Recapping a *bumper week* for green policy.

recap은 '(이미 한 말을) 다시 돌아보다, 개요를 말하다'라는 뜻의 동사 recapitulate를 줄여서 쓴 것입니다. bumper week는 '풍파가 몰아치는 한 주, 힘들었던 한 주'라고 해석할 수 있습니다.

3 World Politics 1

901

영국은 EU와 더 밀접한 안보 파트너십을 구축하다.

forge 구축하다; 위조하다   **security** 안보, 보안
A new move to forge relations with new companies.
새로운 기업들과 관계를 구축하기 위한 새로운 움직임

902

기후 변화에 대한 정책 권고들이 나온 가운데 청년들이 연합하다.

unite 연합하다, 통합하다, 결속시키다   **recommendation** 추천, 권장, 권고
We unite behind governmental intervention. 정부의 방해가 이루어지는 가운데 우리는 단결하다.

903

정부의 식량 전략은 '구제불능'이다.

basket case 경제가 마비된 국가, 기능이 마비된 조직; 구제불능인 사람, 무능력자
U.K. economy is a basket case. 영국 경제는 마비되었다.

904

정책이 지속 가능한 식량 미래로의 전환을 지연시키는 이유

impede 지연시키다, 방해하다 hamper, block, delay, retard
transition 변환, 전환, 변화   **sustainable** (환경 파괴 없이) 지속 가능한
impede development 발달을 저해하다   impede progress 진전을 방해하다

905

힘들었던 한 주 간의 그린 정책 돌아보기

recap(recapitulate의 약자) (이미 한 말을) 다시 돌아보다, 개요를 말하다; 요약, 개요
bumper week 풍파가 몰아치는 한 주, 힘들었던 한 주
Let's have a recap of what we learned last week. 지난주에 배웠던 것을 복습하자.

906

EU foreign policy, *breathing* democracy *into* the debate.

breathe는 '숨을 쉬다'라는 뜻으로 breathe A into B는 'A를 B에 불어넣다'라는 뜻입니다. 따라서 breathe democracy into는 '~에 민주주의를 불어넣다'라고 해석할 수 있습니다.

907

Identity politics is not the only strategy when appealing to minority voters.

identity politics는 개인의 주요한 관심과 협력 관계는 인종, 종교, 성 또는 민족에 따라 확립된다는 '정체성 정치학'을 뜻합니다.

908

How Europe *maneuvered* itself into an energy crisis.

maneuver는 명사로는 '책략, 술책, 공작'이라는 뜻이고 동사로는 '조정하다, 계략[술책]을 써서 ~하게 하다'라는 뜻이 있는데, 위 문장에서는 동사로 쓰였습니다.

909

In new push for censorship, China *cracks down* on *fan activism*.

crack down은 '엄중 단속하다'라는 뜻이고, fan activism은 '팬들의 연예인 지지 활동'을 뜻합니다.

910

China isn't the only one *arming up* in Asia.

arm은 '팔, 소매'라는 뜻 외에 '무기'라는 뜻도 있습니다. 동사로는 '무장하다, 무기를 장착하다, 전투 준비를 하다'라는 뜻인데 arm up이라고도 합니다.

해석을 확인해 보고
표현도 정리해 보세요.

906

EU의 외교 정책은 논쟁 속에 민주주의를 불어넣고 있다.

breathe A into B A를 B에 불어넣다 **debate** 토론, 논쟁
☞ **breathe hope into refugees' lives** 난민들의 삶에 희망을 불어넣다

907

소수 민족 유권자들에게 호소할 때 정체성 정치학만이 답은 아니다.

identity politics 정체성 정치학 **appeal to** ~에게 호소하다 **minority** 소수, 소수 민족
☞ **Keep identity politics out of the classroom.** 교실에서 정체성 정치학은 언급하지 마세요.

908

유럽은 어떻게 스스로를 에너지 위기로 몰아넣었는가.

maneuver 책략, 술책, 공작; 조정하다, 계략[술책]을 써서 ~하게 하다
☞ **maneuver behind the scenes** 보이지 않는 곳에서 은밀히 공작하다

909

중국은 새로운 검열 정책 강화와 함께 팬들의 활동에 대해 엄중 단속하다.

crack down 엄중 단속하다 **fan activism** 팬들의 연예인 지지 활동

910

아시아에서 무장하는 국가는 중국만이 아니다.

arm up 무장하다, 무기를 장착하다, 전투 준비를 하다 ⊒ **be militarized**

911

Pro-Iranian groups reject early Iraq election results as 'fabricated scam.'

fabricate는 '날조하다, 조작하다'라는 뜻이고 scam은 '신용 사기'를 뜻하므로 fabricated scam은 '날조된 사기'라고 해석할 수 있습니다.

912

With *SLBM* test, North Korea *sends a message* to the USA.

SLBM은 submarine-launched ballistic missile의 약자로 '잠수함 발사 탄도 미사일'이라는 뜻입니다. send a message는 '메시지를 보내다'라는 의미입니다.

913

Why Qatar *relishes* its role as a diplomatic *go-between.*

relish는 '(대단히) 즐기다, 좋아하다'라는 뜻으로 relish its role은 '자신의 역할을 즐기다'라는 의미입니다. go-between은 '중개자'라는 뜻으로 diplomatic go-between은 '외교 중재자'라는 뜻입니다.

914

An *overstretched* UAE seeks to *mend* ties with Turkey.

overstretch는 '너무 잡아 늘이다, 감당할 수 있는 것 이상을 하다'라는 동사이고, overstretched는 '심하게 잡아 늘어진, 감당할 수 있는 것을 넘어선'이라는 형용사입니다. mend는 '수리하다, 고치다'라는 뜻으로 mend ties는 '관계를 개선하다'라는 의미입니다.

915

German police halt *far-right* vigilantes *patrolling* Polish border.

far-right는 '극우 성향의, 극우파의'라는 뜻으로 far-right vigilantes는 '극우파 자경단'을 뜻합니다. patrol에는 '순찰하다; 순찰'이라는 뜻이 있습니다.

911

친 이란 세력들은 초기 이라크 선거 결과를
'날조된 사기'라며 거부하다.

pro-Iranian 친 이란의 **fabricate** 날조하다, 조작하다 **scam** 신용 사기

912

SLBM 시험으로 북한은 미국에게 메시지를 보내다.

SLBM(submarine-launched ballistic missile의 약자) 잠수함 발사 탄도 미사일
send a message 메시지를 보내다

913

카타르가 외교 중재자로서의 역할을 즐기는 이유

relish (대단히) 즐기다, 좋아하다 **go-between** 중개자 **⊜** **middleman, broker, intermediary, mediator**
ex **go-between role** 중재 역할 **act as a go-between** 중재자 역할을 하다

914

감당하기 힘들어진 아랍에미리트는 터키와의 관계를
개선하고자 한다.

overstretched 심하게 잡아 늘어진, 감당할 수 있는 것을 넘어선 **mend** 수리하다, 고치다 **ties** 유대 관계
ex **Do you want to mend ties with your parents?** 너희 부모님과의 관계를 해결하고 싶니?

915

독일 경찰은 극우파 자경단들이 폴란드 국경을
순찰하는 것을 중단시키다.

far-right 극우 성향의, 극우파의 **vigilante** 자경단 **patrol** 순찰하다; 순찰 **Polish** 폴란드의
ex **A police car is on patrol.** 경찰차가 순찰중이다.

Syria's neighbors move to *thaw* ties.

thaw는 '해동하다, 녹이다'라는 뜻이므로 thaw ties는 '(얼어붙어 있는) 관계를 녹이다[좋게 하다]'라고 해석할 수 있습니다.

Trump *finds backing for* his own media *venture*.

find에는 '(시간·돈을) 찾아내다, 마련하다'라는 뜻이 있습니다. back for는 '~을 지원하다'라는 뜻이므로 find backing for는 '~에 대한 지원(금)을 마련하다'라고 해석할 수 있습니다.

Barbados elects first-ever woman president, removing Britain's queen and *shedding* colonial past.

shed는 '(눈물·액체 등을) 흘리다, 솟구치게 하다' 또는 '없애다, 버리다'라는 뜻입니다. 여기서 shed colonial past는 '식민지 과거를 떨쳐버리다'라고 해석할 수 있습니다.

Climate activists who backed Arizona senator *exasperated* by her blocking of Biden bill.

climate activist는 '기후 운동가'를 말합니다. exasperate는 '몹시 화나게 하다, 짜증나게 하다'라는 뜻으로 be exasperated는 '몹시 화나다[짜증나다]'라는 뜻입니다.

Aligning technology governance *with* democratic values.

align은 '나란히[가지런히] 만들다, 정렬하다'라는 뜻인데, 보통 with와 같이 쓰여 '~에 맞춰 ~을 조정[조절]하다'라는 의미가 됩니다.

916

시리아의 변방 국가들은 얼어붙은 관계를
녹이고자 한다.

thaw 해동하다, 녹이다 ⬛ melt, soften, defrost, warm, unfreeze   **ties** 유대 관계

917

트럼프 미국 전 대통령은 자신의
미디어 벤처 사업 지원금을 마련하다.

find (시간·돈을) 찾아내다, 마련하다   **venture** 벤처 (사업), 사업상의 모험   **back for** ~을 지원하다
🔲 We obtained government backing for children at risk.
우리는 위험에 처한 아이들에 대한 정부 지원을 얻어냈다.

918

바베이도스는 최초로 여성 대통령을 뽑아 영국
여왕을 지우고 식민지 과거를 떨쳐버리다.

shed (눈물·액체 등을) 흘리다, 솟구치게 하다; 없애다, 버리다   **colonial** 식민(지)의
🔲 Korea also has its own colonial history. 한국 역시 식민 역사를 갖고 있다.

919

아리조나주 상원의원을 지지했던 기후 운동가들은
그녀가 바이든 대통령의 법안을 막는 것에 격분하다.

climate activist 기후 운동가   **exasperate** 몹시 화나게 하다, 짜증나게 하다 ⬛ enrage, infuriate
🔲 I already had a bad day. Don't exasperate me. 난 이미 힘든 하루를 보냈어. 그러니 나를 화나게 하지 마.

920

기술 거버넌스를 민주주의 가치에 맞추다.

align 나란히[가지런히] 만들다, 정렬하다   **align A with B** B에 맞춰 A를 조정[조절]하다
🔲 Align yourself with her. 너 자신을 그녀와 맞춰.   **align an organization** 조직을 정비하다

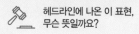

921

Maximum insecurity *haunts* world politics.

haunt는 '(귀신이) 출몰하다' 또는 '(오랫동안) 계속 문제가 되다'라는 뜻입니다.

922

Climate change will bring *global tension.*

global은 '세계적인'이라는 뜻이고 tension은 '팽팽한 긴장 상태'라는 뜻이므로 global tension은 '전 세계의 팽팽한 긴장 상태'를 말합니다.

923

Ideology war: why "gender" *provokes backlash* the world over.

backlash는 '반발'이라는 뜻인데 특히 사회 변화 등에 대한 대중의 반발을 가리킵니다. provoke는 '(특정 반응을) 유발하다'라는 뜻이므로 provoke backlash는 '반발을 유발하다'라는 의미입니다.

924

Chile's voters *take back* their rights.

take back은 '반품하다, 다시 찾다, 취소하다' 등의 뜻이 있는데 여기서는 권리를 '다시 찾다'라는 의미로 쓰였습니다.

925

Political *fallout* from the Afghan *debacle* reaches Europe.

fallout은 '좋지 못한 결과, 악영향'이라는 뜻이고, debacle은 '대실패, 큰 낭패; 붕괴, 와해'라는 뜻입니다.

921

최고의 불안감이 세계 정치계를 계속 괴롭힌다.

maximum 최고의, 최대의 **insecurity** 불안(감) **haunt** (귀신이) 출몰하다; (오랫동안) 계속 문제가 되다
ex **Bad thoughts keep coming back to haunt me.** 나쁜 생각들이 자꾸 떠오르며 나를 힘들게 한다.

922

기후 변화는 세계적인 긴장을 야기할 것이다.

global 세계적인 **tension** 긴장, 갈등
ex **There was a sense of high tension in the classroom.**
교실 안에는 굉장한 긴장감이 흘렀다.

923

이념 전쟁: 왜 '젠더'가 전 세계에 반발을 유발하는가.

ideology 이데올로기, 이념, 관념 **gender** 성, 성별
provoke (특정 반응을) 유발하다 **backlash** (사회 변화 등에 대한 대중의) 반발
ex **backlash against women** 여성에 대한 반발

924

칠레 유권자들은 자신들의 권리를 되찾다.

take back 반품하다, 다시 찾다, 취소하다 = fetch back, cancel, withdraw, pull back
ex **I'd like to take my words back.** 내가 한 말 취소하고 싶어.

925

아프간 사태로 인한 정치적 악영향이 유럽까지 다다르다.

fallout 좋지 못한 결과, 악영향 **debacle** 대실패, 큰 낭패; 붕괴, 와해
ex **the greatest financial debacle in U.S. history** 미국 역사상 가장 큰 재정 재난
after the debacle in Tiananmen Square 천안문 사태 이후

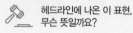

926

Country hit by *power cuts* and factory *closures* as energy crisis rattles.

power cut은 말 그대로 '전원 자르기', 즉 '정전'을 뜻합니다. 한편 power cut-off는 '동력[전력] 차단'이라는 뜻입니다. closure는 공장, 학교, 병원 등의 '폐쇄'를 가리킵니다.

927

South Korean cultural *clout* makes the country more powerful?

clout는 '영향력'이라는 뜻으로 여기서 cultural clout는 '문화적 영향력'을 일컫습니다.

928

Luxury is hugely dependent on the Chinese economy for future growth.

luxury는 '호화로움, 사치, 사치품'이라는 뜻입니다. 여기서는 뒤에 brands 또는 businesses가 생략된 형태로 '럭셔리 브랜드 기업'을 나타낸다고 볼 수 있습니다.

929

Taiwan's *growth rate* in tech *outpaces* China's for first time in 20 years.

growth rate는 '성장률'을 뜻하고, outpace는 '앞지르다, 앞서다, 제치다'라는 뜻의 동사입니다.

930

China went 'too far' in *clamping down* on big tech businesses.

clamp는 '고정시키다, 꽉 잡다, 꽉 물려 있다'라는 뜻으로 clamp down은 '엄중 단속하다, 탄압하다'라는 뜻입니다. 붙여서 clampdown이라고 쓰면 '(기습) 단속'이라는 뜻의 명사가 됩니다.

926

에너지 위기가 대두되는 가운데 정전과
공장 폐쇄가 국가에 타격을 주다.

power cut 정전 **closure** (공장·학교·병원 등의) 폐쇄 **rattle** 달가닥거리다; 당황하게[겁먹게] 하다

ex **an electric power cut** 전력 삭감

927

한국의 문화적 영향력이 한국을 강국으로 만드나?

clout 영향력 ⊜ **influence, leverage**

ex **The opinion of the director carries a lot of clout.** 그 감독의 의견은 큰 영향력을 행사한다.

928

럭셔리 브랜드 기업들은 미래 성장을 중국 경제에
엄청나게 의존하고 있다.

luxury 호화로움, 사치, 사치품 **hugely** 엄청나게, 극도로 **dependent** 의존[의지]하는

ex **Luxury (brands) look to ride the storm of China's policy changes.**
럭셔리 브랜드들은 중국의 정책 변화의 폭풍을 타고자 한다.

929

대만의 기술 성장률이 중국의 성장률을 20년 만에
처음으로 앞지르다.

growth rate 성장률 **outpace** 앞지르다, 앞서다, 제치다

ex **Wage gains began to outpace labor productivity.** 임금 상승이 노동 생산성을 앞지르기 시작했다.

930

중국은 빅테크 기업들에 대한 단속이 '너무 심했다.'

clamp 고정시키다, 꽉 잡다, 꽉 물려 있다 **clamp down** 엄중 단속하다, 탄압하다 ⊜ **crack down**

931

North Korea *accuses* UN of '*tampering with* a dangerous time bomb.'

accuse는 '고발하다, 비난하다, 혐의를 제기하다'라는 뜻이라고 앞에서도 살펴봤었지요. tamper with는 '(허락도 받지 않고 마음대로) 손대다, 건드리다, 조작하다'라는 뜻입니다.

932

Japan, South Korea leaders look to *deepen* relations despite *strains*.

deepen은 '깊어지다, 깊어지게 하다'라는 뜻으로 deepen relations는 '관계가 깊어지게 하다'라는 의미입니다. strain은 '부담, 압력, 압박, 중압감'이라는 뜻이에요.

933

South Korean *soft power* is much more than 'Squid Game' or BTS.

soft power(소프트파워)는 '정보과학이나 문화·예술 등이 행사하는 영향력'을 말합니다. 바로 한류가 소프트파워의 전형적인 예입니다.

934

South Korea's *ruling party* nominates *maverick* politician in election race.

ruling party는 '여당'이라는 뜻이고 maverick은 '개성이 강하고 독립적인 사람' 또는 '독불장군'을 뜻합니다.

935

North and South Korea *restore* hotline after *Pyongyang tests*.

restore는 '회복시키다, 복원하다'라는 뜻으로 명사형은 restoration입니다. Pyongyang tests는 '북한의 미사일 시험'을 의미합니다.

931

북한은 UN이 '위험한 시한폭탄을 함부로 건드리고 있다'고 비난하다.

accuse 고발하다, 비난하다, 혐의를 제기하다　**tamper with** (허락도 받지 않고 마음대로) 손대다, 건드리다, 조작하다
　ex **tamper with a jury** 배심원을 매수하다　**tamper with a parking meter** 주차 미터기를 조작하다

932

일본과 한국 수장들은 여러 부담에도 불구하고 관계 호전을 위해 모색하다.

deepen 깊어지다, 깊어지게 하다　**strain** 부담, 압력, 압박, 중압감
ex **She failed to deal with the strains of publicity.** 그녀는 사생활 노출에서 오는 압박감을 견디는 데 실패했다.

933

한국의 소프트파워는 '오징어 게임'이나 BTS 그 이상이다.

soft power 소프트파워(정보과학이나 문화·예술 등이 행사하는 영향력)
ex **K-pop to *Squid Game* lifts Korean soft power.**
K-pop과 '오징어 게임'이 한국의 소프트파워를 강화시키다.

934

한국의 여당은 독불장군 정치인을 선거 후보로 지명하다.

ruling party 여당　**maverick** 개성이 강하고 독립적인 사람, 독불장군
ex **He is a maverick who doesn't care about what others think of him.**
그는 남들이 자신에 대해 뭐라고 생각하든 개의치 않는 독불장군이다.

935

북한과 남한은 북한의 미사일 시험 이후 핫라인을 복원하다.

restore 회복시키다, 복원하다
ex **restore our traditions** 우리의 전통을 부활시키다　**restoration of public order** 공공질서 회복

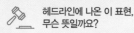

936

North Korea *fires* another SLBM as it continues *weapons* tests.

'불'이라는 뜻의 fire에는 '발사하다'라는 뜻도 있습니다. weapon은 '무기'라는 뜻으로 weapons tests는 '무기 실험'을 뜻합니다.

937

First *anti*-stalking law *takes effect* in South Korea.

anti-는 '반대하는'이라는 뜻이므로 anti-stalking law는 '스토킹 금지법'이라고 할 수 있습니다. take effect는 '효력을 발휘하기 시작하다', '(법·제도 등이) 시행되다'라는 의미입니다.

938

Taiwan *taps* on United Nations' *door* in 50 years.

tap은 '톡톡 건드리다, 가볍게 치다'라는 뜻으로 tap on the door는 '문을 똑똑 두드리다'라는 뜻입니다. 여기서는 UN 가입을 위해 '문을 두드리다'라는 의미로 쓰였습니다.

939

Taiwan rides soft power *wave*.

wave는 '파도, 물결'이라는 뜻으로 ride soft power wave는 '소프트파워 물결을 타다, 소프트파워 시류에 올라타다'라고 해석할 수 있습니다.

940

ASEAN arranges to *snub* Myanmar military leader from *summit*.

snub는 '모욕하다, 무시하다; (참석 수락을) 거부하다'라는 뜻으로 동사와 명사로 모두 쓰입니다. summit은 '(산의) 정상, 산꼭대기'라는 뜻인데 여기서는 '정상회담'을 뜻합니다.

해석을 확인해 보고
표현도 정리해 보세요.

936

북한은 무기 실험을 지속하는 가운데
SLBM을 또 발사하다.

fire 발사하다   **weapon** 무기
ⓔⓧ The top national news of the month was the nuclear weapons test by North Korea.
이번 달의 최대 국내 뉴스는 북한의 핵무기 실험이었다.

937

첫 스토킹 금지법이 한국에서 발효되다.

anti-stalking law 스토킹 금지법   **take effect** 효력을 발휘하기 시작하다; (법·제도 등이) 시행되다
ⓔⓧ It takes instant effect. 그것은 바로 효과를 본다.

938

대만은 50년 만에 UN의 문을 두드리다.

tap 톡톡 건드리다, 가볍게 치다
ⓔⓧ Don't tap on any links. They may be scams. 아무 링크나 클릭하지 마. 사기일 수도 있어.

939

대만은 소프트파워 물결에 합류하다.

wave 파도, 물결
ⓔⓧ With *Parasite* and BTS, the Korean Wave rides to an all-time high.
영화 '기생충' 및 BTS와 더불어 한류는 최고의 전성기를 누리다.

940

아세안은 미얀마의 군부 수장을 정상회담에
불참시키기로 처리하다.

arrange 정리하다, (일을) 처리하다   **snub** 모욕하다, 무시하다; (참석 수락을) 거부하다
summit (산의) 정상, 산꼭대기; 정상회담   ⓔⓧ a deliberate snub to the country 국가에 대한 의도적 모욕

941

Russian and Chinese *warships* pass Japan *chokepoint*.

warship은 '전함, 군함'을 뜻합니다. chokepoint는 군사 전략에서 주로 쓰이는 말로 '관문, 요충지, 좁고 험한 길'이라는 뜻입니다. 바다에서는 '해협으로 이어지는 계곡이나 골짜기, 좁아지는 해안 통로'를 가리킵니다.

942

US plans to *beef up* military *deployments* in Asia.

beef up은 '보강하다, 강화하다, 보완하다'라는 뜻입니다. deployment는 '(병력 · 장비의) 배치; (부대의) 전개'라는 뜻으로 military deployments는 '군대 배치'라는 의미입니다.

943

China's military *assertiveness* over Taiwan will likely persist, analyst says.

assert는 '(강하게) 주장하다, (단호하게) 자기주장을 하다'라는 동사이고 assertive는 '적극적인, 확신에 찬'이라는 형용사입니다. 여기서 쓰인 assertiveness는 '단정적임, 자기주장'이라는 뜻의 명사입니다.

944

ASEAN rethinks *non-interference* policy amid Myanmar crisis.

interfere는 '방해하다, 간섭하다, 개입하다'라는 뜻이고 명사형인 interference는 '간섭, 참견, 방해'라는 뜻입니다. 앞에 부정어 non-이 붙은 non-interference는 '불간섭, 비개입'이라는 뜻인데, 여기서는 '내정 불간섭'을 의미합니다.

945

How Seoul *deepens* ties with India and ASEAN.

deepen은 '깊어지다, 깊어지게 하다'라는 뜻이므로 deepen ties는 '관계를 더 깊게 하다', 즉 '더 좋은 관계를 형성하다, 관계를 강화하다'라고 해석할 수 있습니다.

941

러시아와 중국의 전함들이 일본의 군사적
요충지를 지나다.

warship 전함, 군함 **chokepoint** 관문, 요충지, 좁고 험한 길
ex The most important gas transit chokepoint 가장 중요한 가스 수송 관문

942

미국은 아시아 내 군대 배치를 보강할 계획이다.

beef up 보강하다, 강화하다, 보완하다 ⊜ strengthen, increase
deployment (병력·장비의) 배치; (부대의) 전개

943

대만에 대한 중국의 군사적인 단호함은 계속될
확률이 높다고 애널리스트는 말한다.

assertiveness 단정적임, 자기주장 **persist** 집요하게 계속하다[계속되다]
ex He had a good sense of humor and a certain level of assertiveness.
그는 유머도 있었지만 어느 정도 자기주장도 있었다.

944

아세안은 미얀마 사태가 진행중인 가운데 내정
불간섭 정책에 대해 재고하다.

rethink 다시 생각하다, 재고하다 **non-interference** (내정) 불간섭, 비개입 **policy** 정책, 방침
ex A non-interference policy can be a double-edged sword. 불간섭 정책은 양날의 검이 될 수 있다.

945

서울이 인도 및 아세안과의 관계를 강화하는 방법

deepen 깊어지다, 깊어지게 하다 **ties** 유대 관계
ex U.S. envoy to Korea vows to deepen ties. 미국의 한국 특사는 관계를 강화하기로 약속하다.

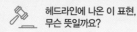

946

Asia-Pacific markets higher as *tech stocks in the region* mostly surge.

tech stocks는 '기술주'를 가리키고 region은 '지역'이라는 뜻으로 여기서는 앞에서 언급된 Asia-Pacific(아시아 태평양)을 말합니다.

947

Central Asia *connectivity* may *hinge on* U.S.-Pakistan relations.

connectivity는 '연결'을 뜻하는데 여기서는 국가 간의 '관계'를 나타냅니다. hinge는 '경첩을 달다'라는 뜻인데 전치사 on[upon]과 같이 쓰이면 '전적으로 ~에 달려있다'라는 의미가 됩니다.

948

Change in China's tax policy affects Asia's petroleum prices.

change in은 '~에서의 변화'라는 뜻으로 change in the weather(날씨의 변화), change in attitudes(태도의 변화)처럼 일상생활에서도 다양하게 쓸 수 있는 표현입니다.

949

Inflation haunts the West; rate hikes loom. Will Asia *follow suit*?

suit에는 '정장' 외에 '(카드의) 같은 짝패'라는 뜻이 있어서 follow suit는 '방금 나온 패와 같은 짝의 패를 내다; 방금 남이 한 대로 따라하다'라는 뜻입니다.

950

Asia shares *hesitant* as oil hits 4-year highs.

hesitant는 '망설이는, 주저하는, 머뭇거리는'이라는 뜻의 형용사로 위 문장에서는 좀처럼 방향성을 잡지 못하는 모습을 표현하고 있습니다.

946

아시아 태평양 시장은 이 지역의 기술주들이
대부분 급등하며 상승하다.

Asia-Pacific 아시아 태평양(의)   **tech stocks** 기술주   **region** 지역, 지방
📑 the top ten places to visit in the region 이 지역에서 꼭 방문해야 할 10곳

947

중앙아시아 관계는 전적으로 미국과 파키스탄의
관계에 달려있을 수도 있다.

connectivity 연결   **hinge on** 전적으로 ~에 달려있다
📑 Your college acceptance hinges on your recommendation letter.
너의 대학교 입학은 전적으로 추천서에 달려있다.

948

중국의 세금 정책 변화는 아시아의 석유 가격에
영향을 준다.

change in ~에서의 변화   **affect** 영향을 미치다   **petroleum** 석유
📑 change in the furniture industry 가구업계의 변화
We are living in an era of change. 우리는 지금 변화의 시대에 살고 있다.

949

인플레이션이 서양 국가들에게 계속 문제가 되면서
금리 상승이 다가온다. 아시아도 이를 따를까?

haunt (귀신이) 출몰하다; (오랫동안) 계속 문제가 되다
follow suit 방금 나온 패와 같은 짝의 패를 내다; 방금 남이 한 대로 따라하다

950

유가가 4년래 최고치를 기록하는 가운데 아시아
주식 시장이 좀처럼 방향성을 잡지 못하다.

hesitant 망설이는, 주저하는, 머뭇거리는
📑 Don't be hesitant. Just make up your mind. 망설이지 마. 그냥 결정을 해.

복습

01 be in gridlock `862`

02 aggressive monetary and fiscal policy `864`

03 the threshold for taxing the rich `867`

04 restrictive abortion law `871`

05 negotiate budget bill `874`

06 progressive and centrist `875`

07 Senate filibuster `877`

08 debt ceiling raise `878`

09 caught in a foreign triangle `883`

10 rein in big estates `886`

11 bludgeoning of the pro-democracy movement `888`

12 hostile to China `889`

13 reel from crisis `890`

14 expel undocumented migrants `896`

복습

15 refugee admissions cap `898`

16 closer security partnership `901`

17 basket case `903`

18 identity politics `907`

19 fabricated scam `911`

20 shed colonial past `918`

21 maximum insecurity `921`

22 political fallout `925`

23 energy crisis rattles `926`

24 cultural clout `927`

25 tamper with a dangerous time bomb `931`

26 ruling party `934`

27 anti-stalking law takes effect `937`

28 military deployments `942`

29 military assertiveness `943`

30 Central Asia connectivity `947`

정답 **01** 정체[교착] 상태에 빠져 있다 **02** 공격적인 통화 재정 정책 **03** 부유층에 과세하는 시작점 **04** 낙태 금지법 **05** 예산안을 협상하다 **06** 진보파와 중도파 **07** (미국) 상원 의사 진행 방해 **08** 부채 한도 인상 **09** 외교 정책에 있어 삼각관계에 놓인 **10** 대규모 재산을 통제하다 **11** 민주화 운동에 대한 강경 대처 **12** 중국에 대해 적대적인 **13** 위기로 인해 휘청거리다 **14** 불법 이주민을 추방하다 **15** 난민 입국 한도 **16** 더 밀접한 안보 파트너십 **17** 경제가 마비된 국가, 구제불능인 사람 **18** 정체성 정치학 **19** 날조된 사기 **20** 식민지 과거를 떨쳐버리다 **21** 최고의 불안감 **22** 정치적 악영향 **23** 에너지 위기가 대두되다 **24** 문화적 영향력 **25** 위험한 시한폭탄을 함부로 건드리다 **26** 여당 **27** 스토킹 금지법이 발효되다 **28** 군대 배치 **29** 군사적인 단호함 **30** 중앙아시아 관계

기본 용어도 모르고
미국 주식 할 뻔했다?

구경서 | 312쪽 | 16,000원

미국 주식&경제 용어 500개로
투자에 자신감이 생긴다!

▶ 미국 주식, 경제 관련 일반 상식 제공

▶ 핵심 미국 주식 용어 500개를 이해하기 쉽게 설명

▶ 모르는 용어가 나올 때 찾아 학습할 수 있는 인덱스 제공